I0156272

AFRIKAANS
VOCABULAIRE

FRANÇAIS
AFRIKAANS

Les mots les plus utiles
Pour enrichir votre vocabulaire et aiguiser
vos compétences linguistiques

9000 mots

Vocabulaire Français-Afrikaans pour l'autoformation. 9000 mots

Par Andrey Taranov

Les dictionnaires T&P Books ont pour but de vous aider à apprendre, à mémoriser et à réviser votre vocabulaire en langue étrangère. Ce dictionnaire thématique couvre tous les grands domaines du quotidien: l'économie, les sciences, la culture, etc ...

Acquérir du vocabulaire avec les dictionnaires thématiques T&P Books vous offre les avantages suivants:

- Les données d'origine sont regroupées de manière cohérente, ce qui vous permet une mémorisation lexicale optimale
- La présentation conjointe de mots ayant la même racine vous permet de mémoriser des groupes sémantiques entiers (plutôt que des mots isolés)
- Les sous-groupes sémantiques vous permettent d'associer les mots entre eux de manière logique, ce qui facilite votre consolidation du vocabulaire
- Votre maîtrise de la langue peut être évaluée en fonction du nombre de mots acquis

T&P Books Publishing
www.tpbooks.com

ISBN: 978-1-78716-487-1

Ce livre existe également en format électronique.
Pour plus d'informations, veuillez consulter notre site: www.tpbooks.com ou rendez-vous sur ceux des grandes librairies en ligne.

VOCABULAIRE AFRIKAANS POUR L'AUTOFORMATION
Dictionnaire thématique

Les dictionnaires T&P Books ont pour but de vous aider à apprendre, à mémoriser et à réviser votre vocabulaire en langue étrangère. Ce lexique présente, de façon thématique, plus de 9000 mots les plus fréquents de la langue.

- Ce livre comporte les mots les plus couramment utilisés
- Son usage est recommandé en complément de l'étude de toute autre méthode de langue
- Il répond à la fois aux besoins des débutants et à ceux des étudiants en langues étrangères de niveau avancé
- Il est idéal pour un usage quotidien, des séances de révision ponctuelles et des tests d'auto-évaluation
- Il vous permet de tester votre niveau de vocabulaire

Spécificités de ce dictionnaire thématique:

- Les mots sont présentés de manière sémantique, et non alphabétique
- Ils sont répartis en trois colonnes pour faciliter la révision et l'auto-évaluation
- Les groupes sémantiques sont divisés en sous-groupes pour favoriser l'apprentissage
- Ce lexique donne une transcription simple et pratique de chaque mot en langue étrangère

Ce dictionnaire comporte 256 thèmes, dont:

les notions fondamentales, les nombres, les couleurs, les mois et les saisons, les unités de mesure, les vêtements et les accessoires, les aliments et la nutrition, le restaurant, la famille et les liens de parenté, le caractère et la personnalité, les sentiments et les émotions, les maladies, la ville et la cité, le tourisme, le shopping, l'argent, la maison, le foyer, le bureau, la vie de bureau, l'import-export, le marketing, la recherche d'emploi, les sports, l'éducation, l'informatique, l'Internet, les outils, la nature, les différents pays du monde, les nationalités, et bien d'autres encore …

T&P Books. Vocabulaire Français-Afrikaans pour l'autoformation. 9000 mots

TABLE DES MATIÈRES

GUIDE DE PRONONCIATION

Alphabet phonétique T&P	Exemple en afrikaans	Exemple en français
[a]	land	classe
[ā]	straat	camarade
[æ]	hout	maire
[o], [ɔ]	Australië	normal
[e]	metaal	équipe
[ɛ]	aanlê	faire
[ə]	filter	record
[ɪ]	uur	capital
[i]	billik	stylo
[ī]	naïef	liste
[o]	koppie	normal
[ø]	akteur	peu profond
[œ]	fluit	neuf
[u]	hulle	boulevard
[ʊ]	hout	groupe
[b]	bakker	bureau
[d]	donder	document
[f]	navraag	formule
[g]	burger	gris
[h]	driehoek	[h] aspiré
[j]	byvoeg	maillot
[k]	kamera	bocal
[l]	loon	vélo
[m]	môre	minéral
[n]	neef	ananas
[p]	pyp	panama
[r]	rigting	racine, rouge
[s]	oplos	syndicat
[t]	lood, tenk	tennis
[v]	bewaar	rivière
[w]	oorwinnaar	iguane
[z]	zoem	gazeuse
[ʤ]	enjin	adjoint
[ʃ]	artisjok	chariot
[ŋ]	kans	parking
[ʧ]	tjek	match
[ʒ]	beige	jeunesse
[x]	agent	scots - nicht, allemand - Dach

ABRÉVIATIONS
employées dans ce livre

Abréviations en français

adj	-	adjective
adv	-	adverbe
anim.	-	animé
conj	-	conjonction
dénombr.	-	dénombrable
etc.	-	et cetera
f	-	nom féminin
f pl	-	féminin pluriel
fam.	-	familiar
fem.	-	féminin
form.	-	formal
inanim.	-	inanimé
indénombr.	-	indénombrable
m	-	nom masculin
m pl	-	masculin pluriel
m, f	-	masculin, féminin
masc.	-	masculin
math	-	mathematics
mil.	-	militaire
pl	-	pluriel
prep	-	préposition
pron	-	pronom
qch	-	quelque chose
qn	-	quelqu'un
sing.	-	singulier
v aux	-	verbe auxiliaire
v imp	-	verbe impersonnel
vi	-	verbe intransitif
vi, vt	-	verbe intransitif, transitif
vp	-	verbe pronominal
vt	-	verbe transitif

CONCEPTS DE BASE

Concepts de base. Partie 1

1. Les pronoms

je	ek, my	[ɛk], [maj]
tu	jy	[jaj]
il	hy	[haj]
elle	sy	[saj]
ça	dit	[dit]
nous	ons	[ɔŋs]
vous	julle	[jullə]
vous (form., sing.)	u	[u]
vous (form., pl)	u	[u]
ils, elles	hulle	[hullə]

2. Adresser des vœux. Se dire bonjour. Se dire au revoir

Bonjour! (fam.)	Hallo!	[hallo!]
Bonjour! (form.)	Hallo!	[hallo!]
Bonjour! (le matin)	Goeie môre!	[xuje mɔrə!]
Bonjour! (après-midi)	Goeiemiddag!	[xuje·middaχ!]
Bonsoir!	Goeienaand!	[xuje·nānt!]
dire bonjour	dagsê	[daχsɛ:]
Salut!	Hallo!	[hallo!]
salut (m)	groet	[χrut]
saluer (vt)	groet	[χrut]
Comment ça va?	Hoe gaan dit?	[hu χān dit?]
Comment allez-vous?	Hoe gaan dit?	[hu χān dit?]
Quoi de neuf?	Hoe gaan dit?	[hu χān dit?]
Au revoir! (form.)	Totsiens!	[totsiŋs!]
Au revoir! (fam.)	Koebaai!	[kubāi!]
À bientôt!	Totsiens!	[totsiŋs!]
Adieu!	Totsiens!	[totsiŋs!]
Adieu! (fam.)	Mooi loop!	[moj loəp!]
Adieu! (form.)	Vaarwel!	[fārwel!]
dire au revoir	afskeid neem	[afskæjt neəm]
Salut! (À bientôt!)	Koebaai!	[kubāi!]
Merci!	Dankie!	[danki!]
Merci beaucoup!	Baie dankie!	[baje danki!]
Je vous en prie	Plesier	[plesir]

Il n'y a pas de quoi	Plesier!	[plesir!]
Pas de quoi	Plesier	[plesir]
Excuse-moi!	Ekskuus!	[ɛkskɪs!]
Excusez-moi!	Verskoon my!	[ferskoən maj!]
excuser (vt)	verskoon	[ferskoən]
s'excuser (vp)	verskoning vra	[ferskoniŋ fra]
Mes excuses	Verskoning	[ferskoniŋ]
Pardonnez-moi!	Ek is jammer!	[ɛk is jammər!]
pardonner (vt)	vergewe	[ferχevə]
C'est pas grave	Maak nie saak nie!	[māk ni sāk ni!]
s'il vous plaît	asseblief	[asseblif]
N'oubliez pas!	Vergeet dit nie!	[ferχeət dit ni!]
Bien sûr!	Beslis!	[beslis!]
Bien sûr que non!	Natuurlik nie!	[natɪrlik ni!]
D'accord!	OK!	[okej!]
Ça suffit!	Dis genoeg!	[dis χenuχ!]

3. Comment s'adresser à quelqu'un

Excusez-moi!	Verskoon my, ...	[ferskoən maj, ...]
monsieur	meneer	[meneər]
madame	mevrou	[mefræʊ]
madame (mademoiselle)	juffrou	[juffræʊ]
jeune homme	jongman	[joŋman]
petit garçon	boet	[but]
petite fille	sussie	[sussi]

4. Les nombres cardinaux. Partie 1

zéro	nul	[nul]
un	een	[eən]
deux	twee	[tweə]
trois	drie	[dri]
quatre	vier	[fir]
cinq	vyf	[fajf]
six	ses	[ses]
sept	sewe	[sevə]
huit	ag	[aχ]
neuf	nege	[neχə]
dix	tien	[tin]
onze	elf	[ɛlf]
douze	twaalf	[twālf]
treize	dertien	[dertin]
quatorze	veertien	[feərtin]
quinze	vyftien	[fajftin]
seize	sestien	[sestin]

dix-sept	sewetien	[sevetin]
dix-huit	agtien	[aχtin]
dix-neuf	negetien	[neχetin]

vingt	twintig	[twintəχ]
vingt et un	een-en-twintig	[eən-en-twintəχ]
vingt-deux	twee-en-twintig	[tweə-en-twintəχ]
vingt-trois	drie-en-twintig	[dri-en-twintəχ]

trente	dertig	[dertəχ]
trente et un	een-en-dertig	[eən-en-dertəχ]
trente-deux	twee-en-dertig	[tweə-en-dertəχ]
trente-trois	drie-en-dertig	[dri-en-dertəχ]

quarante	veertig	[feərtəχ]
quarante et un	een-en-veertig	[eən-en-feərtəχ]
quarante-deux	twee-en-veertig	[tweə-en-feərtəχ]
quarante-trois	vier-en-veertig	[fir-en-feərtəχ]

cinquante	vyftig	[fajftəχ]
cinquante et un	een-en-vyftig	[eən-en-fajftəχ]
cinquante-deux	twee-en-vyftig	[tweə-en-fajftəχ]
cinquante-trois	drie-en-vyftig	[dri-en-fajftəχ]

soixante	sestig	[sestəχ]
soixante et un	een-en-sestig	[eən-en-sestəχ]
soixante-deux	twee-en-sestig	[tweə-en-sestəχ]
soixante-trois	drie-en-sestig	[dri-en-sestəχ]

soixante-dix	sewentig	[seventəχ]
soixante et onze	een-en-sewentig	[eən-en-seventəχ]
soixante-douze	twee-en-sewentig	[tweə-en-seventəχ]
soixante-treize	drie-en-sewentig	[dri-en-seventəχ]

quatre-vingts	tagtig	[taχtəχ]
quatre-vingt et un	een-en-tagtig	[eən-en-taχtəχ]
quatre-vingt deux	twee-en-tagtig	[tweə-en-taχtəχ]
quatre-vingt trois	drie-en-tagtig	[dri-en-taχtəχ]

quatre-vingt-dix	negentig	[neχentəχ]
quatre-vingt et onze	een-en-negentig	[eən-en-neχentəχ]
quatre-vingt-douze	twee-en-negentig	[tweə-en-neχentəχ]
quatre-vingt-treize	drie-en-negentig	[dri-en-neχentəχ]

5. Les nombres cardinaux. Partie 2

cent	honderd	[hondərt]
deux cents	tweehonderd	[twee·hondərt]
trois cents	driehonderd	[dri·hondərt]
quatre cents	vierhonderd	[fir·hondərt]
cinq cents	vyfhonderd	[fajf·hondərt]

| six cents | seshonderd | [ses·hondərt] |
| sept cents | sewehonderd | [sewe·hondərt] |

| huit cents | aghonderd | [aχ·hondərt] |
| neuf cents | negehonderd | [neχə·hondərt] |

mille	duisend	[dœisent]
deux mille	tweeduisend	[twee·dœisent]
trois mille	drieduisend	[dri·dœisent]
dix mille	tienduisend	[tin·dœisent]
cent mille	honderdduisend	[hondərt·dajsent]

| million (m) | miljoen | [miljun] |
| milliard (m) | miljard | [miljart] |

6. Les nombres ordinaux

premier (adj)	eerste	[eərstə]
deuxième (adj)	tweede	[tweedə]
troisième (adj)	derde	[derdə]
quatrième (adj)	vierde	[firdə]
cinquième (adj)	vyfde	[fajfdə]

sixième (adj)	sesde	[sesdə]
septième (adj)	sewende	[sevendə]
huitième (adj)	agste	[aχstə]
neuvième (adj)	negende	[neχendə]
dixième (adj)	tiende	[tində]

7. Nombres. Fractions

fraction (f)	breuk	[brøək]
un demi	helfte	[hɛlftə]
un tiers	derde	[derdə]
un quart	kwart	[kwart]

un huitième	agste	[aχstə]
un dixième	tiende	[tində]
deux tiers	twee derde	[twee derdə]
trois quarts	driekwart	[drikwart]

8. Les nombres. Opérations mathématiques

soustraction (f)	aftrekking	[aftrɛkkiŋ]
soustraire (vt)	aftrek	[aftrek]
division (f)	deling	[deliŋ]
diviser (vt)	deel	[deəl]

addition (f)	optelling	[optɛlliŋ]
additionner (vt)	optel	[optəl]
ajouter (vt)	optel	[optəl]
multiplication (f)	vermenigvuldiging	[fermeniχ·fuldəχiŋ]
multiplier (vt)	vermenigvuldig	[fermeniχ·fuldəχ]

9. Les nombres. Divers

chiffre (m)	syfer	[sajfər]
nombre (m)	nommer	[nommər]
adjectif (m) numéral	telwoord	[tɛlwoərt]
moins (m)	minusteken	[minus·tekən]
plus (m)	plusteken	[plus·tekən]
formule (f)	formule	[formulə]

calcul (m)	berekening	[berekeniŋ]
compter (vt)	tel	[təl]
calculer (vt)	optel	[optəl]
comparer (vt)	vergelyk	[ferχəlajk]

Combien?	Hoeveel?	[hufeəl?]
somme (f)	som, totaal	[som], [totāl]
résultat (m)	resultaat	[resultāt]
reste (m)	oorskot	[oərskot]

peu de ...	min	[min]
reste (m)	die res	[di res]
douzaine (f)	dosyn	[dosajn]

en deux (adv)	middeldeur	[middəldøər]
en parties égales	gelyk	[χelajk]
moitié (f)	helfte	[hɛlftə]
fois (f)	maal	[māl]

10. Les verbes les plus importants. Partie 1

aider (vt)	help	[hɛlp]
aimer (qn)	liefhê	[lifhɛ:]
aller (à pied)	gaan	[χān]
apercevoir (vt)	raaksien	[rāksin]
appartenir à ...	behoort aan ...	[behoərt ān ...]

appeler (au secours)	roep	[rup]
attendre (vt)	wag	[vaχ]
attraper (vt)	vang	[faŋ]
avertir (vt)	waarsku	[vārsku]

avoir (vt)	hê	[hɛ:]
avoir confiance	vertrou	[fertræʊ]
avoir faim	honger wees	[hoŋər veəs]

avoir peur	bang wees	[baŋ veəs]
avoir soif	dors wees	[dors veəs]
cacher (vt)	wegsteek	[veχsteək]
casser (briser)	breek	[breək]
cesser (vt)	ophou	[ophæʊ]

changer (vt)	verander	[ferandər]
chasser (animaux)	jag	[jaχ]

chercher (vt)	soek ...	[suk ...]
choisir (vt)	kies	[kis]
commander (~ le menu)	bestel	[bestəl]

commencer (vt)	begin	[beχin]
comparer (vt)	vergelyk	[ferχəlajk]
comprendre (vt)	verstaan	[ferstān]
compter (dénombrer)	tel	[təl]
compter sur ...	reken op ...	[reken op ...]

confondre (vt)	verwar	[ferwar]
connaître (qn)	ken	[ken]
conseiller (vt)	aanraai	[ānrāi]
continuer (vt)	aangaan	[ānχān]
contrôler (vt)	kontroleer	[kontroleər]

courir (vi)	hardloop	[hardloəp]
coûter (vt)	kos	[kos]
créer (vt)	skep	[skep]
creuser (vt)	grawe	[χravə]
crier (vi)	skreeu	[skriʋ]

11. Les verbes les plus importants. Partie 2

décorer (~ la maison)	versier	[fersir]
défendre (vt)	verdedig	[ferdedəχ]
déjeuner (vi)	gaan eet	[χān eət]
demander (~ l'heure)	vra	[fra]
demander (de faire qch)	vra	[fra]

descendre (vi)	afkom	[afkom]
deviner (vt)	raai	[rāi]
dîner (vi)	aandete gebruik	[āndetə χebrœik]
dire (vt)	sê	[sɛː]
diriger (~ une usine)	beheer	[beheər]
discuter (vt)	bespreek	[bespreək]

donner (vt)	gee	[χeə]
douter (vt)	twyfel	[twajfəl]
écrire (vt)	skryf	[skrajf]
entendre (bruit, etc.)	hoor	[hoər]

entrer (vi)	binnegaan	[binnəχān]
envoyer (vt)	stuur	[stɪr]
espérer (vi)	hoop	[hoəp]
essayer (vt)	probeer	[probeər]

être (vi)	wees	[veəs]
être d'accord	saamstem	[sāmstem]
être nécessaire	nodig wees	[nodəχ veəs]
être pressé	opskud	[opskut]

| étudier (vt) | studeer | [studeər] |
| excuser (vt) | verskoon | [ferskoən] |

exiger (vt)	eis	[æjs]
exister (vi)	bestaan	[bestãn]
expliquer (vt)	verduidelik	[ferdœidəlik]

faire (vt)	doen	[dun]
faire tomber	laat val	[lãt fal]
finir (vt)	klaarmaak	[klãrmãk]
garder (conserver)	bewaar	[bevãr]
gronder, réprimander (vt)	uitvaar teen	[œitfãr teən]

informer (vt)	in kennis stel	[in kɛnnis stəl]
insister (vi)	aandring	[ãndriŋ]
insulter (vt)	beledig	[beledəχ]
inviter (vt)	uitnooi	[œitnoj]
jouer (s'amuser)	speel	[speəl]

12. Les verbes les plus importants. Partie 3

libérer (ville, etc.)	bevry	[befraj]
lire (vi, vt)	lees	[leəs]
louer (prendre en location)	huur	[hɪr]
manquer (l'école)	bank	[bank]
menacer (vt)	dreig	[dræjχ]

mentionner (vt)	verwys na	[ferwajs na]
montrer (vt)	wys	[vajs]
nager (vi)	swem	[swem]
objecter (vt)	beswaar maak	[beswãr mãk]
observer (vt)	waarneem	[vãrneəm]

ordonner (mil.)	beveel	[befeəl]
oublier (vt)	vergeet	[ferχeət]
ouvrir (vt)	oopmaak	[oəpmãk]
pardonner (vt)	vergewe	[ferχevə]
parler (vi, vt)	praat	[prãt]

participer à ...	deelneem	[deəlneəm]
payer (régler)	betaal	[betãl]
penser (vi, vt)	dink	[dink]
permettre (vt)	toestaan	[tustãn]
plaire (être apprécié)	hou van	[hæu fan]

plaisanter (vi)	grappies maak	[χrappis mãk]
planifier (vt)	beplan	[beplan]
pleurer (vi)	huil	[hœil]
posséder (vt)	besit	[besit]
pouvoir (v aux)	kan	[kan]
préférer (vt)	verkies	[ferkis]

prendre (vt)	vat	[fat]
prendre en note	opskryf	[opskrajf]
prendre le petit déjeuner	ontbyt	[ontbajt]
préparer (le dîner)	kook	[koək]
prévoir (vt)	voorsien	[foərsin]

prier (~ Dieu)	bid	[bit]
promettre (vt)	beloof	[bəloəf]
prononcer (vt)	uitspreek	[œitspreek]
proposer (vt)	voorstel	[foərstəl]
punir (vt)	straf	[straf]

13. Les verbes les plus importants. Partie 4

recommander (vt)	aanbeveel	[ānbefeəl]
regretter (vt)	jammer wees	[jammər veəs]
répéter (dire encore)	herhaal	[herhāl]
répondre (vi, vt)	antwoord	[antwoərt]
réserver (une chambre)	bespreek	[bespreək]

rester silencieux	stilbly	[stilblaj]
réunir (regrouper)	verenig	[ferenəχ]
rire (vi)	lag	[laχ]
s'arrêter (vp)	stilhou	[stilhæʊ]
s'asseoir (vp)	gaan sit	[χān sit]

sauver (la vie à qn)	red	[ret]
savoir (qch)	weet	[veət]
se baigner (vp)	gaan swem	[χān swem]
se plaindre (vp)	kla	[kla]
se refuser (vp)	weier	[væjer]

se vanter (vp)	spog	[spoχ]
s'étonner (vp)	verbaas wees	[ferbās veəs]
s'excuser (vp)	verskoning vra	[ferskoniŋ fra]
signer (vt)	teken	[tekən]
signifier (vt)	beteken	[betekən]
s'intéresser (vp)	belangstel in ...	[belaŋstəl in ...]
sortir (aller dehors)	uitgaan	[œitχān]
sourire (vi)	glimlag	[χlimlaχ]
sous-estimer (vt)	onderskat	[ondərskat]

suivre ... (suivez-moi)	volg ...	[folχ ...]
tirer (vi)	skiet	[skit]
tomber (vi)	val	[fal]
toucher (avec les mains)	aanraak	[ānrāk]
tourner (~ à gauche)	draai	[drāi]

traduire (vt)	vertaal	[fertāl]
travailler (vi)	werk	[verk]
tromper (vt)	bedrieg	[bedrəχ]
trouver (vt)	vind	[fint]
tuer (vt)	doodmaak	[doədmāk]
vendre (vt)	verkoop	[ferkoəp]

venir (vi)	aankom	[ānkom]
voir (vt)	sien	[sin]
voler (avion, oiseau)	vlieg	[fliχ]
voler (qch à qn)	steel	[steəl]
vouloir (vt)	wil	[vil]

14. Les couleurs

couleur (f)	kleur	[kløər]
teinte (f)	skakering	[skakeriŋ]
ton (m)	tint	[tint]
arc-en-ciel (m)	reënboog	[rɛɛn·boəχ]
blanc (adj)	wit	[vit]
noir (adj)	swart	[swart]
gris (adj)	grys	[χrajs]
vert (adj)	groen	[χrun]
jaune (adj)	geel	[χeəl]
rouge (adj)	rooi	[roj]
bleu (adj)	blou	[blæʊ]
bleu clair (adj)	ligblou	[liχ·blæʊ]
rose (adj)	pienk	[pink]
orange (adj)	oranje	[oranje]
violet (adj)	pers	[pers]
brun (adj)	bruin	[brœin]
d'or (adj)	goue	[χæʊə]
argenté (adj)	silweragtig	[silweraχtəχ]
beige (adj)	beige	[bɛ:iʒ]
crème (adj)	roomkleurig	[roəm·kløərəχ]
turquoise (adj)	turkoois	[turkojs]
rouge cerise (adj)	kersierooi	[kersi·roj]
lilas (adj)	lila	[lila]
framboise (adj)	karmosyn	[karmosajn]
clair (adj)	lig	[liχ]
foncé (adj)	donker	[donkər]
vif (adj)	helder	[hɛldər]
de couleur (adj)	kleurig	[kløərəχ]
en couleurs (adj)	kleur	[kløər]
noir et blanc (adj)	swart-wit	[swart-wit]
unicolore (adj)	effe	[ɛffə]
multicolore (adj)	veelkleurig	[feəlkløərəχ]

15. Les questions

Qui?	Wie?	[vi?]
Quoi?	Wat?	[vat?]
Où? (~ es-tu?)	Waar?	[vār?]
Où? (~ vas-tu?)	Waarheen?	[vārheen?]
D'où?	Waarvandaan?	[vārfandān?]
Quand?	Wanneer?	[vanneer?]
Pourquoi? (~ es-tu venu?)	Hoekom?	[hukom?]
Pourquoi? (~ t'es pâle?)	Hoekom?	[hukom?]
À quoi bon?	Vir wat?	[fir vat?]

Comment?	Hoe?	[hu?]
Quel? (à ~ prix?)	Watter?	[vattər?]
Lequel?	Watter een?	[vattər eən?]

À qui? (pour qui?)	Vir wie?	[fir vi?]
De qui?	Oor wie?	[oər vi?]
De quoi?	Oor wat?	[oər vat?]
Avec qui?	Met wie?	[met vi?]
Combien?	Hoeveel?	[hufeəl?]

16. Les prépositions

avec (~ toi)	met	[met]
sans (~ sucre)	sonder	[sondər]
à (aller ~ ...)	na	[na]
de (au sujet de)	oor	[oər]
avant (~ midi)	voor	[foər]
devant (~ la maison)	voor ...	[foər ...]

sous (~ la commode)	onder	[ondər]
au-dessus de ...	oor	[oər]
sur (dessus)	op	[op]
de (venir ~ Paris)	uit	[œit]
en (en bois, etc.)	van	[fan]

| dans (~ deux heures) | oor | [oər] |
| par dessus | oor | [oər] |

17. Les mots-outils. Les adverbes. Partie 1

Où? (~ es-tu?)	Waar?	[vãr?]
ici (c'est ~)	hier	[hir]
là-bas (c'est ~)	daar	[dãr]

| quelque part (être) | êrens | [ærɛŋs] |
| nulle part (adv) | nêrens | [nærɛŋs] |

| près de ... | by | [baj] |
| près de la fenêtre | by | [baj] |

Où? (~ vas-tu?)	Waarheen?	[vãrheən?]
ici (Venez ~)	hier	[hir]
là-bas (j'irai ~)	soontoe	[soentu]
d'ici (adv)	hiervandaan	[hirfandãn]
de là-bas (adv)	daarvandaan	[dãrfandãn]

| près (pas loin) | naby | [nabaj] |
| loin (adv) | ver | [fer] |

près de (~ Paris)	naby	[nabaj]
tout près (adv)	naby	[nabaj]
pas loin (adv)	nie ver nie	[ni fər ni]

gauche (adj)	**linker-**	[linkər-]
à gauche (être ~)	**op linkerhand**	[op linkərhant]
à gauche (tournez ~)	**na links**	[na links]
droit (adj)	**regter**	[reχtər]
à droite (être ~)	**op regterhand**	[op reχtərhant]
à droite (tournez ~)	**na regs**	[na reχs]
devant (adv)	**voor**	[foər]
de devant (adj)	**voorste**	[foərstə]
en avant (adv)	**vooruit**	[foərœit]
derrière (adv)	**agter**	[aχtər]
par derrière (adv)	**van agter**	[fan aχtər]
en arrière (regarder ~)	**agtertoe**	[aχtərtu]
milieu (m)	**middel**	[middəl]
au milieu (adv)	**in die middel**	[in di middəl]
de côté (vue ~)	**op die sykant**	[op di sajkant]
partout (adv)	**orals**	[orals]
autour (adv)	**orals rond**	[orals ront]
de l'intérieur	**van binne**	[fan binnə]
quelque part (aller)	**êrens**	[ærɛŋs]
tout droit (adv)	**reguit**	[reχœit]
en arrière (revenir ~)	**terug**	[teruχ]
de quelque part (n'import d'où)	**êrens vandaan**	[ærɛŋs fandān]
de quelque part (on ne sait pas d'où)	**êrens vandaan**	[ærɛŋs fandān]
premièrement (adv)	**in die eerste plek**	[in di eərstə plek]
deuxièmement (adv)	**in die tweede plek**	[in di tweədə plek]
troisièmement (adv)	**in die derde plek**	[in di derdə plek]
soudain (adv)	**skielik**	[skilik]
au début (adv)	**aan die begin**	[ān di beχin]
pour la première fois	**vir die eerste keer**	[fir di eərstə keər]
bien avant ...	**lank voordat ...**	[lank foərdat ...]
de nouveau (adv)	**opnuut**	[opnɪt]
pour toujours (adv)	**vir goed**	[fir χut]
jamais (adv)	**nooit**	[nojt]
de nouveau, encore (adv)	**weer**	[veər]
maintenant (adv)	**nou**	[næʊ]
souvent (adv)	**dikwels**	[dikwɛls]
alors (adv)	**toe**	[tu]
d'urgence (adv)	**dringend**	[driŋən]
d'habitude (adv)	**gewoonlik**	[χevoənlik]
à propos, ...	**terloops, ...**	[terloəps], [...]
c'est possible	**moontlik**	[moentlik]
probablement (adv)	**waarskynlik**	[vārskajnlik]
peut-être (adv)	**dalk**	[dalk]

en plus, ...	trouens...	[træʊɛŋs...]
c'est pourquoi ...	dis hoekom ...	[dis hukom ...]
malgré ...	ondanks ...	[ondanks ...]
grâce à ...	danksy ...	[danksaj ...]
quoi (pron)	wat	[vat]
que (conj)	dat	[dat]
quelque chose (Il m'est arrivé ~)	iets	[its]
quelque chose (peut-on faire ~)	iets	[its]
rien (m)	niks	[niks]
qui (pron)	wie	[vi]
quelqu'un (on ne sait pas qui)	iemand	[imant]
quelqu'un (n'importe qui)	iemand	[imant]
personne (pron)	niemand	[nimant]
nulle part (aller ~)	nêrens	[nærɛŋs]
de personne	niemand se	[nimant sə]
de n'importe qui	iemand se	[imant sə]
comme ça (adv)	so	[so]
également (adv)	ook	[oək]
aussi (adv)	ook	[oək]

18. Les mots-outils. Les adverbes. Partie 2

Pourquoi?	Waarom?	[vãrom?]
parce que ...	omdat ...	[omdat ...]
et (conj)	en	[ɛn]
ou (conj)	of	[of]
mais (conj)	maar	[mãr]
pour ... (prep)	vir	[fir]
trop (adv)	te	[te]
seulement (adv)	net	[net]
précisément (adv)	presies	[presis]
près de ... (prep)	ongeveer	[onχəfeər]
approximativement	ongeveer	[onχəfeər]
approximatif (adj)	geraamde	[χerãmdə]
presque (adv)	amper	[ampər]
reste (m)	die res	[di res]
l'autre (adj)	die ander	[di andər]
autre (adj)	ander	[andər]
chaque (adj)	elke	[ɛlkə]
n'importe quel (adj)	enige	[ɛniχə]
beaucoup (adv)	baie	[bajə]
plusieurs (pron)	baie mense	[bajə mɛŋsə]
tous	almal	[almal]
en échange de ...	in ruil vir...	[in rœil fir...]

en échange (adv)	as vergoeding	[as ferχudiŋ]
à la main (adv)	met die hand	[met di hant]
peu probable (adj)	skaars	[skārs]

probablement (adv)	waarskynlik	[vārskajnlik]
exprès (adv)	opsetlik	[opsetlik]
par accident (adv)	toevallig	[tufalləχ]

très (adv)	baie	[baje]
par exemple (adv)	byvoorbeeld	[bajfoərbeəlt]
entre (prep)	tussen	[tussən]
parmi (prep)	tussen	[tussən]
autant (adv)	so baie	[so baje]
surtout (adv)	veral	[feral]

Concepts de base. Partie 2

19. Les jours de la semaine

lundi (m)	Maandag	[māndax]
mardi (m)	Dinsdag	[dinsdax]
mercredi (m)	Woensdag	[voɛŋsdax]
jeudi (m)	Donderdag	[dondərdax]
vendredi (m)	Vrydag	[frajdax]
samedi (m)	Saterdag	[satərdax]
dimanche (m)	Sondag	[sondax]
aujourd'hui (adv)	vandag	[fandax]
demain (adv)	môre	[mɔrə]
après-demain (adv)	oormôre	[oərmɔrə]
hier (adv)	gister	[xistər]
avant-hier (adv)	eergister	[eərxistər]
jour (m)	dag	[dax]
jour (m) ouvrable	werksdag	[verks·dax]
jour (m) férié	openbare vakansiedag	[openbarə fakaŋsi·dax]
jour (m) de repos	verlofdag	[ferlofdax]
week-end (m)	naweek	[naveək]
toute la journée	die hele dag	[di helə dax]
le lendemain	die volgende dag	[di folxendə dax]
il y a 2 jours	twee dae gelede	[tweə daə xelede]
la veille	die dag voor	[di dax foər]
quotidien (adj)	daeliks	[daeliks]
tous les jours	elke dag	[ɛlkə dax]
semaine (f)	week	[veək]
la semaine dernière	laas week	[lās veək]
la semaine prochaine	volgende week	[folxendə veək]
hebdomadaire (adj)	weekliks	[veəkliks]
chaque semaine	weekliks	[veəkliks]
tous les mardis	elke Dinsdag	[ɛlkə dinsdax]

20. Les heures. Le jour et la nuit

matin (m)	oggend	[oxent]
le matin	soggens	[soxɛŋs]
midi (m)	middag	[middax]
dans l'après-midi	in die namiddag	[in di namiddax]
soir (m)	aand	[ānt]
le soir	saans	[sāŋs]
nuit (f)	nag	[nax]

| la nuit | snags | [snaχs] |
| minuit (f) | middernag | [middərnaχ] |

seconde (f)	sekonde	[sekondə]
minute (f)	minuut	[minɪt]
heure (f)	uur	[ɪr]
demi-heure (f)	n halfuur	[n halfɪr]
quinze minutes	vyftien minute	[fajftin minutə]
vingt-quatre heures	24 ure	[fir-en-twintəχ urə]

lever (m) du soleil	sonop	[son·op]
aube (f)	daeraad	[daerãt]
point (m) du jour	elke oggend	[ɛlkə oχent]
coucher (m) du soleil	sononder	[son·ondər]

tôt le matin	vroegdag	[fruχdaχ]
ce matin	vanmôre	[fanmɔrə]
demain matin	môreoggend	[mɔrə·oχent]

cet après-midi	vanmiddag	[fanmiddaχ]
dans l'après-midi	in die namiddag	[in di namiddaχ]
demain après-midi	môremiddag	[mɔrə·middaχ]

| ce soir | vanaand | [fanãnt] |
| demain soir | môreaand | [mɔrə·ãnt] |

à 3 heures précises	klokslag 3 uur	[klokslaχ dri ɪr]
autour de 4 heures	omstreeks 4 uur	[omstreeks fir ɪr]
vers midi	teen 12 uur	[teən twalf ɪr]
dans 20 minutes	oor twintig minute	[oər twintəχ minutə]
à temps	betyds	[betajds]

... moins le quart	kwart voor ...	[kwart foər ...]
tous les quarts d'heure	elke 15 minute	[ɛlkə fajftin minutə]
24 heures sur 24	24 uur per dag	[fir-en-twintəχ pər daχ]

21. Les mois. Les saisons

janvier (m)	Januarie	[januari]
février (m)	Februarie	[februari]
mars (m)	Maart	[mãrt]
avril (m)	April	[april]
mai (m)	Mei	[mæj]
juin (m)	Junie	[juni]

juillet (m)	Julie	[juli]
août (m)	Augustus	[ɔuχustus]
septembre (m)	September	[septembər]
octobre (m)	Oktober	[oktobər]
novembre (m)	November	[nofembər]
décembre (m)	Desember	[desembər]

| printemps (m) | lente | [lentə] |
| au printemps | in die lente | [in di lentə] |

de printemps (adj)	lente-	[lente-]
été (m)	somer	[somər]
en été	in die somer	[in di somər]
d'été (adj)	somerse	[somersə]

automne (m)	herfs	[herfs]
en automne	in die herfs	[in di herfs]
d'automne (adj)	herfsagtige	[herfsaχtiχə]

hiver (m)	winter	[vintər]
en hiver	in die winter	[in di vintər]
d'hiver (adj)	winter-	[vintər-]

mois (m)	maand	[mãnt]
ce mois	hierdie maand	[hirdi mãnt]
le mois prochain	volgende maand	[folχendə mãnt]
le mois dernier	laasmaand	[lãsmãnt]

| dans 2 mois | oor twe maande | [oər twə mãndə] |
| tout le mois | die hele maand | [di helə mãnt] |

mensuel (adj)	maandeliks	[mãndəliks]
mensuellement	maandeliks	[mãndəliks]
chaque mois	elke maand	[ɛlkə mãnt]

année (f)	jaar	[jãr]
cette année	hierdie jaar	[hirdi jãr]
l'année prochaine	volgende jaar	[folχendə jãr]
l'année dernière	laasjaar	[lãʃãr]

| dans 2 ans | binne twee jaar | [binnə tweə jãr] |
| toute l'année | die hele jaar | [di helə jãr] |

chaque année	elke jaar	[ɛlkə jãr]
annuel (adj)	jaarliks	[jãrliks]
annuellement	jaarliks	[jãrliks]
4 fois par an	4 keer per jaar	[fir keər pər jãr]

date (f) (jour du mois)	datum	[datum]
date (f) (~ mémorable)	datum	[datum]
calendrier (m)	kalender	[kalendər]

semestre (m)	ses maande	[ses mãndə]
saison (f)	seisoen	[sæjsun]
siècle (m)	eeu	[iʊ]

22. La notion de temps. Divers

temps (m)	tyd	[tajt]
moment (m)	moment	[moment]
instant (m)	oomblik	[oəmblik]
instantané (adj)	oombliklik	[oəmbliklik]
laps (m) de temps	tydbestek	[tajdbestək]
vie (f)	lewe	[levə]

éternité (f)	ewigheid	[ɛviχæjt]
époque (f)	tydperk	[tajtperk]
ère (f)	tydperk	[tajtperk]
cycle (m)	siklus	[siklus]
période (f)	periode	[periodə]
délai (m)	termyn	[tɛrmajn]

avenir (m)	die toekoms	[di tukoms]
prochain (adj)	toekomstig	[tukomstəχ]
la fois prochaine	die volgende keer	[di folχendə keər]
passé (m)	die verlede	[di ferledə]
passé (adj)	laas-	[lās-]
la fois passée	die vorige keer	[di foriχə keər]

plus tard (adv)	later	[latər]
après (prep)	na	[na]
à présent (adv)	deesdae	[deəsdaə]
maintenant (adv)	nou	[næʊ]
immédiatement	onmiddellik	[onmiddɛllik]
bientôt (adv)	gou	[χæʊ]
d'avance (adv)	by voorbaat	[baj foərbāt]

il y a longtemps	lank gelede	[lank χeledə]
récemment (adv)	onlangs	[onlaŋs]
destin (m)	noodlot	[noədlot]
souvenirs (m pl)	herinneringe	[herinneriŋə]
archives (f pl)	argiewe	[arχivə]

pendant ... (prep)	gedurende ...	[χedurendə ...]
longtemps (adv)	lank	[lank]
pas longtemps (adv)	nie lank nie	[ni lank ni]
tôt (adv)	vroeg	[fruχ]
tard (adv)	laat	[lāt]

pour toujours (adv)	vir altyd	[fir altajt]
commencer (vt)	begin	[beχin]
reporter (retarder)	uitstel	[œitstəl]

en même temps (adv)	tegelykertyd	[teχelajkertajt]
en permanence (adv)	permanent	[pərmanent]
constant (bruit, etc.)	voortdurend	[foərtdurent]
temporaire (adj)	tydelik	[tajdelik]

parfois (adv)	soms	[soms]
rarement (adv)	selde	[sɛldə]
souvent (adv)	dikwels	[dikwɛls]

23. Les contraires

riche (adj)	ryk	[rajk]
pauvre (adj)	arm	[arm]

malade (adj)	siek	[sik]
en bonne santé	gesond	[χesont]

| grand (adj) | groot | [xroət] |
| petit (adj) | klein | [klæjn] |

| vite (adv) | vinnig | [finnəx] |
| lentement (adv) | stadig | [stadəx] |

| rapide (adj) | vinnig | [finnəx] |
| lent (adj) | stadig | [stadəx] |

| joyeux (adj) | bly | [blaj] |
| triste (adj) | droewig | [druvəx] |

| ensemble (adv) | saam | [sãm] |
| séparément (adv) | afsonderlik | [afsondərlik] |

| à haute voix | hardop | [hardop] |
| en silence | stil | [stil] |

| haut (adj) | groot | [xroət] |
| bas (adj) | laag | [lãx] |

| profond (adj) | diep | [dip] |
| peu profond (adj) | vlak | [flak] |

| oui (adv) | ja | [ja] |
| non (adv) | nee | [neə] |

| lointain (adj) | ver | [fer] |
| proche (adj) | naby | [nabaj] |

| loin (adv) | ver | [fer] |
| près (adv) | naby | [nabaj] |

| long (adj) | lang | [laŋ] |
| court (adj) | kort | [kort] |

| bon (au bon cœur) | vriendelik | [frindəlik] |
| méchant (adj) | boos | [boəs] |

| marié (adj) | getroud | [xetræʊt] |
| célibataire (adj) | ongetroud | [onxətræʊt] |

| interdire (vt) | verbied | [ferbit] |
| permettre (vt) | toestaan | [tustãn] |

| fin (f) | einde | [æjndə] |
| début (m) | begin | [bexin] |

| gauche (adj) | linker- | [linkər-] |
| droit (adj) | regter | [rextər] |

| premier (adj) | eerste | [eərstə] |
| dernier (adj) | laaste | [lãstə] |

| crime (m) | misdaad | [misdãt] |
| punition (f) | straf | [straf] |

ordonner (vt)	beveel	[befeəl]
obéir (vt)	gehoorsaam	[χehoərsām]
droit (adj)	reguit	[reχœit]
courbé (adj)	krom	[krom]
paradis (m)	paradys	[paradajs]
enfer (m)	hel	[həl]
naître (vi)	gebore word	[χeborə vort]
mourir (vi)	doodgaan	[doədχān]
fort (adj)	sterk	[sterk]
faible (adj)	swak	[swak]
vieux (adj)	oud	[æʊt]
jeune (adj)	jong	[joŋ]
vieux (adj)	ou	[æʊ]
neuf (adj)	nuwe	[nuvə]
dur (adj)	hard	[hart]
mou (adj)	sag	[saχ]
chaud (tiède)	warm	[varm]
froid (adj)	koud	[kæʊt]
gros (adj)	vet	[fet]
maigre (adj)	dun	[dun]
étroit (adj)	smal	[smal]
large (adj)	wyd	[vajt]
bon (adj)	goed	[χut]
mauvais (adj)	sleg	[sleχ]
vaillant (adj)	dapper	[dappər]
peureux (adj)	lafhartig	[lafhartəχ]

24. Les lignes et les formes

carré (m)	vierkant	[fɪrkant]
carré (adj)	vierkantig	[fɪrkantəχ]
cercle (m)	sirkel	[sɪrkəl]
rond (adj)	rond	[ront]
triangle (m)	driehoek	[drihuk]
triangulaire (adj)	driehoekig	[drihukəχ]
ovale (m)	ovaal	[ofāl]
ovale (adj)	ovaal	[ofāl]
rectangle (m)	reghoek	[reχhuk]
rectangulaire (adj)	reghoekig	[reχhukəχ]
pyramide (f)	piramide	[piramidə]
losange (m)	ruit	[rœit]

trapèze (m)	**trapesoïed**	[trapesoïet]
cube (m)	**kubus**	[kubus]
prisme (m)	**prisma**	[prisma]

circonférence (f)	**omtrek**	[omtrək]
sphère (f)	**sfeer**	[sfeer]
globe (m)	**bal**	[bal]
diamètre (m)	**diameter**	[diametər]
rayon (m)	**straal**	[strāl]
périmètre (m)	**omtrek**	[omtrək]
centre (m)	**sentrum**	[sentrum]

horizontal (adj)	**horisontaal**	[horisontāl]
vertical (adj)	**vertikaal**	[fertikāl]
parallèle (f)	**parallel**	[parallel]
parallèle (adj)	**parallel**	[parallel]

ligne (f)	**lyn**	[lajn]
trait (m)	**haal**	[hāl]
ligne (f) droite	**regte lyn**	[rеχtə lajn]
courbe (f)	**krom**	[krom]
fin (une ~ ligne)	**dun**	[dun]
contour (m)	**omtrek**	[omtrək]

intersection (f)	**snypunt**	[snaj·punt]
angle (m) droit	**regte hoek**	[rеχtə huk]
segment (m)	**segment**	[sеχment]
secteur (m)	**sektor**	[sektor]
côté (m)	**sy**	[saj]
angle (m)	**hoek**	[huk]

25. Les unités de mesure

poids (m)	**gewig**	[χevəχ]
longueur (f)	**lengte**	[leŋtə]
largeur (f)	**breedte**	[breedtə]
hauteur (f)	**hoogte**	[hoəχtə]
profondeur (f)	**diepte**	[diptə]
volume (m)	**volume**	[folumə]
aire (f)	**area**	[area]

gramme (m)	**gram**	[χram]
milligramme (m)	**milligram**	[milliχram]
kilogramme (m)	**kilogram**	[kiloχram]
tonne (f)	**ton**	[ton]
livre (f)	**pond**	[pont]
once (f)	**ons**	[ɔŋs]

mètre (m)	**meter**	[metər]
millimètre (m)	**millimeter**	[millimetər]
centimètre (m)	**sentimeter**	[sentimetər]
kilomètre (m)	**kilometer**	[kilometər]
mille (m)	**myl**	[majl]
pouce (m)	**duim**	[dœim]

pied (m)	voet	[fut]
yard (m)	jaart	[jārt]

mètre (m) carré	vierkante meter	[firkantə metər]
hectare (m)	hektaar	[hektār]

litre (m)	liter	[litər]
degré (m)	graad	[ɣrāt]
volt (m)	volt	[folt]
ampère (m)	ampère	[ampɛːr]
cheval-vapeur (m)	perdekrag	[perdə·kraχ]

quantité (f)	hoeveelheid	[hufeəlhæjt]
moitié (f)	helfte	[hɛlftə]
douzaine (f)	dosyn	[dosajn]
pièce (f)	stuk	[stuk]

dimension (f)	grootte	[χroəttə]
échelle (f) (de la carte)	skaal	[skāl]

minimal (adj)	minimaal	[minimāl]
le plus petit (adj)	die kleinste	[di klæjnstə]
moyen (adj)	medium	[medium]
maximal (adj)	maksimaal	[maksimāl]
le plus grand (adj)	die grootste	[di χroətstə]

26. Les récipients

bocal (m) en verre	glaspot	[χlas·pot]
boîte, canette (f)	blikkie	[blikki]
seau (m)	emmer	[ɛmmər]
tonneau (m)	drom	[drom]

bassine, cuvette (f)	wasbak	[vas·bak]
cuve (f)	tenk	[tɛnk]
flasque (f)	heupfles	[høəp·fles]
jerrican (m)	petrolblik	[petrol·blik]
citerne (f)	tenk	[tɛnk]

tasse (f), mug (m)	beker	[bekər]
tasse (f)	koppie	[koppi]
soucoupe (f)	piering	[piriŋ]

verre (m) (~ d'eau)	glas	[χlas]
verre (m) à vin	wynglas	[vajn·χlas]
faitout (m)	soppot	[sop·pot]

bouteille (f)	bottel	[bottəl]
goulot (m)	nek	[nek]

carafe (f)	kraffie	[kraffi]
pichet (m)	kruik	[krœik]
récipient (m)	houer	[hæʊər]
pot (m)	pot	[pot]

vase (m)	vaas	[fãs]
flacon (m)	bottel	[bottəl]
fiole (f)	botteltjie	[bottɛlki]
tube (m)	buisie	[bœisi]

sac (m) (grand ~)	sak	[sak]
sac (m) (~ en plastique)	sak	[sak]
paquet (m) (~ de cigarettes)	pakkie	[pakki]

boîte (f)	kartondoos	[karton·does]
caisse (f)	krat	[krat]
panier (m)	mandjie	[mandʒi]

27. Les matériaux

matériau (m)	boustof	[bæʊstof]
bois (m)	hout	[hæʊt]
en bois (adj)	hout-	[hæʊt-]

| verre (m) | glas | [χlas] |
| en verre (adj) | glas- | [χlas-] |

| pierre (f) | klip | [klip] |
| en pierre (adj) | klip- | [klip-] |

| plastique (m) | plastiek | [plastik] |
| en plastique (adj) | plastiek- | [plastik-] |

| caoutchouc (m) | rubber | [rubbər] |
| en caoutchouc (adj) | rubber- | [rubbər-] |

| tissu (m) | materiaal | [materiãl] |
| en tissu (adj) | materiaal- | [materiãl-] |

| papier (m) | papier | [papir] |
| de papier (adj) | papier- | [papir-] |

| carton (m) | karton | [karton] |
| en carton (adj) | karton- | [karton-] |

| polyéthylène (m) | politeen | [politeən] |
| cellophane (f) | sellofaan | [sɛllofãn] |

| linoléum (m) | linoleum | [linoløəm] |
| contreplaqué (m) | laaghout | [lãχhæʊt] |

| porcelaine (f) | porselein | [porselæjn] |
| de porcelaine (adj) | porselein- | [porselæjn-] |

| argile (f) | klei | [klæj] |
| de terre cuite (adj) | klei- | [klæj-] |

| céramique (f) | keramiek | [keramik] |
| en céramique (adj) | keramiek- | [keramik-] |

28. Les métaux

métal (m)	metaal	[metãl]
métallique (adj)	metaal-	[metãl-]
alliage (m)	allooi	[alloj]
or (m)	goud	[χæʊt]
en or (adj)	goue	[χæʊə]
argent (m)	silwer	[silwər]
en argent (adj)	silwer-	[silwər-]
fer (m)	yster	[ajstər]
en fer (adj)	yster-	[ajstər-]
acier (m)	staal	[stãl]
en acier (adj)	staal-	[stãl-]
cuivre (m)	koper	[kopər]
en cuivre (adj)	koper-	[kopər-]
aluminium (m)	aluminium	[aluminium]
en aluminium (adj)	aluminium-	[aluminium-]
bronze (m)	brons	[brɔŋs]
en bronze (adj)	brons-	[brɔŋs-]
laiton (m)	geelkoper	[χeəl·kopər]
nickel (m)	nikkel	[nikkəl]
platine (f)	platinum	[platinum]
mercure (m)	kwik	[kwik]
étain (m)	tin	[tin]
plomb (m)	lood	[loət]
zinc (m)	sink	[sink]

L'HOMME

L'homme. Le corps humain

29. L'homme. Notions fondamentales

être (m) humain	mens	[mɛŋs]
homme (m)	man	[man]
femme (f)	vrou	[fræʊ]
enfant (m, f)	kind	[kint]
fille (f)	meisie	[mæjsi]
garçon (m)	seun	[søən]
adolescent (m)	tiener	[tinər]
vieillard (m)	ou man	[æʊ man]
vieille femme (f)	ou vrou	[æʊ fræʊ]

30. L'anatomie humaine

organisme (m)	organisme	[orχanismə]
cœur (m)	hart	[hart]
sang (m)	bloed	[blut]
artère (f)	slagaar	[slaχār]
veine (f)	aar	[ār]
cerveau (m)	brein	[bræjn]
nerf (m)	senuwee	[senuveə]
nerfs (m pl)	senuwees	[senuveəs]
vertèbre (f)	rugwerwels	[ruχ·werwɛls]
colonne (f) vertébrale	ruggraat	[ruχ·χrāt]
estomac (m)	maag	[māχ]
intestins (m pl)	ingewande	[inχəwandə]
intestin (m)	derm	[derm]
foie (m)	lewer	[levər]
rein (m)	nier	[nir]
os (m)	been	[beən]
squelette (f)	geraamte	[χerāmtə]
côte (f)	rib	[rip]
crâne (m)	skedel	[skedəl]
muscle (m)	spier	[spir]
biceps (m)	biseps	[biseps]
triceps (m)	triseps	[triseps]
tendon (m)	sening	[seniŋ]
articulation (f)	gewrig	[χevrəχ]

poumons (m pl)	longe	[loŋə]
organes (m pl) génitaux	geslagsorgane	[ҳeslaҳs·orҳanə]
peau (f)	vel	[fəl]

31. La tête

tête (f)	kop	[kop]
visage (m)	gesig	[ҳesəҳ]
nez (m)	neus	[nøəs]
bouche (f)	mond	[mont]

œil (m)	oog	[oəҳ]
les yeux	oë	[oɛ]
pupille (f)	pupil	[pupil]
sourcil (m)	wenkbrou	[vɛnk·bræʊ]
cil (m)	ooghaar	[oəҳ·hār]
paupière (f)	ooglid	[oəҳ·lit]

langue (f)	tong	[toŋ]
dent (f)	tand	[tant]
lèvres (f pl)	lippe	[lippə]
pommettes (f pl)	wangbene	[vaŋ·benə]
gencive (f)	tandvleis	[tand·flæjs]
palais (m)	verhemelte	[fer·hemɛltə]

narines (f pl)	neusgate	[nøəsҳatə]
menton (m)	ken	[ken]
mâchoire (f)	kakebeen	[kakebeən]
joue (f)	wang	[vaŋ]

front (m)	voorhoof	[foərhoəf]
tempe (f)	slaap	[slāp]
oreille (f)	oor	[oər]
nuque (f)	agterkop	[aҳtərkop]
cou (m)	nek	[nek]
gorge (f)	keel	[keəl]

cheveux (m pl)	haar	[hār]
coiffure (f)	kapsel	[kapsəl]
coupe (f)	haarstyl	[hārstajl]
perruque (f)	pruik	[prœik]

moustache (f)	snor	[snor]
barbe (f)	baard	[bārt]
porter (~ la barbe)	dra	[dra]
tresse (f)	vlegsel	[fleҳsəl]
favoris (m pl)	bakkebaarde	[bakkəbārdə]

roux (adj)	rooiharig	[roj·harəҳ]
gris, grisonnant (adj)	grys	[ҳrajs]
chauve (adj)	kaal	[kāl]
calvitie (f)	kaal plek	[kāl plek]
queue (f) de cheval	poniestert	[poni·stert]
frange (f)	gordyntjiekapsel	[ҳordajnki·kapsəl]

32. Le corps humain

main (f)	hand	[hant]
bras (m)	arm	[arm]
doigt (m)	vinger	[fiŋər]
orteil (m)	toon	[toən]
pouce (m)	duim	[dœim]
petit doigt (m)	pinkie	[pinki]
ongle (m)	nael	[naəl]
poing (m)	vuis	[fœis]
paume (f)	palm	[palm]
poignet (m)	pols	[pols]
avant-bras (m)	voorarm	[foərarm]
coude (m)	elmboog	[ɛlmboəχ]
épaule (f)	skouer	[skæʋər]
jambe (f)	been	[beən]
pied (m)	voet	[fut]
genou (m)	knie	[kni]
mollet (m)	kuit	[kœit]
hanche (f)	heup	[høəp]
talon (m)	hakskeen	[hak·skeən]
corps (m)	liggaam	[liχχām]
ventre (m)	maag	[māχ]
poitrine (f)	bors	[bors]
sein (m)	bors	[bors]
côté (m)	sy	[saj]
dos (m)	rug	[ruχ]
reins (région lombaire)	lae rug	[laə ruχ]
taille (f) (~ de guêpe)	middel	[middəl]
nombril (m)	naeltjie	[naɛlki]
fesses (f pl)	boude	[bæʋdə]
derrière (m)	sitvlak	[sitflak]
grain (m) de beauté	moesie	[musi]
tache (f) de vin	moedervlek	[mudər·flek]
tatouage (m)	tatoe	[tatu]
cicatrice (f)	litteken	[littekən]

Les vêtements & les accessoires

33. Les vêtements d'extérieur

vêtement (m)	klere	[klerə]
survêtement (m)	oorklere	[oərklerə]
vêtement (m) d'hiver	winterklere	[vintər·klerə]
manteau (m)	jas	[jas]
manteau (m) de fourrure	pelsjas	[pelʃas]
veste (f) de fourrure	kort pelsjas	[kort pelʃas]
manteau (m) de duvet	donsjas	[donʃas]
veste (f) (~ en cuir)	baadjie	[bādʒi]
imperméable (m)	reënjas	[rɛɛnjas]
imperméable (adj)	waterdig	[vatərdəχ]

34. Les vêtements

chemise (f)	hemp	[hemp]
pantalon (m)	broek	[bruk]
jean (m)	denimbroek	[denim·bruk]
veston (m)	baadjie	[bādʒi]
complet (m)	pak	[pak]
robe (f)	rok	[rok]
jupe (f)	romp	[romp]
chemisette (f)	bloes	[blus]
veste (f) en laine	gebreide baadjie	[χebræjdə bādʒi]
jaquette (f), blazer (m)	baadjie	[bādʒi]
tee-shirt (m)	T-hemp	[te-hemp]
short (m)	kortbroek	[kort·bruk]
costume (m) de sport	sweetpak	[sweet·pak]
peignoir (m) de bain	badjas	[batjas]
pyjama (m)	pajama	[pajama]
chandail (m)	trui	[trœi]
pull-over (m)	trui	[trœi]
gilet (m)	onderbaadjie	[ondər·bādʒi]
queue-de-pie (f)	swaelstertbaadjie	[swaɛlstert·bādʒi]
smoking (m)	aandpak	[āntpak]
uniforme (m)	uniform	[uniform]
tenue (f) de travail	werksklere	[verks·klerə]
salopette (f)	oorpak	[oərpak]
blouse (f) (d'un médecin)	jas	[jas]

35. Les sous-vêtements

sous-vêtements (m pl)	onderklere	[ondərklerə]
boxer (m)	onderbroek	[ondərbruk]
slip (m) de femme	onderbroek	[ondərbruk]
maillot (m) de corps	frokkie	[frokki]
chaussettes (f pl)	sokkies	[sokkis]
chemise (f) de nuit	nagrok	[naχrok]
soutien-gorge (m)	bra	[bra]
chaussettes (f pl) hautes	kniekouse	[kni·kæʊsə]
collants (m pl)	kousbroek	[kæʊsbruk]
bas (m pl)	kouse	[kæʊsə]
maillot (m) de bain	baaikostuum	[bāj·kostɪm]

36. Les chapeaux

chapeau (m)	hoed	[hut]
chapeau (m) feutre	hoed	[hut]
casquette (f) de base-ball	bofbalpet	[bofbal·pet]
casquette (f)	pet	[pet]
béret (m)	mus	[mus]
capuche (f)	kap	[kap]
panama (m)	panamahoed	[panama·hut]
bonnet (m) de laine	gebreide mus	[χebræjdə mus]
foulard (m)	kopdoek	[kopduk]
chapeau (m) de femme	dameshoed	[dames·hut]
casque (m) (d'ouvriers)	veiligheidshelm	[fæjliχæjts·hɛlm]
calot (m)	mus	[mus]
casque (m) (~ de moto)	helmet	[hɛlmet]
melon (m)	bolhoed	[bolhut]
haut-de-forme (m)	hoëhoed	[hoɛhut]

37. Les chaussures

chaussures (f pl)	skoeisel	[skuisəl]
bottines (f pl)	mansskoene	[maŋs·skunə]
souliers (m pl) (~ plats)	damesskoene	[dames·skunə]
bottes (f pl)	laarse	[lārsə]
chaussons (m pl)	pantoffels	[pantoffəls]
tennis (m pl)	tennisskoene	[tɛnnis·skunə]
baskets (f pl)	tekkies	[tɛkkis]
sandales (f pl)	sandale	[sandalə]
cordonnier (m)	skoenmaker	[skun·makər]
talon (m)	hak	[hak]

---

paire (f)	paar	[pãr]
lacet (m)	skoenveter	[skun·fetər]
lacer (vt)	ryg	[rajχ]
chausse-pied (m)	skoenlepel	[skun·lepəl]
cirage (m)	skoenpolitoer	[skun·politur]

38. Le textile. Les tissus

coton (m)	katoen	[katun]
de coton (adj)	katoen-	[katun-]
lin (m)	vlas	[flas]
de lin (adj)	vlas-	[flas-]

soie (f)	sy	[saj]
de soie (adj)	sy-	[saj-]
laine (f)	wol	[vol]
en laine (adj)	wol-	[vol-]

velours (m)	fluweel	[fluveəl]
chamois (m)	suède	[suɛdə]
velours (m) côtelé	ferweel	[ferweəl]

nylon (m)	nylon	[najlon]
en nylon (adj)	nylon-	[najlon-]
polyester (m)	poliëster	[poliɛstər]
en polyester (adj)	poliëster-	[poliɛstər-]

cuir (m)	leer	[leər]
en cuir (adj)	leer-	[leər-]
fourrure (f)	bont	[bont]
en fourrure (adj)	bont-	[bont-]

39. Les accessoires personnels

gants (m pl)	handskoene	[handskunə]
moufles (f pl)	duimhandskoene	[dœim·handskunə]
écharpe (f)	serp	[serp]

lunettes (f pl)	bril	[bril]
monture (f)	raam	[rãm]
parapluie (m)	sambreel	[sambreəl]
canne (f)	wandelstok	[vandəl·stok]
brosse (f) à cheveux	haarborsel	[hãr·borsəl]
éventail (m)	waaier	[vãjer]

cravate (f)	das	[das]
nœud papillon (m)	strikkie	[strikki]
bretelles (f pl)	kruisbande	[krœis·bandə]
mouchoir (m)	sakdoek	[sakduk]

| peigne (m) | kam | [kam] |
| barrette (f) | haarspeld | [hãrs·pɛlt] |

| épingle (f) à cheveux | haarpen | [hãr·pen] |
| boucle (f) | gespe | [χespə] |

| ceinture (f) | belt | [bɛlt] |
| bandoulière (f) | skouerband | [skæʋer·bant] |

sac (m)	handsak	[hand·sak]
sac (m) à main	beursie	[bøərsi]
sac (m) à dos	rugsak	[ruχsak]

40. Les vêtements. Divers

mode (f)	mode	[modə]
à la mode (adj)	in die mode	[in di modə]
couturier, créateur de mode	modeontwerper	[modə·ontwerpər]

col (m)	kraag	[krãχ]
poche (f)	sak	[sak]
de poche (adj)	sak-	[sak-]
manche (f)	mou	[mæʋ]
bride (f)	lussie	[lussi]
braguette (f)	gulp	[χulp]

fermeture (f) à glissière	ritssluiter	[rits·slœitər]
agrafe (f)	vasmaker	[fasmakər]
bouton (m)	knoop	[knoəp]
boutonnière (f)	knoopsgat	[knoəps·χat]
s'arracher (bouton)	loskom	[loskom]

coudre (vi, vt)	naai	[nãi]
broder (vt)	borduur	[bordɪr]
broderie (f)	borduurwerk	[bordɪr·werk]
aiguille (f)	naald	[nãlt]
fil (m)	garing	[χariŋ]
couture (f)	soom	[soəm]

se salir (vp)	vuil word	[fœil vort]
tache (f)	vlek	[flek]
se froisser (vp)	kreukel	[krøəkəl]
déchirer (vt)	skeur	[skøər]
mite (f)	mot	[mot]

41. L'hygiène corporelle. Les cosmétiques

dentifrice (m)	tandepasta	[tandə·pasta]
brosse (f) à dents	tandeborsel	[tandə·borsel]
se brosser les dents	tande borsel	[tandə borsel]

rasoir (m)	skeermes	[skeər·mes]
crème (f) à raser	skeerroom	[skeər·roəm]
se raser (vp)	skeer	[skeər]
savon (m)	seep	[seəp]

shampooing (m)	sjampoe	[ʃampu]
ciseaux (m pl)	skêr	[skær]
lime (f) à ongles	naelvyl	[naɛl·fajl]
pinces (f pl) à ongles	naelknipper	[naɛl·knippər]
pince (f) à épiler	haartangetjie	[hārtaŋəki]
produits (m pl) de beauté	kosmetika	[kosmetika]
masque (m) de beauté	gesigmasker	[xesiχ·maskər]
manucure (f)	manikuur	[manikɪr]
se faire les ongles	laat manikuur	[lāt manikɪr]
pédicurie (f)	voetbehandeling	[fut·behandeliŋ]
trousse (f) de toilette	kosmetika tassie	[kosmetika tassi]
poudre (f)	gesigpoeier	[xesiχ·pujer]
poudrier (m)	poeierdosie	[pujer·dosi]
fard (m) à joues	blosser	[blossər]
parfum (m)	parfuum	[parfɪm]
eau (f) de toilette	reukwater	[røøk·vatər]
lotion (f)	vloeiroom	[flui·roəm]
eau de Cologne (f)	reukwater	[røøk·vatər]
fard (m) à paupières	oogskadu	[oəχ·skadu]
crayon (m) à paupières	oogomlyner	[oəχ·omlajnər]
mascara (m)	maskara	[maskara]
rouge (m) à lèvres	lipstiffie	[lip·stiffi]
vernis (m) à ongles	naellak	[naɛl·lak]
laque (f) pour les cheveux	haarsproei	[hārs·prui]
déodorant (m)	reukweermiddel	[røøk·veərmiddəl]
crème (f)	room	[roəm]
crème (f) pour le visage	gesigroom	[xesiχ·roəm]
crème (f) pour les mains	handroom	[hand·roəm]
crème (f) anti-rides	antirimpelroom	[antirimpəl·roəm]
crème (f) de jour	dagroom	[daχ·roəm]
crème (f) de nuit	nagroom	[naχ·roəm]
de jour (adj)	dag-	[daχ-]
de nuit (adj)	nag-	[naχ-]
tampon (m)	tampon	[tampon]
papier (m) de toilette	toiletpapier	[tojlet·papir]
sèche-cheveux (m)	haardroër	[hār·droɛr]

42. Les bijoux. La bijouterie

bijoux (m pl)	juweliersware	[juvelirs·warə]
précieux (adj)	edel-	[ɛdəl-]
poinçon (m)	waarmerk	[vārmerk]
bague (f)	ring	[riŋ]
alliance (f)	trouring	[træʊriŋ]
bracelet (m)	armband	[armbant]
boucles (f pl) d'oreille	oorbelle	[oər·bɛllə]

collier (m) (de perles)	halssnoer	[hals·snur]
couronne (f)	kroon	[kroən]
collier (m) (en verre, etc.)	kraalsnoer	[krāl·snur]

diamant (m)	diamant	[diamant]
émeraude (f)	smarag	[smaraχ]
rubis (m)	robyn	[robajn]
saphir (m)	saffier	[saffir]
perle (f)	pêrel	[pærəl]
ambre (m)	amber	[ambər]

43. Les montres. Les horloges

montre (f)	polshorlosie	[pols·horlosi]
cadran (m)	wyserplaat	[vajsər·plāt]
aiguille (f)	wyster	[vajstər]
bracelet (m)	metaal horlosiebandjie	[metāl horlosi·bandʒi]
bracelet (m) (en cuir)	horlosiebandjie	[horlosi·bandʒi]

pile (f)	battery	[battəraj]
être déchargé	pap wees	[pap vees]
avancer (vi)	voorloop	[foərloəp]
retarder (vi)	agterloop	[aχtərloəp]

pendule (f)	muurhorlosie	[mɪr·horlosi]
sablier (m)	uurglas	[ɪr·χlas]
cadran (m) solaire	sonwyser	[son·wajsər]
réveil (m)	wekker	[vɛkkər]
horloger (m)	horlosiemaker	[horlosi·makər]
réparer (vt)	herstel	[herstəl]

Les aliments. L'alimentation

44. Les aliments

viande (f)	vleis	[flæjs]
poulet (m)	hoender	[hundər]
poulet (m) (poussin)	braaikuiken	[brāj·kœiken]
canard (m)	eend	[eent]
oie (f)	gans	[χaŋs]
gibier (m)	wild	[vilt]
dinde (f)	kalkoen	[kalkun]
du porc	varkvleis	[fark·flæjs]
du veau	kalfsvleis	[kalfs·flæjs]
du mouton	lamsvleis	[lams·flæjs]
du bœuf	beesvleis	[bees·flæjs]
lapin (m)	konynvleis	[konajn·flæjs]
saucisson (m)	wors	[vors]
saucisse (f)	Weense worsie	[vɛɛŋsə vorsi]
bacon (m)	spek	[spek]
jambon (m)	ham	[ham]
cuisse (f)	gerookte ham	[χeroɛktə ham]
pâté (m)	patee	[pateə]
foie (m)	lewer	[levər]
farce (f)	maalvleis	[māl·flæjs]
langue (f)	tong	[toŋ]
œuf (m)	eier	[æjer]
les œufs	eiers	[æjers]
blanc (m) d'œuf	eierwit	[æjer·wit]
jaune (m) d'œuf	dooier	[dojer]
poisson (m)	vis	[fis]
fruits (m pl) de mer	seekos	[seə·kos]
crustacés (m pl)	skaaldiere	[skāldirə]
caviar (m)	kaviaar	[kafiār]
crabe (m)	krab	[krap]
crevette (f)	garnaal	[χarnāl]
huître (f)	oester	[ustər]
langoustine (f)	seekreef	[seə·kreəf]
poulpe (m)	seekat	[seə·kat]
calamar (m)	pylinkvis	[pajl·inkfis]
esturgeon (m)	steur	[støər]
saumon (m)	salm	[salm]
flétan (m)	heilbot	[hæjlbot]
morue (f)	kabeljou	[kabeljæʊ]

maquereau (m)	makriel	[makril]
thon (m)	tuna	[tuna]
anguille (f)	paling	[paliŋ]

truite (f)	forel	[forəl]
sardine (f)	sardyn	[sardajn]
brochet (m)	varswatersnoek	[farswatər·snuk]
hareng (m)	haring	[hariŋ]

pain (m)	brood	[broət]
fromage (m)	kaas	[kãs]
sucre (m)	suiker	[sœikər]
sel (m)	sout	[sæʊt]

riz (m)	rys	[rajs]
pâtes (m pl)	pasta	[pasta]
nouilles (f pl)	noedels	[nudɛls]

beurre (m)	botter	[bottər]
huile (f) végétale	plantaardige olie	[plantãrdixə oli]
huile (f) de tournesol	sonblomolie	[sonblom·oli]
margarine (f)	margarien	[marχarin]

| olives (f pl) | olywe | [olajvə] |
| huile (f) d'olive | olyfolie | [olajf·oli] |

lait (m)	melk	[melk]
lait (m) condensé	kondensmelk	[kondɛŋs·melk]
yogourt (m)	jogurt	[joχurt]
crème (f) aigre	suurroom	[sɪr·roəm]
crème (f) (de lait)	room	[roəm]

| sauce (f) mayonnaise | mayonnaise | [majonɛs] |
| crème (f) au beurre | crème | [krɛm] |

gruau (m)	ontbytgraan	[ontbajt·χrãn]
farine (f)	meelblom	[meəl·blom]
conserves (f pl)	blikkieskos	[blikkis·kos]

pétales (m pl) de maïs	mielievlokkies	[mili·flokkis]
miel (m)	heuning	[høəniŋ]
confiture (f)	konfyt	[konfajt]
gomme (f) à mâcher	kougom	[kæʊχom]

45. Les boissons

eau (f)	water	[vatər]
eau (f) potable	drinkwater	[drink·vatər]
eau (f) minérale	mineraalwater	[minerãl·vatər]

plate (adj)	sonder gas	[sondər χas]
gazeuse (l'eau ~)	soda-	[soda-]
pétillante (adj)	bruis-	[brœis-]
glace (f)	ys	[ajs]

avec de la glace	met ys	[met ajs]
sans alcool	nie-alkoholies	[ni-alkoholis]
boisson (f) non alcoolisée	koeldrank	[kul·drank]
rafraîchissement (m)	verfrissende drank	[ferfrissende drank]
limonade (f)	limonade	[limonade]

boissons (f pl) alcoolisées	likeure	[likøere]
vin (m)	wyn	[vajn]
vin (m) blanc	witwyn	[vit·vajn]
vin (m) rouge	rooiwyn	[roj·vajn]

liqueur (f)	likeur	[likøer]
champagne (m)	sjampanje	[ʃampanje]
vermouth (m)	vermoet	[fermut]

whisky (m)	whisky	[vhiskaj]
vodka (f)	vodka	[fodka]
gin (m)	jenever	[jenefer]
cognac (m)	brandewyn	[brande·vajn]
rhum (m)	rum	[rum]

café (m)	koffie	[koffi]
café (m) noir	swart koffie	[swart koffi]
café (m) au lait	koffie met melk	[koffi met melk]
cappuccino (m)	capuccino	[kaputʃino]
café (m) soluble	poeierkoffie	[pujer·koffi]

lait (m)	melk	[melk]
cocktail (m)	mengeldrankie	[menχel·dranki]
cocktail (m) au lait	melkskommel	[melk·skommel]

jus (m)	sap	[sap]
jus (m) de tomate	tamatiesap	[tamati·sap]
jus (m) d'orange	lemoensap	[lemoen·sap]
jus (m) pressé	vars geparste sap	[fars χeparste sap]

bière (f)	bier	[bir]
bière (f) blonde	ligte bier	[liχte bir]
bière (f) brune	donker bier	[donker bir]

thé (m)	tee	[tee]
thé (m) noir	swart tee	[swart tee]
thé (m) vert	groen tee	[χrun tee]

46. Les légumes

| légumes (m pl) | groente | [χrunte] |
| verdure (f) | groente | [χrunte] |

tomate (f)	tamatie	[tamati]
concombre (m)	komkommer	[komkommer]
carotte (f)	wortel	[vortel]
pomme (f) de terre	aartappel	[ãrtappel]
oignon (m)	ui	[œi]

ail (m)	knoffel	[knoffəl]
chou (m)	kool	[koəl]
chou-fleur (m)	blomkool	[blom·koəl]
chou (m) de Bruxelles	Brusselspruite	[brussɛl·sprœitə]
brocoli (m)	broccoli	[brokoli]
betterave (f)	beet	[beət]
aubergine (f)	eiervrug	[æjerfruχ]
courgette (f)	vingerskorsie	[fiŋər·skorsi]
potiron (m)	pampoen	[pampun]
navet (m)	raap	[rãp]
persil (m)	pietersielie	[pitərsili]
fenouil (m)	dille	[dillə]
laitue (f) (salade)	slaai	[slãi]
céleri (m)	seldery	[selderaj]
asperge (f)	aspersie	[aspersi]
épinard (m)	spinasie	[spinasi]
pois (m)	ertjie	[ɛrki]
fèves (f pl)	boontjies	[boənkis]
maïs (m)	mielie	[mili]
haricot (m)	nierboontjie	[nir·boənki]
poivron (m)	paprika	[paprika]
radis (m)	radys	[radajs]
artichaut (m)	artisjok	[artiʃok]

47. Les fruits. Les noix

fruit (m)	vrugte	[fruχtə]
pomme (f)	appel	[appəl]
poire (f)	peer	[peər]
citron (m)	suurlemoen	[sɪr·lemun]
orange (f)	lemoen	[lemun]
fraise (f)	aarbei	[ãrbæj]
mandarine (f)	nartjie	[narki]
prune (f)	pruim	[prœim]
pêche (f)	perske	[perskə]
abricot (m)	appelkoos	[appɛlkoəs]
framboise (f)	framboos	[framboəs]
ananas (m)	pynappel	[pajnappəl]
banane (f)	piesang	[pisaŋ]
pastèque (f)	waatlemoen	[vãtlemun]
raisin (m)	druif	[drœif]
cerise (f)	suurkersie	[sɪr·kersi]
merise (f)	soetkersie	[sut·kersi]
melon (m)	spanspek	[spaŋspek]
pamplemousse (m)	pomelo	[pomelo]
avocat (m)	avokado	[afokado]
papaye (f)	papaja	[papaja]

| mangue (f) | mango | [manχo] |
| grenade (f) | granaat | [χranãt] |

groseille (f) rouge	rooi aalbessie	[roj ãlbɛssi]
cassis (m)	swartbessie	[swartbɛssi]
groseille (f) verte	appelliefie	[appɛllifi]
myrtille (f)	bosbessie	[bosbɛssi]
mûre (f)	braambessie	[brãmbɛssi]

raisin (m) sec	rosyntjie	[rosajnki]
figue (f)	vy	[faj]
datte (f)	dadel	[dadəl]

cacahuète (f)	grondboontjie	[χront·boənki]
amande (f)	amandel	[amandəl]
noix (f)	okkerneut	[okkər·nøøt]
noisette (f)	haselneut	[hasɛl·nøøt]
noix (f) de coco	klapper	[klappər]
pistaches (f pl)	pistachio	[pistatʃio]

48. Le pain. Les confiseries

confiserie (f)	soet gebak	[sut χebak]
pain (m)	brood	[broət]
biscuit (m)	koekies	[kukis]

chocolat (m)	sjokolade	[ʃokoladə]
en chocolat (adj)	sjokolade	[ʃokoladə]
bonbon (m)	lekkers	[lɛkkərs]
gâteau (m), pâtisserie (f)	koek	[kuk]
tarte (f)	koek	[kuk]

| gâteau (m) | pastei | [pastæj] |
| garniture (f) | vulsel | [fulsəl] |

confiture (f)	konfyt	[konfajt]
marmelade (f)	marmelade	[marmeladə]
gaufre (f)	wafels	[vafɛls]
glace (f)	roomys	[roəm·ajs]
pudding (m)	poeding	[pudiŋ]

49. Les plats cuisinés

plat (m)	gereg	[χerəχ]
cuisine (f)	kookkuns	[koək·kuns]
recette (f)	resep	[resep]
portion (f)	porsie	[porsi]

salade (f)	slaai	[slãi]
soupe (f)	sop	[sop]
bouillon (m)	helder sop	[hɛldər sop]
sandwich (m)	toebroodjie	[tubroədʒi]

les œufs brouillés	gabakte eiers	[χabaktə æjers]
hamburger (m)	hamburger	[hamburχər]
steak (m)	biefstuk	[bifstuk]

garniture (f)	sygereg	[saj·χerəχ]
spaghettis (m pl)	spaghetti	[spaχɛtti]
purée (f)	kapokaartappels	[kapok·ārtappəls]
pizza (f)	pizza	[pizza]
bouillie (f)	pap	[pap]
omelette (f)	omelet	[oməlet]

cuit à l'eau (adj)	gekook	[χekoək]
fumé (adj)	gerook	[χeroək]
frit (adj)	gebak	[χebak]
sec (adj)	gedroog	[χedroəχ]
congelé (adj)	gevries	[χefris]
mariné (adj)	gepiekel	[χepikəl]

sucré (adj)	soet	[sut]
salé (adj)	sout	[sæʊt]
froid (adj)	koud	[kæʊt]
chaud (adj)	warm	[varm]
amer (adj)	bitter	[bittər]
bon (savoureux)	smaaklik	[smāklik]

cuire à l'eau	kook in water	[koək in vatər]
préparer (le dîner)	kook	[koək]
faire frire	braai	[braj]
réchauffer (vt)	opwarm	[opwarm]

saler (vt)	sout	[sæʊt]
poivrer (vt)	peper	[pepər]
râper (vt)	rasp	[rasp]
peau (f)	skil	[skil]
éplucher (vt)	skil	[skil]

50. Les épices

sel (m)	sout	[sæʊt]
salé (adj)	sout	[sæʊt]
saler (vt)	sout	[sæʊt]

poivre (m) noir	swart peper	[swart pepər]
poivre (m) rouge	rooi peper	[roj pepər]
moutarde (f)	mosterd	[mostert]
raifort (m)	peperwortel	[peper·wortəl]

condiment (m)	smaakmiddel	[smāk·middəl]
épice (f)	spesery	[spesəraj]
sauce (f)	sous	[sæʊs]
vinaigre (m)	asyn	[asajn]

| anis (m) | anys | [anajs] |
| basilic (m) | basilikum | [basilikum] |

clou (m) de girofle	naeltjies	[naɛlkis]
gingembre (m)	gemmer	[χɛmmər]
coriandre (m)	koljander	[koljandər]
cannelle (f)	kaneel	[kaneəl]

sésame (m)	sesamsaad	[sesam·sāt]
feuille (f) de laurier	lourierblaar	[læʊrir·blār]
paprika (m)	paprika	[paprika]
cumin (m)	komynsaad	[komajnsāt]
safran (m)	saffraan	[saffrān]

51. Les repas

| nourriture (f) | kos | [kos] |
| manger (vi, vt) | eet | [eət] |

petit déjeuner (m)	ontbyt	[ontbajt]
prendre le petit déjeuner	ontbyt	[ontbajt]
déjeuner (m)	middagete	[middaχ·etə]
déjeuner (vi)	gaan eet	[χān eət]
dîner (m)	aandete	[āndetə]
dîner (vi)	aandete gebruik	[āndetə χebrœik]

| appétit (m) | aptyt | [aptajt] |
| Bon appétit! | Smaaklike ete! | [smāklikə etə!] |

ouvrir (vt)	oopmaak	[oəpmāk]
renverser (liquide)	mors	[mors]
se renverser (liquide)	mors	[mors]

bouillir (vi)	kook	[koək]
faire bouillir	kook	[koək]
bouilli (l'eau ~e)	gekook	[χekoək]
refroidir (vt)	laat afkoel	[lāt afkul]
se refroidir (vp)	afkoel	[afkul]

| goût (m) | smaak | [smāk] |
| arrière-goût (m) | nasmaak | [nasmāk] |

suivre un régime	vermaer	[fermaer]
régime (m)	dieet	[diət]
vitamine (f)	vitamien	[fitamin]
calorie (f)	kalorie	[kalori]

| végétarien (m) | vegetariër | [feχetariɛr] |
| végétarien (adj) | vegetaries | [feχetaris] |

lipides (m pl)	vette	[fɛttə]
protéines (f pl)	proteïen	[proteïen]
glucides (m pl)	koolhidrate	[koəlhidratə]

tranche (f)	snytjie	[snajki]
morceau (m)	stuk	[stuk]
miette (f)	krummel	[krumməl]

52. Le dressage de la table

cuillère (f)	lepel	[lepəl]
couteau (m)	mes	[mes]
fourchette (f)	vurk	[furk]
tasse (f)	koppie	[koppi]
assiette (f)	bord	[bort]
soucoupe (f)	piering	[piriŋ]
serviette (f)	servet	[serfət]
cure-dent (m)	tandestokkie	[tandə·stoḳki]

53. Le restaurant

restaurant (m)	restaurant	[restɔurant]
salon (m) de café	koffiekroeg	[koffi·kruχ]
bar (m)	kroeg	[kruχ]
salon (m) de thé	teekamer	[teə·kamər]
serveur (m)	kelner	[kɛlnər]
serveuse (f)	kelnerin	[kɛlnərin]
barman (m)	kroegman	[kruχman]
carte (f)	spyskaart	[spajs·kārt]
carte (f) des vins	wyn	[vajn]
réserver une table	wynkaart	[vajn·kārt]
plat (m)	gereg	[χerəχ]
commander (vt)	bestel	[bestəl]
faire la commande	bestel	[bestəl]
apéritif (m)	drankie	[dranki]
hors-d'œuvre (m)	voorgereg	[foərχerəχ]
dessert (m)	nagereg	[naχerəχ]
addition (f)	rekening	[rekəniŋ]
régler l'addition	die rekening betaal	[di rekəniŋ betāl]
rendre la monnaie	kleingeld gee	[klæjn·χɛlt χeə]
pourboire (m)	fooitjie	[fojki]

La famille. Les parents. Les amis

54. Les données personnelles. Les formulaires

prénom (m)	**voornaam**	[foərnãm]
nom (m) de famille	**van**	[fan]
date (f) de naissance	**geboortedatum**	[χeboərtə·datum]
lieu (m) de naissance	**geboorteplek**	[χeboərtə·plek]
nationalité (f)	**nasionaliteit**	[naʃionalitæjt]
domicile (m)	**woonplek**	[voən·plek]
pays (m)	**land**	[lant]
profession (f)	**beroep**	[berup]
sexe (m)	**geslag**	[χeslaχ]
taille (f)	**lengte**	[leŋtə]
poids (m)	**gewig**	[χeveχ]

55. La famille. Les liens de parenté

mère (f)	**moeder**	[mudər]
père (m)	**vader**	[fadər]
fils (m)	**seun**	[søən]
fille (f)	**dogter**	[doχtər]
fille (f) cadette	**jonger dogter**	[joŋər doχtər]
fils (m) cadet	**jonger seun**	[joŋər søən]
fille (f) aînée	**oudste dogter**	[æʊdstə doχtər]
fils (m) aîné	**oudste seun**	[æʊdstə søən]
frère (m)	**broer**	[brur]
frère (m) aîné	**ouer broer**	[æʊer brur]
frère (m) cadet	**jonger broer**	[joŋər brur]
sœur (f)	**suster**	[sustər]
sœur (f) aînée	**ouer suster**	[æʊer sustər]
sœur (f) cadette	**jonger suster**	[joŋər sustər]
cousin (m)	**neef**	[neəf]
cousine (f)	**neef**	[neəf]
maman (f)	**ma**	[ma]
papa (m)	**pa**	[pa]
parents (m pl)	**ouers**	[æʊers]
enfant (m, f)	**kind**	[kint]
enfants (pl)	**kinders**	[kindərs]
grand-mère (f)	**ouma**	[æʊma]
grand-père (m)	**oupa**	[æʊpa]

petit-fils (m)	kleinseun	[klæjn·søən]
petite-fille (f)	kleindogter	[klæjn·doχtər]
petits-enfants (pl)	kleinkinders	[klæjn·kindərs]

oncle (m)	oom	[oəm]
tante (f)	tante	[tantə]
neveu (m)	neef	[neəf]
nièce (f)	nig	[niχ]

belle-mère (f)	skoonma	[skoən·ma]
beau-père (m)	skoonpa	[skoən·pa]
gendre (m)	skoonseun	[skoən·søən]
belle-mère (f)	stiefma	[stifma]
beau-père (m)	stiefpa	[stifpa]

nourrisson (m)	baba	[baba]
bébé (m)	baba	[baba]
petit (m)	seuntjie	[søənki]

femme (f)	vrou	[fræʊ]
mari (m)	man	[man]
époux (m)	eggenoot	[ɛχχenoət]
épouse (f)	eggenote	[ɛχχenotə]

marié (adj)	getroud	[χetræʊt]
mariée (adj)	getroud	[χetræʊt]
célibataire (adj)	ongetroud	[onχetræʊt]
célibataire (m)	vrygesel	[frajχesəl]
divorcé (adj)	geskei	[χeskæj]
veuve (f)	weduwee	[veduveə]
veuf (m)	wedunaar	[vedunār]

parent (m)	familielid	[famililit]
parent (m) proche	na familie	[na famili]
parent (m) éloigné	ver familie	[fer famili]
parents (m pl)	familielede	[famililedə]

orphelin (m)	weeskind	[veəskint]
orpheline (f)	weeskind	[veəskint]
tuteur (m)	voog	[foəχ]
adopter (un garçon)	aanneem	[ānneəm]
adopter (une fille)	aanneem	[ānneəm]

56. Les amis. Les collègues

ami (m)	vriend	[frint]
amie (f)	vriendin	[frindin]
amitié (f)	vriendskap	[frindskap]
être ami	bevriend wees	[befrint veəs]

copain (m)	maat	[māt]
copine (f)	vriendin	[frindin]
partenaire (m)	maat	[māt]
chef (m)	baas	[bās]

supérieur (m)	baas	[bãs]
propriétaire (m)	eienaar	[æjenãr]
subordonné (m)	ondergeskikte	[ondərχeskiktə]
collègue (m, f)	kollega	[kolleχa]

connaissance (f)	kennis	[kɛnnis]
compagnon (m) de route	medereisiger	[medə·ræjsiχər]
copain (m) de classe	klasmaat	[klas·mãt]

voisin (m)	buurman	[bɪrman]
voisine (f)	buurvrou	[bɪrfræʊ]
voisins (m pl)	bure	[burə]

57. L'homme. La femme

femme (f)	vrou	[fræʊ]
jeune fille (f)	meisie	[mæjsi]
fiancée (f)	bruid	[brœit]

belle (adj)	mooi	[moj]
de grande taille	groot	[χroet]
svelte (adj)	slank	[slank]
de petite taille	kort	[kort]

| blonde (f) | blondine | [blondinə] |
| brune (f) | brunet | [brunet] |

de femme (adj)	dames-	[dames-]
vierge (f)	maagd	[mãχt]
enceinte (adj)	swanger	[swaŋər]

homme (m)	man	[man]
blond (m)	blond	[blont]
brun (m)	brunet	[brunet]
de grande taille	groot	[χroet]
de petite taille	kort	[kort]

rude (adj)	onbeskof	[onbeskof]
trapu (adj)	frisgebou	[frisχebæʊ]
robuste (adj)	frisgebou	[frisχebæʊ]
fort (adj)	sterk	[sterk]
force (f)	sterkte	[sterktə]

gros (adj)	vet	[fet]
basané (adj)	blas	[blas]
svelte (adj)	slank	[slank]
élégant (adj)	elegant	[ɛleχant]

58. L'age

| âge (m) | ouderdom | [æʊderdom] |
| jeunesse (f) | jeug | [jøəχ] |

jeune (adj)	jong	[jon]
plus jeune (adj)	jonger	[joŋər]
plus âgé (adj)	ouer	[æʋer]

jeune homme (m)	jongman	[joŋman]
adolescent (m)	tiener	[tinər]
gars (m)	ou	[æʋ]

vieillard (m)	ou man	[æʋ man]
vieille femme (f)	ou vrou	[æʋ fræʋ]

adulte (m)	volwasse	[folwassə]
d'âge moyen (adj)	middeljarig	[middəl·jarəχ]
âgé (adj)	bejaard	[bejārt]
vieux (adj)	oud	[æʋt]

retraite (f)	pensioen	[pɛnsiun]
prendre sa retraite	met pensioen gaan	[met pɛnsiun χān]
retraité (m)	pensioenaris	[pɛnsiunaris]

59. Les enfants. Les adolescents

enfant (m, f)	kind	[kint]
enfants (pl)	kinders	[kindərs]
jumeaux (m pl)	tweeling	[tweeliŋ]

berceau (m)	wiegie	[viχi]
hochet (m)	rammelaar	[rammelār]
couche (f)	luier	[lœiər]

tétine (f)	fopspeen	[fopspeen]
poussette (m)	kinderwaentjie	[kindər·waenki]
école (f) maternelle	kindertuin	[kindər·tœin]
baby-sitter (m, f)	babasitter	[babasittər]

enfance (f)	kinderdae	[kinderdae]
poupée (f)	pop	[pop]
jouet (m)	speelgoed	[speel·χut]
jeu (m) de construction	boudoos	[bæʋ·does]
bien élevé (adj)	goed opgevoed	[χut opχəfut]
mal élevé (adj)	sleg opgevoed	[sleχ opχəfut]
gâté (adj)	bederf	[bederf]

faire le vilain	stout wees	[stæʋt vees]
vilain (adj)	ondeuend	[ondøent]
espièglerie (f)	ondeuendheid	[ondøenthæjt]
vilain (m)	rakker	[rakkər]

obéissant (adj)	gehoorsaam	[χehoərsām]
désobéissant (adj)	ongehoorsaam	[onχəhoərsām]

sage (adj)	soet	[sut]
intelligent (adj)	slim	[slim]
l'enfant prodige	wonderkind	[vondərkint]

60. Les couples mariés. La vie de famille

embrasser (sur les lèvres)	soen	[sun]
s'embrasser (vp)	mekaar soen	[mekār sun]
famille (f)	familie	[famili]
familial (adj)	gesins-	[χesins-]
couple (m)	paartjie	[pārki]
mariage (m) (~ civil)	huwelik	[huvelik]
foyer (m) familial	tuiste	[tœistə]
dynastie (f)	dinastie	[dinasti]
rendez-vous (m)	datum	[datum]
baiser (m)	soen	[sun]
amour (m)	liefde	[lifdə]
aimer (qn)	liefhê	[lifhɛ:]
aimé (adj)	geliefde	[χelifdə]
tendresse (f)	teerheid	[teərhæjt]
tendre (affectueux)	teer	[teər]
fidélité (f)	trou	[træʊ]
fidèle (adj)	trou	[træʊ]
soin (m) (~ de qn)	sorg	[sorχ]
attentionné (adj)	sorgsaam	[sorχsām]
jeunes mariés (pl)	pasgetroudes	[pas·χetræʊdes]
lune (f) de miel	wittebroodsdae	[vittebroeds·daə]
se marier (prendre pour époux)	trou	[træʊ]
se marier (prendre pour épouse)	trou	[træʊ]
mariage (m)	bruilof	[brœilof]
les noces d'or	goue bruilof	[χæʊə brœilof]
anniversaire (m)	verjaardag	[ferjār·daχ]
amant (m)	minnaar	[minnār]
maîtresse (f)	minnares	[minnares]
adultère (m)	owerspel	[overspəl]
commettre l'adultère	owerspel pleeg	[overspəl pleeχ]
jaloux (adj)	jaloers	[jalurs]
être jaloux	jaloers wees	[jalurs vees]
divorce (m)	egskeiding	[ɛχskæjdin]
divorcer (vi)	skei	[skæj]
se disputer (vp)	baklei	[baklæj]
se réconcilier (vp)	versoen	[fersun]
ensemble (adv)	saam	[sām]
sexe (m)	seks	[seks]
bonheur (m)	geluk	[χeluk]
heureux (adj)	gelukkig	[χelukkəχ]
malheur (m)	ongeluk	[onχəluk]
malheureux (adj)	ongelukkig	[onχəlukkəχ]

Le caractère. Les émotions

61. Les sentiments. Les émotions

sentiment (m)	gevoel	[χeful]
sentiments (m pl)	gevoelens	[χefulɛŋs]
sentir (vt)	voel	[ful]
faim (f)	honger	[hoŋər]
avoir faim	honger wees	[hoŋər veəs]
soif (f)	dors	[dors]
avoir soif	dors wees	[dors veəs]
somnolence (f)	slaperigheid	[slaperiχæjt]
avoir sommeil	vaak voel	[fãk ful]
fatigue (f)	moegheid	[muχæjt]
fatigué (adj)	moeg	[muχ]
être fatigué	moeg word	[muχ vort]
humeur (f) (de bonne ~)	stemming	[stɛmmiŋ]
ennui (m)	verveling	[ferfeliŋ]
s'ennuyer (vp)	verveeld wees	[ferveəlt veəs]
solitude (f)	afsondering	[afsondəriŋ]
s'isoler (vp)	jou afsonder	[jæʊ afsondər]
inquiéter (vt)	bekommerd maak	[bekommərt mãk]
s'inquiéter (vp)	bekommerd wees	[bekommərt veəs]
inquiétude (f)	kommerwekkend	[kommər·vɛkkent]
préoccupation (f)	vrees	[freəs]
soucieux (adj)	behep	[behep]
s'énerver (vp)	senuweeagtig wees	[senuveə·aχtəχ veəs]
paniquer (vi)	paniekerig raak	[panikerəχ rãk]
espoir (m)	hoop	[hoəp]
espérer (vi)	hoop	[hoəp]
certitude (f)	sekerheid	[sekərhæjt]
certain (adj)	seker	[sekər]
incertitude (f)	onsekerheid	[oŋsekərhæjt]
incertain (adj)	onseker	[oŋsekər]
ivre (adj)	dronk	[dronk]
sobre (adj)	nugter	[nuχtər]
faible (adj)	swak	[swak]
heureux (adj)	gelukkig	[χelukkəχ]
faire peur	bang maak	[baŋ mãk]
fureur (f)	kwaadheid	[kwãdhæjt]
rage (f), colère (f)	woede	[vudə]
dépression (f)	depressie	[deprɛssi]
inconfort (m)	ongemak	[onχəmak]

confort (m)	gemak	[χemak]
regretter (vt)	jammer wees	[jammər veəs]
regret (m)	spyt	[spajt]
malchance (f)	teëspoed	[tεεsput]
tristesse (f)	droefheid	[drufhæjt]

honte (f)	skaamte	[skãmtə]
joie, allégresse (f)	vreugde	[frøəχdə]
enthousiasme (m)	entoesiasme	[εntusiasmə]
enthousiaste (m)	entoesiasties	[εntusiastis]
avoir de l'enthousiasme	begeestering toon	[beχeəsteriŋ toən]

62. Le caractère. La personnalité

caractère (m)	karakter	[karaktər]
défaut (m)	karakterfout	[karaktər·fæʊt]
esprit (m)	verstand	[ferstant]
raison (f)	verstand	[ferstant]

conscience (f)	gewete	[χevetə]
habitude (f)	gewoonte	[χevoəntə]
capacité (f)	talent	[talent]
savoir (faire qch)	kan	[kan]

patient (adj)	geduldig	[χeduldəχ]
impatient (adj)	ongeduldig	[onχeduldəχ]
curieux (adj)	nuuskierig	[nɪskirəχ]
curiosité (f)	nuuskierigheid	[nɪskiriχæjt]

modestie (f)	beskeidenheid	[beskæjdenhæjt]
modeste (adj)	beskeie	[beskæje]
vaniteux (adj)	onbeskeie	[onbeskæje]

paresse (f)	luiheid	[lœihæjt]
paresseux (adj)	lui	[lœi]
paresseux (m)	luiaard	[lœiãrt]

astuce (f)	sluheid	[sluhæjt]
rusé (adj)	slu	[slu]
méfiance (f)	wantroue	[vantræʊə]
méfiant (adj)	agterdogtig	[aχtərdoχtəχ]

générosité (f)	gulheid	[χulhæjt]
généreux (adj)	gulhartig	[χulhartəχ]
doué (adj)	talentvol	[talentfol]
talent (m)	talent	[talent]

courageux (adj)	moedig	[mudəχ]
courage (m)	moed	[mut]
honnête (adj)	eerlik	[eərlik]
honnêteté (f)	eerlikheid	[eərlikhæjt]

| prudent (adj) | versigtig | [fersiχtəχ] |
| courageux (adj) | dapper | [dappər] |

sérieux (adj)	ernstig	[ɛrnstəχ]
sévère (adj)	streng	[streŋ]

décidé (adj)	vasberade	[fasberadə]
indécis (adj)	besluiteloos	[beslœiteloəs]
timide (adj)	skaam	[skãm]
timidité (f)	skaamheid	[skãmhæjt]

confiance (f)	vertroue	[fertræʋə]
croire (qn)	vertrou	[fertræʋ]
confiant (adj)	goedgelowig	[χudχəlovəχ]

sincèrement (adv)	opreg	[opreχ]
sincère (adj)	opregte	[opreχtə]
sincérité (f)	opregtheid	[opreχthæjt]
ouvert (adj)	oop	[oəp]

calme (adj)	kalm	[kalm]
franc (sincère)	openhartig	[openhartəχ]
naïf (adj)	naïef	[naïef]
distrait (adj)	verstrooid	[ferstrojt]
drôle, amusant (adj)	snaaks	[snãks]

avidité (f)	hebsug	[hebsuχ]
avare (adj)	hebsugtig	[hebsuχtəχ]
radin (adj)	gierig	[χirəχ]
méchant (adj)	boos	[boəs]
têtu (adj)	hardnekkig	[hardnɛkkəχ]
désagréable (adj)	onaangenaam	[onãnχənãm]

égoïste (m)	selfsugtig	[sɛlfsuχtəχ]
égoïste (adj)	selfsugtig	[sɛlfsuχtəχ]
peureux (m)	laffaard	[laffãrt]
peureux (adj)	lafhartig	[lafhartəχ]

63. Le sommeil. Les rêves

dormir (vi)	slaap	[slãp]
sommeil (m)	slaap	[slãp]
rêve (m)	droom	[droəm]
rêver (en dormant)	droom	[droəm]
endormi (adj)	vaak	[fãk]

lit (m)	bed	[bet]
matelas (m)	matras	[matras]
couverture (f)	kombers	[kombers]
oreiller (m)	kussing	[kussiŋ]
drap (m)	laken	[laken]

insomnie (f)	slaaploosheid	[slãploəshæjt]
sans sommeil (adj)	slaaploos	[slãploəs]
somnifère (m)	slaappil	[slãp·pil]
avoir sommeil	vaak voel	[fãk ful]
bâiller (vi)	gaap	[χãp]

aller se coucher	gaan slaap	[χān slāp]
faire le lit	die bed opmaak	[di bet opmāk]
s'endormir (vp)	aan die slaap raak	[ān di slāp rāk]

cauchemar (m)	nagmerrie	[naχmerri]
ronflement (m)	gesnork	[χesnork]
ronfler (vi)	snork	[snork]

réveil (m)	wekker	[vɛkkər]
réveiller (vt)	wakker maak	[vakkər māk]
se réveiller (vp)	wakker word	[vakkər vort]
se lever (tôt, tard)	opstaan	[opstān]
se laver (le visage)	jou was	[jæʊ vas]

64. L'humour. Le rire. La joie

humour (m)	humor	[humor]
sens (m) de l'humour	humorsin	[humorsin]
s'amuser (vp)	jouself geniet	[jæʊsɛlf χenit]
joyeux (adj)	vrolik	[frolik]
joie, allégresse (f)	pret	[pret]

sourire (m)	glimlag	[χlimlaχ]
sourire (vi)	glimlag	[χlimlaχ]
se mettre à rire	begin lag	[beχin laχ]
rire (vi)	lag	[laχ]
rire (m)	lag	[laχ]

anecdote (f)	anekdote	[anekdotə]
drôle, amusant (adj)	snaaks	[snāks]
comique, ridicule (adj)	snaaks	[snāks]

plaisanter (vi)	grappies maak	[χrappis māk]
plaisanterie (f)	grappie	[χrappi]
joie (f) (émotion)	vreugde	[frøəχdə]
se réjouir (vp)	bly wees	[blaj veəs]
joyeux (adj)	bly	[blaj]

65. Dialoguer et communiquer. Partie 1

| communication (f) | kommunikasie | [kommunikasi] |
| communiquer (vi) | kommunikeer | [kommunikeər] |

conversation (f)	gesprek	[χesprek]
dialogue (m)	dialoog	[dialoəχ]
discussion (f) (débat)	diskussie	[diskussi]
débat (m)	dispuut	[dispɪt]
discuter (vi)	debatteer	[debatteər]

interlocuteur (m)	gespreksgenoot	[χespreks·χenoət]
sujet (m)	onderwerp	[ondərwerp]
point (m) de vue	standpunt	[stand·punt]

opinion (f)	opinie	[opini]
discours (m)	toespraak	[tusprāk]
discussion (f) (d'un rapport)	bespreking	[besprekiŋ]
discuter (vt)	bespreek	[bespreek]
conversation (f)	gesprek	[xesprek]
converser (vi)	gesels	[xesɛls]
rencontre (f)	ontmoeting	[ontmutiŋ]
se rencontrer (vp)	ontmoet	[ontmut]
proverbe (m)	spreekwoord	[spreek·woert]
dicton (m)	gesegde	[xesexdə]
devinette (f)	raaisel	[rājsəl]
mot (m) de passe	wagwoord	[vax·woert]
secret (m)	geheim	[xəhæjm]
serment (m)	eed	[eət]
jurer (de faire qch)	sweer	[sweər]
promesse (f)	belofte	[beloftə]
promettre (vt)	beloof	[beloəf]
conseil (m)	raad	[rāt]
conseiller (vt)	aanraai	[ānrāi]
suivre le conseil (de qn)	raad volg	[rāt folx]
écouter (~ ses parents)	luister na	[lœistər na]
nouvelle (f)	nuus	[nɪs]
sensation (f)	sensasie	[sɛŋsasi]
renseignements (m pl)	inligting	[inlixtiŋ]
conclusion (f)	slotsom	[slotsom]
voix (f)	stem	[stem]
compliment (m)	kompliment	[kompliment]
aimable (adj)	gaaf	[xāf]
mot (m)	woord	[voərt]
phrase (f)	frase	[frasə]
réponse (f)	antwoord	[antwoərt]
vérité (f)	waarheid	[vārhæjt]
mensonge (m)	leuen	[løəen]
pensée (f)	gedagte	[xedaxtə]
idée (f)	idee	[ideə]
fantaisie (f)	verbeelding	[ferbeəldiŋ]

66. Dialoguer et communiquer. Partie 2

respecté (adj)	gerespekteer	[xerespekteər]
respecter (vt)	respekteer	[respekteər]
respect (m)	respek	[respek]
Cher ...	Geagte ...	[xeaxtə ...]
présenter (faire connaître)	voorstel	[foərstəl]
faire la connaissance	kennismaak	[kɛnnismāk]

intention (f)	voorneme	[foərnemə]
avoir l'intention	voornemens wees	[foərnemɛŋs veəs]
souhait (m)	wens	[vɛŋs]
souhaiter (vt)	wens	[vɛŋs]

étonnement (m)	verrassing	[fɛrrassiŋ]
étonner (vt)	verras	[fɛrras]
s'étonner (vp)	verbaas wees	[ferbãs veəs]

donner (vt)	gee	[χeə]
prendre (vt)	vat	[fat]
rendre (vt)	teruggee	[teruχeə]
retourner (vt)	terugvat	[teruχfat]

s'excuser (vp)	verskoning vra	[ferskoniŋ fra]
excuse (f)	verskoning	[ferskoniŋ]
pardonner (vt)	vergewe	[ferχevə]

parler (~ avec qn)	praat	[prãt]
écouter (vt)	luister	[lœistər]
écouter jusqu'au bout	aanhoor	[ãnhoər]
comprendre (vt)	verstaan	[ferstãn]
montrer (vt)	wys	[vajs]
regarder (vt)	kyk na ...	[kajk na ...]
appeler (vt)	roep	[rup]
distraire (déranger)	aflei	[aflæj]
ennuyer (déranger)	steur	[støər]
passer (~ le message)	deurgee	[døərχeə]

prière (f) (demande)	versoek	[fersuk]
demander (vt)	versoek	[fersuk]
exigence (f)	eis	[æjs]
exiger (vt)	eis	[æjs]

taquiner (vt)	terg	[terχ]
se moquer (vp)	terg	[terχ]
moquerie (f)	spot	[spot]
surnom (m)	bynaam	[bajnãm]

allusion (f)	sinspeling	[sinspeliŋ]
faire allusion	sinspeel	[sinspeəl]
sous-entendre (vt)	impliseer	[impliseər]

description (f)	beskrywing	[beskrajviŋ]
décrire (vt)	beskryf	[beskrajf]
éloge (m)	lof	[lof]
louer (vt)	loof	[loəf]

déception (f)	teleurstelling	[teløərstɛlliŋ]
décevoir (vt)	teleurstel	[teløərstəl]
être déçu	teleurgestel	[teløərχestəl]

supposition (f)	veronderstelling	[feronderstɛlliŋ]
supposer (vt)	veronderstel	[feronderstəl]
avertissement (m)	waarskuwing	[vãrskuviŋ]
prévenir (vt)	waarsku	[vãrsku]

67. Dialoguer et communiquer. Partie 3

convaincre (vt)	ompraat	[omprăt]
calmer (vt)	kalmeer	[kalmeər]
silence (m) (~ est d'or)	stilte	[stɪltə]
rester silencieux	stilbly	[stilblaj]
chuchoter (vi, vt)	fluister	[flœistər]
chuchotement (m)	gefluister	[ɣeflœistər]
sincèrement (adv)	openlik	[openlik]
à mon avis ...	volgens my ...	[folχɛŋs maj ...]
détail (m) (d'une histoire)	besonderhede	[besondərhedə]
détaillé (adj)	gedetailleerd	[ɣedetajlleərt]
en détail (adv)	in detail	[in detajl]
indice (m)	wenk	[vɛnk]
regard (m)	kykie	[kajki]
jeter un coup d'oeil	kyk	[kajk]
fixe (un regard ~)	strak	[strak]
clignoter (vi)	knipper	[knippər]
cligner de l'oeil	knipoog	[knipoəχ]
hocher la tête	knik	[knik]
soupir (m)	sug	[suχ]
soupirer (vi)	sug	[suχ]
tressaillir (vi)	huiwer	[hœivər]
geste (m)	gebaar	[ɣebār]
toucher (de la main)	aanraak	[ānrāk]
saisir (par le bras)	vat	[fat]
taper (sur l'épaule)	op die skouer tik	[op di skæʊər tik]
Attention!	Oppas!	[oppas!]
Vraiment?	Regtig?	[reχtəχ?]
Tu es sûr?	Is jy seker?	[is jaj sekər?]
Bonne chance!	Voorspoed!	[foərspud!]
Compris!	Ek sien!	[ɛk sin!]
Dommage!	Jammer!	[jammər!]

68. L'accord. Le refus

accord (m)	toelating	[tulatiŋ]
être d'accord	toelaat	[tulāt]
approbation (f)	goedkeuring	[χudkøəriŋ]
approuver (vt)	goedkeur	[χudkøər]
refus (m)	weiering	[væejeriŋ]
se refuser (vp)	weier	[væejer]
Super!	Wonderlik!	[vondərlik!]
Bon!	Goed!	[χud!]
D'accord!	OK!	[okej!]
interdit (adj)	verbode	[ferbodə]

c'est interdit	dit is verbode	[dit is ferbodə]
c'est impossible	dis onmoontlik	[dis onmoentlik]
incorrect (adj)	onjuis	[onjœis]

décliner (vt)	verwerp	[ferwerp]
soutenir (vt)	steun	[støən]
accepter (condition, etc.)	aanvaar	[ānfār]

confirmer (vt)	bevestig	[befestəχ]
confirmation (f)	bevestiging	[befestəχiŋ]
permission (f)	toelating	[tulatiŋ]
permettre (vt)	toelaat	[tulāt]
décision (f)	besluit	[beslœit]
ne pas dire un mot	stilbly	[stilblaj]

condition (f)	voorwaarde	[foərwārdə]
excuse (f) (prétexte)	verskoning	[ferskoniŋ]
éloge (m)	lof	[lof]
louer (vt)	loof	[loəf]

69. La réussite. La chance. L'échec

succès (m)	sukses	[suksɛs]
avec succès (adv)	suksesvol	[suksɛsfol]
réussi (adj)	suksesvol	[suksɛsfol]

chance (f)	geluk	[χeluk]
Bonne chance!	Voorspoed!	[foərspud!]
de chance (jour ~)	geluks-	[χeluks-]
chanceux (adj)	gelukkig	[χelukkəχ]

échec (m)	mislukking	[mislukkiŋ]
infortune (f)	teëspoed	[teɛsput]
malchance (f)	teëspoed	[teɛsput]
raté (adj)	onsuksesvol	[ɔŋsuksɛsfol]
catastrophe (f)	katastrofe	[katastrofə]

fierté (f)	trots	[trots]
fier (adj)	trots	[trots]
être fier	trots wees	[trots veəs]

gagnant (m)	wenner	[vɛnnər]
gagner (vi)	wen	[ven]
perdre (vi)	verloor	[ferloər]
tentative (f)	probeerslag	[probeərslaχ]
essayer (vt)	probeer	[probeər]
chance (f)	kans	[kaŋs]

70. Les disputes. Les émotions négatives

| cri (m) | skreeu | [skriʊ] |
| crier (vi) | skreeu | [skriʊ] |

se mettre à crier	begin skreeu	[beχin skriʊ]
dispute (f)	rusie	[rusi]
se disputer (vp)	baklei	[baklæj]
scandale (m) (dispute)	stryery	[strajeraj]
faire un scandale	spektakel maak	[spektakəl mãk]
conflit (m)	konflik	[konflik]
malentendu (m)	misverstand	[misferstant]

insulte (f)	belediging	[beledəχiŋ]
insulter (vt)	beledig	[beledəχ]
insulté (adj)	beledig	[beledəχ]
offense (f)	gekrenktheid	[χekrɛnkthæjt]
offenser (vt)	beledig	[beledəχ]
s'offenser (vp)	gekrenk voel	[χekrɛnk ful]

indignation (f)	verontwaardiging	[ferontwãrdəχiŋ]
s'indigner (vp)	verontwaardig wees	[ferontwãrdəχ veəs]
plainte (f)	klag	[klaχ]
se plaindre (vp)	kla	[kla]

excuse (f)	verskoning	[ferskoniŋ]
s'excuser (vp)	verskoning vra	[ferskoniŋ fra]
demander pardon	om verskoning vra	[om ferskoniŋ fra]

critique (f)	kritiek	[kritik]
critiquer (vt)	kritiseer	[kritiseər]
accusation (f)	beskuldiging	[beskuldəχiŋ]
accuser (vt)	beskuldig	[beskuldəχ]

vengeance (f)	wraak	[vrãk]
se venger (vp)	wreek	[vreək]
faire payer (qn)	wraak neem	[vrãk neəm]

mépris (m)	minagting	[minaχtiŋ]
mépriser (vt)	minag	[minaχ]
haine (f)	haat	[hãt]
haïr (vt)	haat	[hãt]

nerveux (adj)	senuweeagtig	[senuveə·aχtəχ]
s'énerver (vp)	senuweeagtig wees	[senuveə·aχtəχ veəs]
fâché (adj)	kwaad	[kwãt]
fâcher (vt)	kwaad maak	[kwãt mãk]

humiliation (f)	vernedering	[fernedəriŋ]
humilier (vt)	verneder	[fernedər]
s'humilier (vp)	jouself verneder	[jæʊsɛlf fernedər]

| choc (m) | skok | [skok] |
| choquer (vt) | skok | [skok] |

| ennui (m) (problème) | probleme | [problemə] |
| désagréable (adj) | onaangenaam | [onãnχənãm] |

peur (f)	vrees	[freəs]
terrible (tempête, etc.)	verskriklik	[ferskriklik]
effrayant (histoire ~e)	vreesaanjaend	[freəsãnjaent]

| horreur (f) | afgryse | [afχrajsə] |
| horrible (adj) | vreeslik | [freəslik] |

commencer à trembler	begin beef	[beχin beəf]
pleurer (vi)	huil	[hœil]
se mettre à pleurer	begin huil	[beχin hœil]
larme (f)	traan	[trãn]

faute (f)	skuld	[skult]
culpabilité (f)	skuldgevoel	[skultχəful]
déshonneur (m)	skande	[skandə]
protestation (f)	protes	[protes]
stress (m)	stres	[stres]

déranger (vt)	steur	[støər]
être furieux	woedend wees	[vudent veəs]
en colère, fâché (adj)	kwaad	[kwãt]
rompre (relations)	beëindig	[beɛindəχ]
réprimander (vt)	sweer	[sweər]

prendre peur	skrik	[skrik]
frapper (vt)	slaan	[slãn]
se battre (vp)	baklei	[baklæj]

régler (~ un conflit)	besleg	[besleχ]
mécontent (adj)	ontevrede	[ontefredə]
enragé (adj)	woedend	[vudent]

| Ce n'est pas bien! | Dis nie goed nie! | [dis ni χut ni!] |
| C'est mal! | Dis sleg! | [dis sleχ!] |

La médecine

71. Les maladies

maladie (f)	siekte	[siktə]
être malade	siek wees	[sik vees]
santé (f)	gesondheid	[χesonthæjt]
rhume (m) (coryza)	loopneus	[loəpnøəs]
angine (f)	keelontsteking	[keəl·ontstekiŋ]
refroidissement (m)	verkoue	[ferkæʊə]
bronchite (f)	bronchitis	[bronχitis]
pneumonie (f)	longontsteking	[loŋ·ontstekiŋ]
grippe (f)	griep	[χrip]
myope (adj)	bysiende	[bajsində]
presbyte (adj)	versiende	[fersində]
strabisme (m)	skeelheid	[skeəlhæjt]
strabique (adj)	skeel	[skeəl]
cataracte (f)	katarak	[katarak]
glaucome (m)	gloukoom	[χlæʊkoəm]
insulte (f)	beroerte	[berurtə]
crise (f) cardiaque	hartaanval	[hart·ānfal]
infarctus (m) de myocarde	hartinfark	[hart·infark]
paralysie (f)	verlamming	[ferlammiŋ]
paralyser (vt)	verlam	[ferlam]
allergie (f)	allergie	[allerχi]
asthme (m)	asma	[asma]
diabète (m)	suikersiekte	[sœikər·siktə]
mal (m) de dents	tandpyn	[tand·pajn]
carie (f)	tandbederf	[tand·bederf]
diarrhée (f)	diarree	[diarreə]
constipation (f)	hardlywigheid	[hardlajviχæjt]
estomac (m) barbouillé	maagongesteldheid	[māχ·oŋəstɛldhæjt]
intoxication (f) alimentaire	voedselvergiftiging	[fudsəl·ferχiftəχiŋ]
être intoxiqué	voedselvergiftiging kry	[fudsəl·ferχiftəχiŋ kraj]
arthrite (f)	artritis	[artritis]
rachitisme (m)	Engelse siekte	[ɛŋəlsə siktə]
rhumatisme (m)	reumatiek	[røəmatik]
athérosclérose (f)	artrosklerose	[artrosklerosə]
gastrite (f)	maagontsteking	[māχ·ontstekiŋ]
appendicite (f)	blindedermontsteking	[blindəderm·ontstekiŋ]
cholécystite (f)	galblaasontsteking	[χalblās·ontstekiŋ]

ulcère (m)	maagsweer	[māχsweǝr]
rougeole (f)	masels	[masɛls]
rubéole (f)	Duitse masels	[dœitsǝ masɛls]
jaunisse (f)	geelsug	[χeǝlsuχ]
hépatite (f)	hepatitis	[hepatitis]
schizophrénie (f)	skisofrenie	[skisofreni]
rage (f) (hydrophobie)	hondsdolheid	[hondsdolhæjt]
névrose (f)	neurose	[nøǝrosǝ]
commotion (f) cérébrale	harsingskudding	[harsiŋ·skuddiŋ]
cancer (m)	kanker	[kankǝr]
sclérose (f)	sklerose	[sklerosǝ]
sclérose (f) en plaques	veelvuldige sklerose	[feǝlfuldiχǝ sklerosǝ]
alcoolisme (m)	alkoholisme	[alkoholismǝ]
alcoolique (m)	alkoholikus	[alkoholikus]
syphilis (f)	sifilis	[sifilis]
SIDA (m)	VIGS	[vigs]
tumeur (f)	tumor	[tumor]
maligne (adj)	kwaadaardig	[kwādārdǝχ]
bénigne (adj)	goedaardig	[χudārdǝχ]
fièvre (f)	koors	[koǝrs]
malaria (f)	malaria	[malaria]
gangrène (f)	gangreen	[χanχreǝn]
mal (m) de mer	seesiekte	[seǝ·siktǝ]
épilepsie (f)	epilepsie	[ɛpilepsi]
épidémie (f)	epidemie	[ɛpidemi]
typhus (m)	tifus	[tifus]
tuberculose (f)	tuberkulose	[tuberkulosǝ]
choléra (m)	cholera	[χolera]
peste (f)	pes	[pes]

72. Les symptômes. Le traitement. Partie 1

symptôme (m)	simptoom	[simptoǝm]
température (f)	temperatuur	[temperatr]
fièvre (f)	koors	[koǝrs]
pouls (m)	polsslag	[pols·slaχ]
vertige (m)	duiseligheid	[dœiseliχæjt]
chaud (adj)	warm	[varm]
frisson (m)	koue rillings	[kæʋǝ rilliŋs]
pâle (adj)	bleek	[bleǝk]
toux (f)	hoes	[hus]
tousser (vi)	hoes	[hus]
éternuer (vi)	nies	[nis]
évanouissement (m)	floute	[flæʋtǝ]
s'évanouir (vp)	flou word	[flæʋ vort]
bleu (m)	blou kol	[blæʋ kol]

bosse (f)	knop	[knop]
se heurter (vp)	stamp	[stamp]
meurtrissure (f)	besering	[beseriŋ]

boiter (vi)	hink	[hink]
foulure (f)	ontwrigting	[ontwriχtiŋ]
se démettre (l'épaule, etc.)	ontwrig	[ontwrəχ]
fracture (f)	breuk	[brøək]
avoir une fracture	n breuk hê	[n brøək hɛ:]

coupure (f)	sny	[snaj]
se couper (~ le doigt)	jouself sny	[jæusɛlf snaj]
hémorragie (f)	bloeding	[bludiŋ]

| brûlure (f) | brandwond | [brant·vont] |
| se brûler (vp) | jouself brand | [jæusɛlf brant] |

se piquer (le doigt)	prik	[prik]
se piquer (vp)	jouself prik	[jæusɛlf prik]
blesser (vt)	seermaak	[seərmāk]
blessure (f)	besering	[beseriŋ]
plaie (f) (blessure)	wond	[vont]
trauma (m)	trauma	[trɔuma]

délirer (vi)	yl	[ajl]
bégayer (vi)	stotter	[stottər]
insolation (f)	sonsteek	[sɔŋ·steək]

73. Les symptômes. Le traitement. Partie 2

| douleur (f) | pyn | [pajn] |
| écharde (f) | splinter | [splintər] |

sueur (f)	sweet	[sweət]
suer (vi)	sweet	[sweət]
vomissement (m)	braak	[brāk]
spasmes (m pl)	stuiptrekkings	[stœip·trɛkkiŋs]

enceinte (adj)	swanger	[swaŋər]
naître (vi)	gebore word	[χeborə vort]
accouchement (m)	geboorte	[χeboərtə]
accoucher (vi)	baar	[bār]
avortement (m)	aborsie	[aborsi]

respiration (f)	asemhaling	[asemhaliŋ]
inhalation (f)	inaseming	[inasemiŋ]
expiration (f)	uitaseming	[œitasemiŋ]
expirer (vi)	uitasem	[œitasem]
inspirer (vi)	inasem	[inasem]

invalide (m)	invalide	[infalidə]
handicapé (m)	kreupel	[krøəpəl]
drogué (m)	dwelmslaaf	[dwɛlm·slāf]
sourd (adj)	doof	[doəf]

| muet (adj) | stom | [stom] |
| sourd-muet (adj) | doofstom | [doəf·stom] |

fou (adj)	swaksinnig	[swaksinnəχ]
fou (m)	kranksinnige	[kranksinniχə]
folle (f)	kranksinnige	[kranksinniχə]
devenir fou	kranksinnig word	[kranksinnəχ vort]

gène (m)	geen	[χeən]
immunité (f)	immuniteit	[immunitæjt]
héréditaire (adj)	erflik	[εrflik]
congénital (adj)	aangebore	[ānχəborə]

virus (m)	virus	[firus]
microbe (m)	mikrobe	[mikrobə]
bactérie (f)	bakterie	[bakteri]
infection (f)	infeksie	[infeksi]

74. Les symptômes. Le traitement. Partie 3

| hôpital (m) | hospitaal | [hospitāl] |
| patient (m) | pasiënt | [pasiεnt] |

diagnostic (m)	diagnose	[diaχnosə]
cure (f) (faire une ~)	genesing	[χenesiŋ]
traitement (m)	mediese behandeling	[medisə behandəliŋ]
se faire soigner	behandeling kry	[behandəliŋ kraj]
traiter (un patient)	behandel	[behandəl]
soigner (un malade)	versorg	[fersorχ]
soins (m pl)	versorging	[fersorχiŋ]

opération (f)	operasie	[operasi]
panser (vt)	verbind	[ferbint]
pansement (m)	verband	[ferbant]
vaccination (f)	inenting	[inεntiŋ]
vacciner (vt)	inent	[inεnt]
piqûre (f)	inspuiting	[inspœitiŋ]

crise, attaque (f)	aanval	[ānfal]
amputation (f)	amputasie	[amputasi]
amputer (vt)	amputeer	[amputeər]
coma (m)	koma	[koma]
réanimation (f)	intensiewe sorg	[intεnsivə sorχ]

se rétablir (vp)	herstel	[herstəl]
état (m) (de santé)	kondisie	[kondisi]
conscience (f)	bewussyn	[bevussajn]
mémoire (f)	geheue	[χəhøə]

arracher (une dent)	trek	[trek]
plombage (m)	vulsel	[fulsəl]
plomber (vt)	vul	[ful]
hypnose (f)	hipnose	[hipnosə]
hypnotiser (vt)	hipnotiseer	[hipnotiseər]

75. Les médecins

médecin (m)	dokter	[doktər]
infirmière (f)	verpleegster	[ferpleeχ·stər]
médecin (m) personnel	lyfarts	[lajf·arts]
dentiste (m)	tandarts	[tand·arts]
ophtalmologiste (m)	oogarts	[oəχ·arts]
généraliste (m)	internis	[internis]
chirurgien (m)	chirurg	[ʃirurχ]
psychiatre (m)	psigiater	[psiχiatər]
pédiatre (m)	kinderdokter	[kindər·doktər]
psychologue (m)	sielkundige	[silkundiχə]
gynécologue (m)	ginekoloog	[χinekoloəχ]
cardiologue (m)	kardioloog	[kardioloəχ]

76. Les médicaments. Les accessoires

médicament (m)	medisyn	[medisajn]
remède (m)	geneesmiddel	[χeneəs·middəl]
prescrire (vt)	voorskryf	[foərskrajf]
ordonnance (f)	voorskrif	[foərskrif]
comprimé (m)	pil	[pil]
onguent (m)	salf	[salf]
ampoule (f)	ampul	[ampul]
mixture (f)	mengsel	[meŋsəl]
sirop (m)	stroop	[stroəp]
pilule (f)	pil	[pil]
poudre (f)	poeier	[pujer]
bande (f)	verband	[ferbant]
coton (m) (ouate)	watte	[vattə]
iode (m)	iodium	[iodium]
sparadrap (m)	pleister	[plæjstər]
compte-gouttes (m)	oogdrupper	[oəχ·druppər]
thermomètre (m)	termometer	[termometər]
seringue (f)	spuitnaald	[spœit·nãlt]
fauteuil (m) roulant	rolstoel	[rol·stul]
béquilles (f pl)	krukke	[krukkə]
anesthésique (m)	pynstiller	[pajn·stillər]
purgatif (m)	lakseermiddel	[lakseər·middəl]
alcool (m)	spiritus	[spiritus]
herbe (f) médicinale	geneeskragtige kruie	[χeneəs·kraχtiχə krœiə]
d'herbes (adj)	kruie-	[krœie-]

77. Le tabac et ses produits dérivés

tabac (m)	**tabak**	[tabak]
cigarette (f)	**sigaret**	[siχaret]
cigare (f)	**sigaar**	[siχãr]
pipe (f)	**pyp**	[pajp]
paquet (m)	**pakkie**	[pakki]
allumettes (f pl)	**vuurhoutjies**	[fɪrhæʊkis]
boîte (f) d'allumettes	**vuurhoutjiedosie**	[fɪrhæʊki·dosi]
briquet (m)	**aansteker**	[ãŋstekər]
cendrier (m)	**asbak**	[asbak]
étui (m) à cigarettes	**sigarethouer**	[siχaret·hæʊər]
fume-cigarette (m)	**sigaretpypie**	[siχaret·pajpi]
filtre (m)	**filter**	[filtər]
fumer (vi, vt)	**rook**	[roək]
allumer une cigarette	**aansteek**	[ãŋsteək]
tabagisme (m)	**rook**	[roək]
fumeur (m)	**roker**	[rokər]
mégot (m)	**stompie**	[stompi]
fumée (f)	**rook**	[roək]
cendre (f)	**as**	[as]

L'HABITAT HUMAIN

La ville

78. La ville. La vie urbaine

ville (f)	stad	[stat]
capitale (f)	hoofstad	[hoef·stat]
village (m)	dorp	[dorp]
plan (m) de la ville	stadskaart	[stats·kārt]
centre-ville (m)	sentrum	[sentrum]
banlieue (f)	voorstad	[foərstat]
de banlieue (adj)	voorstedelik	[foərstedelik]
périphérie (f)	buitewyke	[bœitəvajkə]
alentours (m pl)	omgewing	[omχeviŋ]
quartier (m)	stadswyk	[stats·wajk]
quartier (m) résidentiel	woonbuurt	[voənbɪrt]
trafic (m)	verkeer	[ferkeər]
feux (m pl) de circulation	robot	[robot]
transport (m) urbain	openbare vervoer	[openbarə ferfur]
carrefour (m)	kruispunt	[krœis·punt]
passage (m) piéton	sebraoorgang	[sebra·oərχaŋ]
passage (m) souterrain	voetgangertonnel	[futχaŋər·tonnəl]
traverser (vt)	oorsteek	[oərsteek]
piéton (m)	voetganger	[futχaŋər]
trottoir (m)	sypaadjie	[saj·pādʒi]
pont (m)	brug	[bruχ]
quai (m)	wal	[val]
fontaine (f)	fontein	[fontæjn]
allée (f)	laning	[laniŋ]
parc (m)	park	[park]
boulevard (m)	boulevard	[bulefar]
place (f)	plein	[plæjn]
avenue (f)	laan	[lān]
rue (f)	straat	[strāt]
ruelle (f)	systraat	[saj·strāt]
impasse (f)	doodloopstraat	[doədloəp·strāt]
maison (f)	huis	[hœis]
édifice (m)	gebou	[χebæʊ]
gratte-ciel (m)	wolkekrabber	[volkə·krabbər]
façade (f)	gewel	[χevəl]
toit (m)	dak	[dak]

fenêtre (f)	venster	[fɛŋstər]
arc (m)	arkade	[arkadə]
colonne (f)	kolom	[kolom]
coin (m)	hoek	[huk]

vitrine (f)	uitstalraam	[œitstalrām]
enseigne (f)	reklamebord	[reklamə·bort]
affiche (f)	plakkaat	[plakkāt]
affiche (f) publicitaire	reklameplakkaat	[reklamə·plakkāt]
panneau-réclame (m)	aanplakbord	[ānplakbort]

ordures (f pl)	vullis	[fullis]
poubelle (f)	vullisbak	[fullis·bak]
jeter à terre	rommel strooi	[romməl stroj]
décharge (f)	vullishoop	[fullis·hoəp]

cabine (f) téléphonique	telefoonhokkie	[telefoən·hokki]
réverbère (m)	lamppaal	[lamp·pāl]
banc (m)	bank	[bank]

policier (m)	polisieman	[polisi·man]
police (f)	polisie	[polisi]
clochard (m)	bedelaar	[bedelār]
sans-abri (m)	daklose	[daklosə]

79. Les institutions urbaines

magasin (m)	winkel	[vinkəl]
pharmacie (f)	apteek	[apteek]
opticien (m)	optisiën	[optisiɛn]
centre (m) commercial	winkelsentrum	[vinkəl·sentrum]
supermarché (m)	supermark	[supermark]

boulangerie (f)	bakkery	[bakkeraj]
boulanger (m)	bakker	[bakkər]
pâtisserie (f)	banketbakkery	[banket·bakkeraj]
épicerie (f)	kruidenierswinkel	[krœidenirs·vinkəl]
boucherie (f)	slagter	[slaχtər]

| magasin (m) de légumes | groentewinkel | [χruntə·vinkəl] |
| marché (m) | mark | [mark] |

salon (m) de café	koffiekroeg	[koffi·kruχ]
restaurant (m)	restaurant	[restɔurant]
brasserie (f)	kroeg	[kruχ]
pizzeria (f)	pizzeria	[pizzeria]

salon (m) de coiffure	haarsalon	[hār·salon]
poste (f)	poskantoor	[pos·kantoər]
pressing (m)	droogskoonmakers	[droəχ·skoən·makers]
atelier (m) de photo	fotostudio	[foto·studio]

| magasin (m) de chaussures | skoenwinkel | [skun·vinkəl] |
| librairie (f) | boekhandel | [buk·handəl] |

magasin (m) d'articles de sport	sportwinkel	[sport·vinkəl]
atelier (m) de retouche	klereherstelwinkel	[klerə·herstəl·vinkəl]
location (f) de vêtements	klereverhuurwinkel	[klerə·ferhɪr·vinkəl]
location (f) de films	videowinkel	[video·vinkəl]
cirque (m)	sirkus	[sirkus]
zoo (m)	dieretuin	[dirə·tœin]
cinéma (m)	bioskoop	[bioskoəp]
musée (m)	museum	[musøəm]
bibliothèque (f)	biblioteek	[biblioteək]
théâtre (m)	teater	[teatər]
opéra (m)	opera	[opera]
boîte (f) de nuit	nagklub	[naχ·klup]
casino (m)	kasino	[kasino]
mosquée (f)	moskee	[moskeə]
synagogue (f)	sinagoge	[sinaχoχə]
cathédrale (f)	katedraal	[katedrāl]
temple (m)	tempel	[tempəl]
église (f)	kerk	[kerk]
institut (m)	kollege	[kolledʒ]
université (f)	universiteit	[unifersitæjt]
école (f)	skool	[skoəl]
préfecture (f)	stadhuis	[stat·hœis]
mairie (f)	stadhuis	[stat·hœis]
hôtel (m)	hotel	[hotəl]
banque (f)	bank	[bank]
ambassade (f)	ambassade	[ambassadə]
agence (f) de voyages	reisagentskap	[ræjs·aχentskap]
bureau (m) d'information	inligtingskantoor	[inliχtiŋs·kantoər]
bureau (m) de change	wisselkantoor	[vissəl·kantoər]
métro (m)	metro	[metro]
hôpital (m)	hospitaal	[hospitāl]
station-service (f)	petrolstasie	[petrol·stasi]
parking (m)	parkeerterrein	[parkeər·terræjn]

80. Les enseignes. Les panneaux

enseigne (f)	reklamebord	[reklamə·bort]
pancarte (f)	kennisgewing	[kɛnnis·χeviŋ]
poster (m)	plakkaat	[plakkāt]
indicateur (m) de direction	rigtingwyser	[riχtiŋ·wajsər]
flèche (f)	pyl	[pajl]
avertissement (m)	waarskuwing	[vārskuviŋ]
panneau d'avertissement	waarskuwingsbord	[vārskuviŋs·bort]
avertir (vt)	waarsku	[vārsku]
jour (m) de repos	rusdag	[rusdaχ]

horaire (m)	diensrooster	[diŋs·roester]
heures (f pl) d'ouverture	besigheidsure	[besiχæjts·ure]
BIENVENUE!	WELKOM!	[vɛlkom!]
ENTRÉE	INGANG	[inχaŋ]
SORTIE	UITGANG	[œitχaŋ]
POUSSER	STOOT	[stoet]
TIRER	TREK	[trek]
OUVERT	OOP	[oep]
FERMÉ	GESLUIT	[χeslœit]
FEMMES	DAMES	[dames]
HOMMES	MANS	[maŋs]
RABAIS	AFSLAG	[afslaχ]
SOLDES	UITVERKOPING	[œitferkopiŋ]
NOUVEAU!	NUUT!	[nɪt!]
GRATUIT	GRATIS	[χratis]
ATTENTION!	PAS OP!	[pas op!]
COMPLET	VOLBESPREEK	[folbespreek]
RÉSERVÉ	BESPREEK	[bespreek]
ADMINISTRATION	ADMINISTRASIE	[administrasi]
RÉSERVÉ AU PERSONNEL	SLEGS PERSONEEL	[sleχs personeel]
ATTENTION CHIEN MÉCHANT	PAS OP VIR DIE HOND!	[pas op fir di hont!]
DÉFENSE DE FUMER	ROOK VERBODE	[roek ferbode]
PRIÈRE DE NE PAS TOUCHER	NIE AANRAAK NIE!	[ni ānrāk ni!]
DANGEREUX	GEVAARLIK	[χefārlik]
DANGER	GEVAAR	[χefār]
HAUTE TENSION	HOOGSPANNING	[hoeχ·spanniŋ]
BAIGNADE INTERDITE	NIE SWEM NIE	[ni swem ni]
HORS SERVICE	BUITE WERKING	[bœite verkiŋ]
INFLAMMABLE	ONTVLAMBAAR	[ontflambār]
INTERDIT	VERBODE	[ferbode]
PASSAGE INTERDIT	TOEGANG VERBODE!	[tuχaŋ ferbode!]
PEINTURE FRAÎCHE	NAT VERF	[nat ferf]

81. Les transports en commun

autobus (m)	bus	[bus]
tramway (m)	trem	[trem]
trolleybus (m)	trembus	[trembus]
itinéraire (m)	busroete	[bus·rute]
numéro (m)	nommer	[nommer]
prendre ...	ry per ...	[raj per ...]
monter (dans l'autobus)	inklim	[inklim]

descendre de ...	uitklim ...	[œitklim ...]
arrêt (m)	halte	[haltə]
arrêt (m) prochain	volgende halte	[folχendə haltə]
terminus (m)	eindpunt	[æjnd·punt]
horaire (m)	diensrooster	[diŋs·roostər]
attendre (vt)	wag	[vaχ]

| ticket (m) | kaartjie | [kãrki] |
| prix (m) du ticket | reistarief | [ræjs·tarif] |

caissier (m)	kaartjieverkoper	[kãrki·ferkopər]
contrôle (m) des tickets	kaartjiekontrole	[kãrki·kontrolə]
contrôleur (m)	kontroleur	[kontroloͤər]

être en retard	laat wees	[lãt vees]
rater (~ le train)	mis	[mis]
se dépêcher	haastig wees	[hãstəχ vees]

taxi (m)	taxi	[taksi]
chauffeur (m) de taxi	taxibestuurder	[taksi·bestɪrdər]
en taxi	per taxi	[pər taksi]
arrêt (m) de taxi	taxistaanplek	[taksi·stãnplek]

trafic (m)	verkeer	[ferkeər]
embouteillage (m)	verkeersknoop	[ferkeərs·knoəp]
heures (f pl) de pointe	spitsuur	[spits·ɪr]
se garer (vp)	parkeer	[parkeər]
garer (vt)	parkeer	[parkeər]
parking (m)	parkeerterrein	[parkeər·terræjn]

métro (m)	metro	[metro]
station (f)	stasie	[stasi]
prendre le métro	die metro vat	[di metro fat]
train (m)	trein	[træjn]
gare (f)	treinstasie	[træjn·stasi]

82. Le tourisme

monument (m)	monument	[monument]
forteresse (f)	fort	[fort]
palais (m)	paleis	[palæjs]
château (m)	kasteel	[kasteəl]
tour (f)	toring	[toriŋ]
mausolée (m)	mausoleum	[mͻusoloͤəm]

architecture (f)	argitektuur	[arχitektɪr]
médiéval (adj)	Middeleeus	[middeliͻs]
ancien (adj)	oud	[æͻt]
national (adj)	nasionaal	[naʃionãl]
connu (adj)	bekend	[bekent]

touriste (m)	toeris	[turis]
guide (m) (personne)	gids	[χids]
excursion (f)	uitstappie	[œitstappi]

montrer (vt)	**wys**	[vajs]
raconter (une histoire)	**vertel**	[fertəl]
trouver (vt)	**vind**	[fint]
se perdre (vp)	**verdwaal**	[ferdwāl]
plan (m) (du metro, etc.)	**kaart**	[kārt]
carte (f) (de la ville, etc.)	**kaart**	[kārt]
souvenir (m)	**aandenking**	[āndenkiŋ]
boutique (f) de souvenirs	**geskenkwinkel**	[χeskɛnk·vinkəl]
prendre en photo	**fotografeer**	[fotoχrafeər]
se faire prendre en photo	**jou portret laat maak**	[jæʊ portret lāt māk]

83. Le shopping

acheter (vt)	**koop**	[koəp]
achat (m)	**aankoop**	[ānkoəp]
faire des achats	**inkopies doen**	[inkopis dun]
shopping (m)	**inkoop**	[inkoəp]
être ouvert	**oop wees**	[oəp veəs]
être fermé	**toe wees**	[tu veəs]
chaussures (f pl)	**skoeisel**	[skuisəl]
vêtement (m)	**klere**	[klerə]
produits (m pl) de beauté	**kosmetika**	[kosmetika]
produits (m pl) alimentaires	**voedingsware**	[fudiŋs·warə]
cadeau (m)	**present**	[present]
vendeur (m)	**verkoper**	[ferkopər]
vendeuse (f)	**verkoopsdame**	[ferkoəps·damə]
caisse (f)	**kassier**	[kassir]
miroir (m)	**spieël**	[spiɛl]
comptoir (m)	**toonbank**	[toən·bank]
cabine (f) d'essayage	**paskamer**	[pas·kamər]
essayer (robe, etc.)	**aanpas**	[ānpas]
aller bien (robe, etc.)	**pas**	[pas]
plaire (être apprécié)	**hou van**	[hæʊ fan]
prix (m)	**prys**	[prajs]
étiquette (f) de prix	**pryskaartjie**	[prajs·kārki]
coûter (vt)	**kos**	[kos]
Combien?	**Hoeveel?**	[hufeəl?]
rabais (m)	**afslag**	[afslaχ]
pas cher (adj)	**billik**	[billik]
bon marché (adj)	**goedkoop**	[χudkoəp]
cher (adj)	**duur**	[dɪr]
C'est cher	**dis duur**	[dis dɪr]
location (f)	**verhuur**	[ferhɪr]
louer (une voiture, etc.)	**verhuur**	[ferhɪr]

crédit (m)	krediet	[kredit]
à crédit (adv)	op krediet	[op kredit]

84. L'argent

argent (m)	geld	[χɛlt]
échange (m)	valutaruil	[faluta·rœil]
cours (m) de change	wisselkoers	[vissəl·kurs]
distributeur (m)	OTM	[o·te·em]
monnaie (f)	muntstuk	[muntstuk]

dollar (m)	dollar	[dollar]
euro (m)	euro	[øəro]

lire (f)	lira	[lira]
mark (m) allemand	Duitse mark	[dœitsə mark]
franc (m)	frank	[frank]
livre sterling (f)	pond sterling	[pont sterliŋ]
yen (m)	yen	[jɛn]

dette (f)	skuld	[skult]
débiteur (m)	skuldenaar	[skuldenār]
prêter (vt)	uitleen	[œitleən]
emprunter (vt)	leen	[leən]

banque (f)	bank	[bank]
compte (m)	rekening	[rekəniŋ]
verser (dans le compte)	deponeer	[deponeer]
retirer du compte	trek	[trek]

carte (f) de crédit	kredietkaart	[kredit·kārt]
espèces (f pl)	kontant	[kontant]
chèque (m)	tjek	[tʃek]
chéquier (m)	tjekboek	[tʃek·buk]

portefeuille (m)	beursie	[bøərsi]
bourse (f)	muntstukbeursie	[muntstuk·bøərsi]
coffre fort (m)	brandkas	[brant·kas]

héritier (m)	erfgenaam	[ɛrfχənām]
héritage (m)	erfenis	[ɛrfenis]
fortune (f)	fortuin	[fortœin]

location (f)	huur	[hɪr]
loyer (m) (argent)	huur	[hɪr]
louer (prendre en location)	huur	[hɪr]

prix (m)	prys	[prajs]
coût (m)	prys	[prajs]
somme (f)	som	[som]

dépenser (vt)	spandeer	[spandeer]
dépenses (f pl)	onkoste	[onkostə]
économiser (vt)	besuinig	[besœinəχ]

économe (adj)	ekonomies	[ɛkonomis]
payer (régler)	betaal	[betāl]
paiement (m)	betaling	[betaliŋ]
monnaie (f) (rendre la ~)	wisselgeld	[vissəl·xɛlt]
impôt (m)	belasting	[belastiŋ]
amende (f)	boete	[butə]
mettre une amende	beboet	[bebut]

85. La poste. Les services postaux

poste (f)	poskantoor	[pos·kantoər]
courrier (m) (lettres, etc.)	pos	[pos]
facteur (m)	posbode	[pos·bodə]
heures (f pl) d'ouverture	besigheidsure	[besixæjts·urə]
lettre (f)	brief	[brif]
recommandé (m)	geregistreerde brief	[xerexistreerdə brif]
carte (f) postale	poskaart	[pos·kārt]
télégramme (m)	telegram	[telexram]
colis (m)	pakkie	[pakki]
mandat (m) postal	geldoorplasing	[xɛld·oərplasiŋ]
recevoir (vt)	ontvang	[ontfaŋ]
envoyer (vt)	stuur	[stɪr]
envoi (m)	versending	[fersendiŋ]
adresse (f)	adres	[adres]
code (m) postal	poskode	[pos·kodə]
expéditeur (m)	sender	[sendər]
destinataire (m)	ontvanger	[ontfaŋər]
prénom (m)	voornaam	[foərnām]
nom (m) de famille	van	[fan]
tarif (m)	postarief	[pos·tarif]
normal (adj)	standaard	[standārt]
économique (adj)	ekonomies	[ɛkonomis]
poids (m)	gewig	[xevəx]
peser (~ les lettres)	weeg	[veəx]
enveloppe (f)	koevert	[kufert]
timbre (m)	posseël	[pos·seɛl]

Le logement. La maison. Le foyer

86. La maison. Le logis

maison (f)	huis	[hœis]
chez soi	tuis	[tœis]
cour (f)	werf	[vɛrf]
clôture (f)	omheining	[omhæjniŋ]
brique (f)	baksteen	[baksteən]
en brique (adj)	baksteen-	[baksteən-]
pierre (f)	klip	[klip]
en pierre (adj)	klip-	[klip-]
béton (m)	beton	[beton]
en béton (adj)	beton-	[beton-]
neuf (adj)	nuut	[nɪt]
vieux (adj)	ou	[æʊ]
délabré (adj)	vervalle	[ferfallə]
moderne (adj)	moderne	[modernə]
à plusieurs étages	multiverdieping-	[multi·ferdipiŋ-]
haut (adj)	hoë	[hoɛ]
étage (m)	verdieping	[ferdipiŋ]
sans étage (adj)	enkelverdieping	[ɛnkəl·ferdipiŋ]
rez-de-chaussée (m)	eerste verdieping	[eərstə ferdipiŋ]
dernier étage (m)	boonste verdieping	[boəŋstə verdipiŋ]
toit (m)	dak	[dak]
cheminée (f)	skoorsteen	[skoərsteən]
tuile (f)	dakteëls	[daktɛɛls]
en tuiles (adj)	geteël	[χetɛɛl]
grenier (m)	solder	[soldər]
fenêtre (f)	venster	[fɛŋstər]
vitre (f)	glas	[χlas]
rebord (m)	vensterbank	[fɛŋstər·bank]
volets (m pl)	luik	[lœik]
mur (m)	muur	[mɪr]
balcon (m)	balkon	[balkon]
gouttière (f)	reënpyp	[reɛn·pajp]
en haut (à l'étage)	bo	[bo]
monter (vi)	boontoe gaan	[boentu χãn]
descendre (vi)	afkom	[afkom]
déménager (vi)	verhuis	[ferhœis]

87. La maison. L'entrée. L'ascenseur

entrée (f)	ingang	[inχaŋ]
escalier (m)	trap	[trap]
marches (f pl)	treetjies	[treəkis]
rampe (f)	leuning	[løəniŋ]
hall (m)	voorportaal	[foər·portāl]
boîte (f) à lettres	posbus	[pos·bus]
poubelle (f) d'extérieur	vullisblik	[fullis·blik]
vide-ordures (m)	vullisgeut	[fullis·χøət]
ascenseur (m)	hysbak	[hajsbak]
monte-charge (m)	vraghysbak	[fraχ·hajsbak]
cabine (f)	hysbak	[hajsbak]
prendre l'ascenseur	hysbak neem	[hajsbak neəm]
appartement (m)	woonstel	[voəŋstəl]
locataires (m pl)	bewoners	[bevoners]
voisin (m)	buurman	[bɪrman]
voisine (f)	buurvrou	[bɪrfræʊ]
voisins (m pl)	bure	[burə]

88. La maison. L'électricité

électricité (f)	krag, elektrisiteit	[kraχ], [elektrisitæjt]
ampoule (f)	gloeilamp	[χlui·lamp]
interrupteur (m)	skakelaar	[skakəlār]
plomb, fusible (m)	sekering	[sekəriŋ]
fil (m) (~ électrique)	kabel	[kabəl]
installation (f) électrique	bedrading	[bedradiŋ]
compteur (m) électrique	kragmeter	[kraχ·metər]
relevé (m)	lesings	[lesiŋs]

89. La maison. La porte. La serrure

porte (f)	deur	[døər]
portail (m)	hek	[hek]
poignée (f)	deurknop	[døər·knop]
déverrouiller (vt)	oopsluit	[oəpslœit]
ouvrir (vt)	oopmaak	[oəpmāk]
fermer (vt)	sluit	[slœit]
clé (f)	sleutel	[sløətəl]
trousseau (m), jeu (m)	bos	[bos]
grincer (la porte)	kraak	[krāk]
grincement (m)	gekraak	[χekrāk]
gond (m)	skarnier	[skarnir]
paillasson (m)	deurmat	[døər·mat]
serrure (f)	deurslot	[døər·slot]

trou (m) de la serrure	sleutelgat	[sløetəl·xat]
verrou (m)	grendel	[xrendəl]
loquet (m)	deurknip	[døər·knip]
cadenas (m)	hangslot	[haŋslot]

sonner (à la porte)	lui	[lœi]
sonnerie (f)	gelui	[xelœi]
sonnette (f)	deurklokkie	[døər·klokki]
bouton (m)	belknoppie	[bɛl·knoppi]
coups (m pl) à la porte	klop	[klop]
frapper (~ à la porte)	klop	[klop]

code (m)	kode	[kodə]
serrure (f) à combinaison	kombinasieslot	[kombinasi·slot]
interphone (m)	interkom	[interkom]
numéro (m)	nommer	[nommər]
plaque (f) de porte	naambordjie	[nãm·bordʒi]
judas (m)	loergaatjie	[lurxãki]

90. La maison de campagne

village (m)	dorp	[dorp]
potager (m)	groentetuin	[xruntə·tœin]
palissade (f)	heining	[hæjniŋ]
clôture (f)	spitspaalheining	[spitspãl·hæjniŋ]
portillon (m)	tuinhekkie	[tœin·hɛkki]

grange (f)	graanstoorplek	[xrãŋ·stoərplek]
cave (f)	wortelkelder	[vortəl·keldər]
abri (m) de jardin	tuinhuisie	[tœin·hœisi]
puits (m)	waterput	[vatər·put]

poêle (m) (~ à bois)	houtkaggel	[hæʊt·kaxxəl]
chauffer le poêle	die houtkaggel stook	[di hæʊt·kaxxəl stoək]
bois (m) de chauffage	brandhout	[brant·hæʊt]
bûche (f)	stomp	[stomp]

véranda (f)	stoep	[stup]
terrasse (f)	dek	[dek]
perron (m) d'entrée	ingangstrappie	[inxaŋs·trappi]
balançoire (f)	swaai	[swãi]

91. La villa et le manoir

maison (f) de campagne	buitewoning	[bœitə·voniŋ]
villa (f)	landhuis	[land·hœis]
aile (f) (~ ouest)	vleuel	[fløəəl]

jardin (m)	tuin	[tœin]
parc (m)	park	[park]
serre (f) tropicale	tropiese kweekhuis	[tropisə kweək·hœis]
s'occuper (~ du jardin)	versorg	[fersorx]

piscine (f)	swembad	[swem·bat]
salle (f) de gym	gim	[χim]
court (m) de tennis	tennisbaan	[tɛnnis·bān]
salle (f) de cinéma	huisteater	[hœis·teatər]
garage (m)	garage	[χaraʒə]

| propriété (f) privée | privaat besit | [prifāt besit] |
| terrain (m) privé | privaateiendom | [prifāt·æejendom] |

| avertissement (m) | waarskuwing | [vārskuviŋ] |
| panneau d'avertissement | waarskuwingsbord | [vārskuviŋs·bort] |

sécurité (f)	sekuriteit	[sekuritæjt]
agent (m) de sécurité	veiligheidswag	[fæjliχæjts·waχ]
alarme (f) antivol	diefalarm	[dif·alarm]

92. Le château. Le palais

château (m)	kasteel	[kasteəl]
palais (m)	paleis	[palæjs]
forteresse (f)	fort	[fort]
muraille (f)	ringmuur	[riŋ·mɪr]
tour (f)	toring	[toriŋ]
donjon (m)	toring	[toriŋ]

herse (f)	valhek	[falhek]
souterrain (m)	tonnel	[tonnəl]
douve (f)	grag	[χraχ]
chaîne (f)	ketting	[kɛttiŋ]
meurtrière (f)	skietgat	[skitχat]

magnifique (adj)	pragtig	[praχtəχ]
majestueux (adj)	majestueus	[majestuøes]
inaccessible (adj)	onneembaar	[onneəmbār]
médiéval (adj)	Middeleeus	[middeliʊs]

93. L'appartement

appartement (m)	woonstel	[voəŋstəl]
chambre (f)	kamer	[kamər]
chambre (f) à coucher	slaapkamer	[slāp·kamər]
salle (f) à manger	eetkamer	[eet·kamər]
salon (m)	sitkamer	[sit·kamər]
bureau (m)	studeerkamer	[studeər·kamər]

antichambre (f)	ingangsportaal	[inχaŋs·portāl]
salle (f) de bains	badkamer	[bad·kamər]
toilettes (f pl)	toilet	[tojlet]

plafond (m)	plafon	[plafon]
plancher (m)	vloer	[flur]
coin (m)	hoek	[huk]

94. L'appartement. Le ménage

faire le ménage	skoonmaak	[skoɘnmãk]
ranger (jouets, etc.)	bêre	[bærə]
poussière (f)	stof	[stof]
poussiéreux (adj)	stoffig	[stoffəχ]
essuyer la poussière	afstof	[afstof]
aspirateur (m)	stofsuier	[stof·sœiər]
passer l'aspirateur	stofsuig	[stofsœiχ]
balayer (vt)	vee	[feə]
balayures (f pl)	veegsel	[feəχsəl]
ordre (m)	orde	[ordə]
désordre (m)	wanorde	[vanordə]
balai (m) à franges	mop	[mop]
torchon (m)	stoflap	[stoflap]
balayette (f) de sorgho	kort besem	[kort besem]
pelle (f) à ordures	skoppie	[skoppi]

95. Les meubles. L'intérieur

meubles (m pl)	meubels	[møebɛls]
table (f)	tafel	[tafel]
chaise (f)	stoel	[stul]
lit (m)	bed	[bet]
canapé (m)	rusbank	[rusbank]
fauteuil (m)	gemakstoel	[χemak·stul]
bibliothèque (f) (meuble)	boekkas	[buk·kas]
rayon (m)	rak	[rak]
armoire (f)	klerekas	[klerə·kas]
patère (f)	kapstok	[kapstok]
portemanteau (m)	kapstok	[kapstok]
commode (f)	laaikas	[lãjkas]
table (f) basse	koffietafel	[koffi·tafəl]
miroir (m)	spieël	[spiɛl]
tapis (m)	mat	[mat]
petit tapis (m)	matjie	[maki]
cheminée (f)	vuurherd	[fɪr·hert]
bougie (f)	kers	[kers]
chandelier (m)	kandelaar	[kandelãr]
rideaux (m pl)	gordyne	[χordajnə]
papier (m) peint	muurpapier	[mɪr·papir]
jalousie (f)	blindings	[blindiŋs]
lampe (f) de table	tafellamp	[tafel·lamp]
applique (f)	muurlamp	[mɪr·lamp]

| lampadaire (m) | staanlamp | [stān·lamp] |
| lustre (m) | kroonlugter | [kroən·luχtər] |

pied (m) (~ de la table)	poot	[poət]
accoudoir (m)	armleuning	[arm·løəniŋ]
dossier (m)	rugleuning	[ruχ·løəniŋ]
tiroir (m)	laai	[lāi]

96. La literie

linge (m) de lit	beddegoed	[beddə·χut]
oreiller (m)	kussing	[kussiŋ]
taie (f) d'oreiller	kussingsloop	[kussiŋ·sloəp]
couverture (f)	duvet	[dufet]
drap (m)	laken	[laken]
couvre-lit (m)	bedsprei	[bed·spræj]

97. La cuisine

cuisine (f)	kombuis	[kombœis]
gaz (m)	gas	[χas]
cuisinière (f) à gaz	gasstoof	[χas·stoəf]
cuisinière (f) électrique	elektriese stoof	[elektrisə stoəf]
four (m)	oond	[oent]
four (m) micro-ondes	mikrogolfoond	[mikroχolf·oent]

réfrigérateur (m)	yskas	[ajs·kas]
congélateur (m)	vrieskas	[friskas]
lave-vaisselle (m)	skottelgoedwasser	[skottɛlχud·wassər]

hachoir (m) à viande	vleismeul	[flæjs·møəl]
centrifugeuse (f)	versapper	[fersappər]
grille-pain (m)	broodrooster	[broəd·roestər]
batteur (m)	menger	[meŋər]

machine (f) à café	koffiemasjien	[koffi·maʃin]
cafetière (f)	koffiepot	[koffi·pot]
moulin (m) à café	koffiemeul	[koffi·møəl]

bouilloire (f)	fluitketel	[flœit·ketəl]
théière (f)	teepot	[teə·pot]
couvercle (m)	deksel	[deksəl]
passoire (f) à thé	teesiffie	[teə·siffi]

cuillère (f)	lepel	[lepəl]
petite cuillère (f)	teelepeltjie	[teə·lepəlki]
cuillère (f) à soupe	soplepel	[sop·lepəl]
fourchette (f)	vurk	[furk]
couteau (m)	mes	[mes]

| vaisselle (f) | tafelgerei | [tafel·χeræj] |
| assiette (f) | bord | [bort] |

soucoupe (f)	piering	[piriŋ]
verre (m) à shot	likeurglas	[likøər·χlas]
verre (m) (~ d'eau)	glas	[χlas]
tasse (f)	koppie	[koppi]

sucrier (m)	suikerpot	[sœikər·pot]
salière (f)	soutvaatjie	[sæʊt·fāki]
poivrière (f)	pepervaatjie	[pepər·fāki]
beurrier (m)	botterbakkie	[bottər·bakki]

casserole (f)	soppot	[sop·pot]
poêle (f)	braaipan	[brāj·pan]
louche (f)	opskeplepel	[opskep·lepəl]
passoire (f)	vergiet	[ferχit]
plateau (m)	skinkbord	[skink·bort]

bouteille (f)	bottel	[bottəl]
bocal (m) (à conserves)	fles	[fles]
boîte (f) en fer-blanc	blikkie	[blikki]

ouvre-bouteille (m)	botteloopmaker	[bottəl·oəpmakər]
ouvre-boîte (m)	blikoopmaker	[blik·oəpmakər]
tire-bouchon (m)	kurktrekker	[kurk·trɛkkər]
filtre (m)	filter	[filtər]
filtrer (vt)	filter	[filtər]

ordures (f pl)	vullis	[fullis]
poubelle (f)	vullisbak	[fullis·bak]

98. La salle de bains

salle (f) de bains	badkamer	[bad·kamər]
eau (f)	water	[vatər]
robinet (m)	kraan	[krãn]
eau (f) chaude	warme water	[varmə vatər]
eau (f) froide	koue water	[kæʊə vatər]

dentifrice (m)	tandepasta	[tandə·pasta]
se brosser les dents	tande borsel	[tandə borsəl]
brosse (f) à dents	tandeborsel	[tandə·borsəl]

se raser (vp)	skeer	[skeər]
mousse (f) à raser	skeerroom	[skeər·roəm]
rasoir (m)	skeermes	[skeər·mes]

laver (vt)	was	[vas]
se laver (vp)	bad	[bat]
douche (f)	stort	[stort]
prendre une douche	stort	[stort]

baignoire (f)	bad	[bat]
cuvette (f)	toilet	[tojlet]
lavabo (m)	wasbak	[vas·bak]
savon (m)	seep	[seəp]

porte-savon (m)	seepbakkie	[seəp·bakki]
éponge (f)	spons	[spɔŋs]
shampooing (m)	sjampoe	[ʃampu]
serviette (f)	handdoek	[handduk]
peignoir (m) de bain	badjas	[batjas]

lessive (f) (faire la ~)	was	[vas]
machine (f) à laver	wasmasjien	[vas·maʃin]
faire la lessive	die wasgoed was	[di vasχut vas]
lessive (f) (poudre)	waspoeier	[vas·pujer]

99. Les appareils électroménagers

téléviseur (m)	TV-stel	[te·fe-stəl]
magnétophone (m)	bandspeler	[band·speler]
magnétoscope (m)	videomasjien	[video·maʃin]
radio (f)	radio	[radio]
lecteur (m)	speler	[speler]

vidéoprojecteur (m)	videoprojektor	[video·projektor]
home cinéma (m)	tuisfliekteater	[tœis·flik·teater]
lecteur DVD (m)	DVD-speler	[de·fe·de-speler]
amplificateur (m)	versterker	[fersterker]
console (f) de jeux	videokonsole	[video·kɔŋsole]

caméscope (m)	videokamera	[video·kamera]
appareil (m) photo	kamera	[kamera]
appareil (m) photo numérique	digitale kamera	[diχitale kamera]

aspirateur (m)	stofsuier	[stof·sœier]
fer (m) à repasser	strykyster	[strajk·ajster]
planche (f) à repasser	strykplank	[strajk·plank]

téléphone (m)	telefoon	[telefoən]
portable (m)	selfoon	[sɛlfoən]
machine (f) à écrire	tikmasjien	[tik·maʃin]
machine (f) à coudre	naaimasjien	[naj·maʃin]

micro (m)	mikrofoon	[mikrofoən]
écouteurs (m pl)	koptelefoon	[kop·telefoən]
télécommande (f)	afstandsbeheer	[afstands·beheər]

CD (m)	CD	[se·de]
cassette (f)	kasset	[kasset]
disque (m) (vinyle)	plaat	[plāt]

100. Les travaux de réparation et de rénovation

rénovation (f)	opknapwerk	[opknap·werk]
faire la rénovation	opknap	[opknap]
réparer (vt)	herstel	[herstəl]
remettre en ordre	aan kant maak	[ān kant māk]

89

refaire (vt)	oordoen	[oərdun]
peinture (f)	verf	[ferf]
peindre (des murs)	verf	[ferf]
peintre (m) en bâtiment	skilder	[skildər]
pinceau (m)	verfborsel	[ferf·borsəl]

| chaux (f) | witkalk | [vitkalk] |
| blanchir à la chaux | wit | [vit] |

papier (m) peint	muurpapier	[mɪr·papir]
tapisser (vt)	behang	[behaŋ]
vernis (m)	vernis	[fernis]
vernir (vt)	vernis	[fernis]

101. La plomberie

eau (f)	water	[vatər]
eau (f) chaude	warme water	[varmə vatər]
eau (f) froide	koue water	[kæʊə vatər]
robinet (m)	kraan	[krān]

goutte (f)	druppel	[druppəl]
goutter (vi)	drup	[drup]
fuir (tuyau)	lek	[lek]
fuite (f)	lekkasie	[lɛkkasi]
flaque (f)	poeletjie	[puləki]

tuyau (m)	pyp	[pəjp]
valve (f)	kraan	[krān]
se boucher (vp)	verstop raak	[ferstop rāk]

outils (m pl)	gereedskap	[χereədskap]
clé (f) réglable	skroefsleutel	[skruf·sløətəl]
dévisser (vt)	losskroef	[losskruf]
visser (vt)	vasskroef	[fasskruf]

déboucher (vt)	oopmaak	[oəpmāk]
plombier (m)	loodgieter	[loədχitər]
sous-sol (m)	kelder	[kɛldər]
égouts (m pl)	riolering	[rioleriŋ]

102. L'incendie

feu (m)	brand	[brant]
flamme (f)	vlam	[flam]
étincelle (f)	vonk	[fonk]
fumée (f)	rook	[roək]
flambeau (m)	fakkel	[fakkel]
feu (m) de bois	kampvuur	[kampfɪr]

| essence (f) | petrol | [petrol] |
| kérosène (m) | kerosien | [kerosin] |

inflammable (adj)	ontvambaar	[ontfambãr]
explosif (adj)	ontplofbaar	[ontplofbãr]
DÉFENSE DE FUMER	ROOK VERBODE	[roǝk ferbodǝ]
sécurité (f)	veiligheid	[fæjliχæjt]
danger (m)	gevaar	[χefãr]
dangereux (adj)	gevaarlik	[χefãrlik]
prendre feu	vlam vat	[flam fat]
explosion (f)	ontploffing	[ontploffiŋ]
mettre feu	aan die brand steek	[ãn di brant steǝk]
incendiaire (m)	brandstigter	[brant·stiχtǝr]
incendie (m) prémédité	brandstigting	[brant·stiχtiŋ]
flamboyer (vi)	brand	[brant]
brûler (vi)	brand	[brant]
brûler complètement	afbrand	[afbrant]
appeler les pompiers	die brandweer roep	[di brantveǝr rup]
pompier (m)	brandweerman	[brantveǝr·man]
voiture (f) de pompiers	brandweerwa	[brantveǝr·wa]
sapeurs-pompiers (pl)	brandweer	[brantveǝr]
échelle (f) des pompiers	brandweerwaleer	[brantveǝr·wa·leǝr]
tuyau (m) d'incendie	brandslang	[brant·slaŋ]
extincteur (m)	brandblusser	[brant·blussǝr]
casque (m)	helmet	[hɛlmet]
sirène (f)	sirene	[sirenǝ]
crier (vi)	skreeu	[skriʊ]
appeler au secours	hulp roep	[hulp rup]
secouriste (m)	redder	[rɛddǝr]
sauver (vt)	red	[ret]
venir (vi)	aankom	[ãnkom]
éteindre (feu)	blus	[blus]
eau (f)	water	[vatǝr]
sable (m)	sand	[sant]
ruines (f pl)	ruïnes	[ruïnes]
tomber en ruine	instort	[instort]
s'écrouler (vp)	val	[fal]
s'effondrer (vp)	instort	[instort]
morceau (m) (de mur, etc.)	brokstukke	[brokstukkǝ]
cendre (f)	as	[as]
mourir étouffé	verstik	[ferstik]
périr (vi)	omkom	[omkom]

LES ACTIVITÉS HUMAINS

Le travail. Les affaires. Partie 1

103. Le bureau. La vie de bureau

bureau (m) (établissement)	kantoor	[kantoər]
bureau (m) (au travail)	kantoor	[kantoər]
accueil (m)	ontvangs	[ontfaŋs]
secrétaire (m)	sekretaris	[sekretaris]
secrétaire (f)	sekretaresse	[sekretarɛssə]
directeur (m)	direkteur	[direktøər]
manager (m)	bestuurder	[bestɪrdər]
comptable (m)	boekhouer	[bukhæʊər]
collaborateur (m)	werknemer	[verknemər]
meubles (m pl)	meubels	[møəbɛls]
bureau (m)	lessenaar	[lɛssenãr]
fauteuil (m)	draaistoel	[drãj·stul]
classeur (m) à tiroirs	laaikas	[lãjkas]
portemanteau (m)	kapstok	[kapstok]
ordinateur (m)	rekenaar	[rekenãr]
imprimante (f)	drukker	[drukkər]
fax (m)	faksmasjien	[faks·maʃin]
copieuse (f)	fotostaatmasjien	[fotostãt·maʃin]
papier (m)	papier	[papir]
papeterie (f)	kantoorbenodigdhede	[kantoər·benodiχdhedə]
tapis (m) de souris	muismatjie	[mœis·maki]
feuille (f)	blaai	[blãi]
classeur (m)	binder	[bindər]
catalogue (m)	katalogus	[kataloχus]
annuaire (m)	telefoongids	[telefoən·χids]
documents (m pl)	dokumentasie	[dokumentasi]
brochure (f)	brosjure	[broʃurə]
prospectus (m)	strooibiljet	[stroj·biljet]
échantillon (m)	monsterkaart	[mɔŋstər·kãrt]
formation (f)	opleidingsvergadering	[oplæjdiŋs·ferχaderiŋ]
réunion (f)	vergadering	[ferχaderiŋ]
pause (f) déjeuner	middagpouse	[middaχ·pæʊsə]
faire des copies	aantal kopieë maak	[ãntal kopiɛ mãk]
téléphoner, appeler	bel	[bəl]
répondre (vi, vt)	antwoord	[antwoərt]
passer (au téléphone)	deursit	[døərsit]

fixer (rendez-vous)	reël	[reɛl]
montrer (un échantillon)	demonstreer	[demoŋstreər]
être absent	afwesig wees	[afwesəχ veəs]
absence (f)	afwesigheid	[afwesiχæjt]

104. Les processus d'affaires. Partie 1

affaire (f) (business)	besigheid	[besiχæjt]
métier (m)	beroep	[berup]

firme (f), société (f)	firma	[firma]
compagnie (f)	maatskappy	[mātskappaj]
corporation (f)	korporasie	[korporasi]
entreprise (f)	onderneming	[ondərnemiŋ]
agence (f)	agentskap	[aχentskap]

accord (m)	ooreenkoms	[oereənkoms]
contrat (m)	kontrak	[kontrak]
marché (m) (accord)	transaksie	[traŋsaksi]
commande (f)	bestelling	[bestɛlliŋ]
terme (m) (~ du contrat)	voorwaarde	[foərwārdə]

en gros (adv)	groothandels-	[χroət·handəls-]
en gros (adj)	groothandels-	[χroət·handəls-]
vente (f) en gros	groothandel	[χroət·handəl]
au détail (adj)	kleinhandels-	[klæjn·handəls-]
vente (f) au détail	kleinhandel	[klæjn·handəl]

concurrent (m)	konkurrent	[konkurrent]
concurrence (f)	konkurrensie	[konkurreŋsi]
concurrencer (vt)	kompeteer	[kompeteər]

associé (m)	vennoot	[fɛnnoət]
partenariat (m)	vennootskap	[fɛnnoətskap]

crise (f)	krisis	[krisis]
faillite (f)	bankrotskap	[bankrotskap]
faire faillite	bankrot speel	[bankrot speəl]
difficulté (f)	moeilikheid	[muilikhæjt]
problème (m)	probleem	[probleəm]
catastrophe (f)	katastrofe	[katastrofə]

économie (f)	ekonomie	[ɛkonomi]
économique (adj)	ekonomiese	[ɛkonomisə]
baisse (f) économique	ekonomiese agteruitgang	[ɛkonomisə aχtər·œitχaŋ]

but (m)	doel	[dul]
objectif (m)	opdrag	[opdraχ]

faire du commerce	handel	[handəl]
réseau (m) (de distribution)	netwerk	[netwerk]
inventaire (m) (stocks)	voorraad	[foərrāt]
assortiment (m)	reeks	[reəks]
leader (m)	leier	[læjer]

| grande (~ entreprise) | groot | [χroǝt] |
| monopole (m) | monopolie | [monopoli] |

théorie (f)	teorie	[teori]
pratique (f)	praktyk	[praktajk]
expérience (f)	ervaring	[ɛrfariŋ]
tendance (f)	tendens	[tendɛŋs]
développement (m)	ontwikkeling	[ontwikkeliŋ]

105. Les processus d'affaires. Partie 2

| rentabilité (m) | wins | [vins] |
| rentable (adj) | voordelig | [foǝrdelǝχ] |

délégation (f)	delegasie	[deleχasl]
salaire (m)	salaris	[salaris]
corriger (une erreur)	korrigeer	[korriχeǝr]
voyage (m) d'affaires	sakereis	[sakerǣjs]
commission (f)	kommissie	[kommissi]

contrôler (vt)	kontroleer	[kontroleǝr]
conférence (f)	konferensie	[konferɛŋsi]
licence (f)	lisensie	[lisɛŋsi]
fiable (partenaire ~)	betroubaar	[betrǣʋbār]

initiative (f)	inisiatief	[inisiatif]
norme (f)	norm	[norm]
circonstance (f)	omstandigheid	[omstandiχǣjt]
fonction (f)	taak	[tāk]

entreprise (f)	organisasie	[orχanisasi]
organisation (f)	organisasie	[orχanisasi]
organisé (adj)	georganiseer	[χeorχaniseǝr]
annulation (f)	kansellering	[kaŋsɛlleriŋ]
annuler (vt)	kanselleer	[kaŋsɛlleǝr]
rapport (m)	verslag	[ferslaχ]

brevet (m)	patent	[patent]
breveter (vt)	patenteer	[patenteǝr]
planifier (vt)	beplan	[beplan]

prime (f)	bonus	[bonus]
professionnel (adj)	professioneel	[profɛssioneǝl]
procédure (f)	prosedure	[prosedurǝ]

examiner (vt)	ondersoek	[ondǝrsuk]
calcul (m)	berekening	[berekeniŋ]
réputation (f)	reputasie	[reputasi]
risque (m)	risiko	[risiko]

diriger (~ une usine)	beheer	[beheǝr]
renseignements (m pl)	informasie	[informasi]
propriété (f)	eiendom	[ǣjendom]
union (f)	unie	[uni]

assurance vie (f)	lewensversekering	[levɛŋs·fersekeriŋ]
assurer (vt)	verseker	[fersekər]
assurance (f)	versekering	[fersekeriŋ]

enchères (f pl)	veiling	[fæjliŋ]
notifier (informer)	laat weet	[lāt veət]
gestion (f)	beheer	[beheər]
service (m)	diens	[diŋs]

forum (m)	forum	[forum]
fonctionner (vi)	funksioneer	[funksioneər]
étape (f)	stadium	[stadium]
juridique (services ~s)	regs-	[rɛχs-]
juriste (m)	regsgeleerde	[rɛχs·χeleərdə]

106. L'usine. La production

usine (f)	fabriek	[fabrik]
fabrique (f)	fabriek	[fabrik]
atelier (m)	werkplek	[verkplek]
site (m) de production	bedryf	[bedrajf]

industrie (f)	industrie	[industri]
industriel (adj)	industrieel	[industriəl]
industrie (f) lourde	swaar industrie	[swār industri]
industrie (f) légère	ligte industrie	[liχtə industri]

produit (m)	produkte	[produktə]
produire (vt)	produseer	[produseər]
matières (f pl) premières	grondstowwe	[χront·stowə]

chef (m) d'équipe	voorman	[foərman]
équipe (f) d'ouvriers	werkspan	[verks·pan]
ouvrier (m)	werker	[verkər]

jour (m) ouvrable	werksdag	[verks·daχ]
pause (f) (repos)	pouse	[pæusə]
réunion (f)	vergadering	[ferχaderiŋ]
discuter (vt)	bespreek	[bespreək]

plan (m)	plan	[plan]
accomplir le plan	die plan uitvoer	[di plan œitfur]
norme (f) de production	produksienorm	[produksi·norm]
qualité (f)	kwaliteit	[kwalitæjt]
contrôle (m)	kontrole	[kontrolə]
contrôle (m) qualité	kwaliteitskontrole	[kwalitæjts·kontrolə]

sécurité (f) de travail	werkplekveiligheid	[verkplek·fæjliχæjt]
discipline (f)	dissipline	[dissiplinə]
infraction (f)	oortreding	[oərtrediŋ]
violer (les règles)	oortree	[oərtreə]

| grève (f) | staking | [stakiŋ] |
| gréviste (m) | staker | [stakər] |

| faire grève | staak | [stãk] |
| syndicat (m) | vakbond | [fakbont] |

inventer (machine, etc.)	uitvind	[œitfint]
invention (f)	uitvinding	[œitfindiŋ]
recherche (f)	navorsing	[naforsiŋ]
améliorer (vt)	verbeter	[ferbetər]
technologie (f)	tegnologie	[teχnoloχi]
dessin (m) technique	tegniese tekening	[teχnisə tekəniŋ]

charge (f) (~ de 3 tonnes)	vrag	[fraχ]
chargeur (m)	laaier	[lãjer]
charger (véhicule, etc.)	laai	[lãi]
chargement (m)	laai	[lãi]
décharger (vt)	uitlaai	[œitlãi]
déchargement (m)	uitlaai	[œitlãi]

transport (m)	vervoer	[ferfur]
compagnie (f) de transport	vervoermaatskappy	[ferfur·mãtskappaj]
transporter (vt)	vervoer	[ferfur]

wagon (m) de marchandise	trok	[trok]
citerne (f)	tenk	[tɛnk]
camion (m)	vragmotor	[fraχ·motor]

| machine-outil (f) | werktuigmasjien | [verktœiχ·maʃin] |
| mécanisme (m) | meganisme | [meχanismə] |

déchets (m pl)	industriële afval	[industriɛlə affal]
emballage (m)	verpakking	[ferpakkiŋ]
emballer (vt)	verpak	[ferpak]

107. Le contrat. L'accord

contrat (m)	kontrak	[kontrak]
accord (m)	ooreenkoms	[oəreənkoms]
annexe (f)	addendum	[addendum]

signature (f)	handtekening	[hand·tekəniŋ]
signer (vt)	onderteken	[ondərtekən]
cachet (m)	stempel	[stempəl]

| objet (m) du contrat | onderwerp van ooreenkoms | [ondərwerp fan oəreənkoms] |

clause (f)	klousule	[klæʊsulə]
côtés (m pl)	partye	[partaje]
adresse (f) légale	wetlike adres	[vetlikə adres]

violer l'accord	die kontrak verbreek	[di kontrak ferbreek]
obligation (f)	verpligting	[ferpliχtiŋ]
responsabilité (f)	verantwoordelikheid	[ferant·voərdelikhæjt]
force (f) majeure	oormag	[oərmaχ]
litige (m)	geskil	[χeskil]
pénalités (f pl)	boete	[butə]

108. L'importation. L'exportation

importation (f)	invoer	[infur]
importateur (m)	invoerder	[infurdər]
importer (vt)	invoer	[infur]
d'importation	invoer-	[infur-]
exportation (f)	uitvoer	[œitfur]
exportateur (m)	uitvoerder	[œitfurdər]
exporter (vt)	uitvoer	[œitfur]
d'exportation (adj)	uitvoer-	[œitfur-]
marchandise (f)	goedere	[χudərə]
lot (m) de marchandises	besending	[besendiŋ]
poids (m)	gewig	[χevəχ]
volume (m)	volume	[folumə]
mètre (m) cube	kubieke meter	[kubikə metər]
producteur (m)	produsent	[produsent]
compagnie (f) de transport	vervoermaatskappy	[ferfur·mātskappaj]
container (m)	houer	[hæʋər]
frontière (f)	grens	[χrɛŋs]
douane (f)	doeane	[duanə]
droit (m) de douane	doeanereg	[duanə·reχ]
douanier (m)	doeanebeampte	[duanə·beamptə]
contrebande (f) (trafic)	smokkel	[smokkəl]
contrebande (f)	smokkelgoed	[smokkəl·χut]

109. La finance

action (f)	aandeel	[āndeəl]
obligation (f)	obligasie	[obliχasi]
lettre (f) de change	promesse	[promɛssə]
bourse (f)	beurs	[bøərs]
cours (m) d'actions	aandeelkoers	[āndeəl·kurs]
baisser (vi)	daal	[dāl]
augmenter (vi) (prix)	styg	[stajχ]
part (f)	aandeel	[āndeəl]
participation (f) de contrôle	meerderheidsbelang	[meərderhæjts·belaŋ]
investissements (m pl)	belegging	[beleχχiŋ]
investir (vt)	belê	[belɛ:]
pour-cent (m)	persent	[persent]
intérêts (m pl)	rente	[rentə]
profit (m)	wins	[vins]
profitable (adj)	voordelig	[foərdeləχ]
impôt (m)	belasting	[belastiŋ]
devise (f)	valuta	[faluta]
national (adj)	nasionaal	[naʃionāl]

échange (m)	**wissel**	[vissəl]
comptable (m)	**boekhouer**	[bukhæʊər]
comptabilité (f)	**boekhouding**	[bukhæʊdiŋ]
faillite (f)	**bankrotskap**	[bankrotskap]
krach (m)	**ineenstorting**	[ineɛŋstortiŋ]
ruine (f)	**bankrotskap**	[bankrotskap]
se ruiner (vp)	**geruïneer wees**	[χeruïneer vees]
inflation (f)	**inflasie**	[inflasi]
dévaluation (f)	**devaluasie**	[defaluasi]
capital (m)	**kapitaal**	[kapitāl]
revenu (m)	**inkomste**	[inkomstə]
chiffre (m) d'affaires	**omset**	[omset]
ressources (f pl)	**hulpbronne**	[hulpbronnə]
moyens (m pl) financiers	**monetêre hulpbronne**	[monetærə hulpbronnə]
frais (m pl) généraux	**oorhoofse koste**	[oərhoefsə kostə]
réduire (vt)	**verminder**	[fermindər]

110. La commercialisation. Le marketing

marketing (m)	**bemarking**	[bemarkiŋ]
marché (m)	**mark**	[mark]
segment (m) du marché	**marksegment**	[mark·seχment]
produit (m)	**produk**	[produk]
marchandise (f)	**goedere**	[χuderə]
marque (f) de fabrique	**merk**	[merk]
marque (f) déposée	**handelsmerk**	[handəls·merk]
logotype (m)	**logo**	[loχo]
logo (m)	**logo**	[loχo]
demande (f)	**vraag**	[frāχ]
offre (f)	**aanbod**	[ānbot]
besoin (m)	**behoefte**	[behuftə]
consommateur (m)	**verbruiker**	[ferbrœikər]
analyse (f)	**analise**	[analisə]
analyser (vt)	**analiseer**	[analiseer]
positionnement (m)	**plasing**	[plasiŋ]
positionner (vt)	**plaas**	[plās]
prix (m)	**prys**	[prajs]
politique (f) des prix	**prysbeleid**	[prajs·belæjt]
formation (f) des prix	**prysvorming**	[prajs·formiŋ]

111. La publicité

publicité (f), pub (f)	**reklame**	[reklamə]
faire de la publicité	**adverteer**	[adferteer]

budget (m)	begroting	[beχrotiŋ]
annonce (f), pub (f)	advertensie	[adfertɛŋsi]
publicité (f) à la télévision	TV-advertensie	[te·fe-adfertɛŋsi]
publicité (f) à la radio	radioreklame	[radio·reklamə]
publicité (f) extérieure	buitereklame	[bœitə·reklamə]

mass média (m pl)	massamedia	[massa·media]
périodique (m)	tydskrif	[tajdskrif]
image (f)	imago	[imaχo]

| slogan (m) | slagspreuk | [slaχ·sprøək] |
| devise (f) | motto | [motto] |

campagne (f)	veldtog	[fɛldtoχ]
campagne (f) publicitaire	reklameveldtog	[reklamə·fɛldtoχ]
public (m) cible	doelgroep	[dul·χrup]

carte (f) de visite	besigheidskaartjie	[besiχæjts·kārki]
prospectus (m)	strooibiljet	[stroj·biljet]
brochure (f)	brosjure	[broʃurə]
dépliant (m)	pamflet	[pamflet]
bulletin (m)	nuusbrief	[nɪsbrif]

enseigne (f)	reklamebord	[reklamə·bort]
poster (m)	plakkaat	[plakkāt]
panneau-réclame (m)	aanplakbord	[ānplakbort]

112. Les opérations bancaires

| banque (f) | bank | [bank] |
| agence (f) bancaire | tak | [tak] |

| conseiller (m) | bankklerk | [bank·klerk] |
| gérant (m) | bestuurder | [bestɪrdər] |

compte (m)	bankrekening	[bank·rekəniŋ]
numéro (m) du compte	rekeningnommer	[rekəniŋ·nommər]
compte (m) courant	tjekrekening	[tʃek·rekəniŋ]
compte (m) sur livret	spaarrekening	[spār·rekəniŋ]

| clôturer le compte | die rekening sluit | [di rekəniŋ slœit] |
| retirer du compte | trek | [trek] |

dépôt (m)	deposito	[deposito]
virement (m) bancaire	telegrafiese oorplasing	[teleχrafisə oərplasiŋ]
faire un transfert	oorplaas	[oərplās]

| somme (f) | som | [som] |
| Combien? | Hoeveel? | [hufeəl?] |

signature (f)	handtekening	[hand·tekəniŋ]
signer (vt)	onderteken	[ondərtekən]
carte (f) de crédit	kredietkaart	[kredit·kārt]
code (m)	kode	[kodə]

| numéro (m) de carte de crédit | kredietkaartnommer | [kredit·kãrt·nommər] |
| distributeur (m) | OTM | [o·te·em] |

| chèque (m) | tjek | [tʃek] |
| chéquier (m) | tjekboek | [tʃek·buk] |

| crédit (m) | lening | [leniŋ] |
| gage (m) | waarborg | [vãrborχ] |

113. Le téléphone. La conversation téléphonique

téléphone (m)	telefoon	[telefoən]
portable (m)	selfoon	[sɛlfoən]
répondeur (m)	antwoordmasjien	[antwoərt·maʃin]

| téléphoner, appeler | bel | [bəl] |
| appel (m) | oproep | [oprup] |

Allô!	Hallo!	[hallo!]
demander (~ l'heure)	vra	[fra]
répondre (vi, vt)	antwoord	[antwoərt]

entendre (bruit, etc.)	hoor	[hoər]
bien (adv)	goed	[χut]
mal (adv)	nie goed nie	[ni χut ni]
bruits (m pl)	steurings	[støəriŋs]

récepteur (m)	gehoorstuk	[χehoərstuk]
décrocher (vt)	optel	[optəl]
raccrocher (vi)	afskakel	[afskakəl]

occupé (adj)	besig	[besəχ]
sonner (vi)	lui	[lœi]
carnet (m) de téléphone	telefoongids	[telefoən·χids]

local (adj)	lokale	[lokalə]
appel (m) local	lokale oproep	[lokalə oprup]
interurbain (adj)	langafstand	[lanχ·afstant]
appel (m) interurbain	langafstand oproep	[lanχ·afstant oprup]
international (adj)	internasionale	[internaʃionalə]
appel (m) international	internasionale oproep	[internaʃionalə oprup]

114. Le téléphone portable

portable (m)	selfoon	[sɛlfoən]
écran (m)	skerm	[skerm]
bouton (m)	knoppie	[knoppi]
carte SIM (f)	SIMkaart	[sim·kãrt]

pile (f)	battery	[battəraj]
être déchargé	pap wees	[pap veəs]
chargeur (m)	batterylaaier	[battəraj·lajer]

menu (m)	spyskaart	[spajs·kārt]
réglages (m pl)	instellings	[instɛlliŋs]
mélodie (f)	wysie	[vajsi]
sélectionner (vt)	kies	[kis]

calculatrice (f)	sakrekenaar	[sakrekənār]
répondeur (m)	stempos	[stem·pos]
réveil (m)	wekker	[vɛkkər]
contacts (m pl)	kontakte	[kontaktə]

| SMS (m) | SMS | [es·em·es] |
| abonné (m) | intekenaar | [intekənār] |

115. La papeterie

| stylo (m) à bille | bolpen | [bol·pen] |
| stylo (m) à plume | vulpen | [ful·pen] |

crayon (m)	potlood	[potloət]
marqueur (m)	merkpen	[merk·pen]
feutre (m)	viltpen	[filt·pen]

| bloc-notes (m) | notaboekie | [nota·buki] |
| agenda (m) | dagboek | [daχ·buk] |

règle (f)	liniaal	[liniāl]
calculatrice (f)	sakrekenaar	[sakrekənār]
gomme (f)	uitveër	[œitfeɛr]
punaise (f)	duimspyker	[dœim·spajkər]
trombone (m)	skuifspeld	[skœif·spɛlt]

colle (f)	gom	[χom]
agrafeuse (f)	krammasjien	[kram·maʃin]
perforateur (m)	ponsmasjien	[pɔŋs·maʃin]
taille-crayon (m)	skerpmaker	[skerp·makər]

116. Les différents types de documents

rapport (m)	verslag	[ferslaχ]
accord (m)	ooreenkoms	[oəreənkoms]
formulaire (m) d'inscription	aansoekvorm	[āŋsuk·form]
authentique (adj)	outentiek	[æʊtentik]
badge (m)	lapelkaart	[lapəl·kārt]
carte (f) de visite	besigheidskaartjie	[besiχæjts·kārki]

certificat (m)	sertifikaat	[sertifikāt]
chèque (m) de banque	tjek	[tʃek]
addition (f) (restaurant)	rekening	[rekəniŋ]
constitution (f)	grondwet	[χront·wet]

| contrat (m) | kontrak | [kontrak] |
| copie (f) | kopie | [kopi] |

exemplaire (m)	kopie	[kopi]
déclaration (f) de douane	doeaneverklaring	[duanə·ferklariŋ]
document (m)	dokument	[dokumɛnt]
permis (m) de conduire	bestuurslisensie	[bestɪrs·lisɛŋsi]
annexe (f)	addendum	[addendum]
questionnaire (m)	vorm	[form]

carte (f) d'identité	identiteitskaart	[identitæjts·kārt]
demande (f) de renseignements	navraag	[nafrāχ]
lettre (f) d'invitation	uitnodiging	[œitnodəχiŋ]
facture (f)	rekening	[rekəniŋ]

loi (f)	wet	[vet]
lettre (f)	brief	[brif]
papier (m) à en-tête	briefhoof	[brifhoəf]
liste (f) (~ des noms)	lys	[lajs]
manuscrit (m)	manuskrip	[manuskrip]
bulletin (m)	nuusbrief	[nɪsbrif]
mot (m) (message)	briefie	[brifi]

laissez-passer (m)	lapelkaart	[lapəl·kārt]
passeport (m)	paspoort	[paspoərt]
permis (m)	permit	[permit]
C.V. (m)	curriculum vitae	[kurrikulum fitaə]
reconnaissance (f) de dette	skuldbekentenis	[skuld·bekentənis]
reçu (m)	kwitansie	[kwitaŋsi]
ticket (m) de caisse	strokie	[stroki]
rapport (m)	verslag	[ferslaχ]

présenter (pièce d'identité)	wys	[vajs]
signer (vt)	onderteken	[ondərtekən]
signature (f)	handtekening	[hand·tekəniŋ]
cachet (m)	stempel	[stempəl]
texte (m)	teks	[teks]
ticket (m)	kaartjie	[kārki]

| rayer (vt) | doodtrek | [doədtrek] |
| remplir (vt) | invul | [inful] |

| bordereau (m) de transport | vragbrief | [fraχ·brif] |
| testament (m) | testament | [testament] |

117. Les types d'activités économiques

agence (f) de recrutement	arbeidsburo	[arbæjds·buro]
agence (f) de sécurité	sekuriteitsfirma	[sekuritæjts·firma]
agence (f) d'information	nuusagentskap	[nɪs·aχentskap]
agence (f) publicitaire	reklameburo	[reklamə·buro]

antiquités (f pl)	antiek	[antik]
assurance (f)	versekering	[fersekeriŋ]
atelier (m) de couture	kleremaker	[klerə·makər]
banques (f pl)	bankwese	[bankwesə]

bar (m)	kroeg	[kruχ]
bâtiment (m)	boubedryf	[bæʊbedrajf]
bijouterie (f)	juweliersware	[juvelirs·warə]
bijoutier (m)	juwelier	[juvelir]
blanchisserie (f)	wassery	[vasseraj]
boissons (f pl) alcoolisées	alkoholiese dranke	[alkoholisə drankə]
boîte (f) de nuit	nagklub	[naχ·klup]
bourse (f)	beurs	[bøərs]
brasserie (f) (fabrique)	brouery	[bræʊeraj]
maison (f) funéraire	begrafnisonderneming	[beχrafnis·ondərnemiŋ]
casino (m)	kasino	[kasino]
centre (m) d'affaires	sakesentrum	[sakə·sentrum]
cinéma (m)	bioskoop	[bioskoəp]
climatisation (m)	lugversorger	[luχfersorχər]
commerce (m)	handel	[handəl]
compagnie (f) aérienne	lugredery	[luχrederaj]
conseil (m)	advieskantoor	[adfis·kantoər]
coursiers (m pl)	koerierdienste	[kurir·diŋstə]
dentistes (pl)	tandekliniek	[tandə·klinik]
design (m)	ontwerp	[ontwerp]
école (f) de commerce	besigheidsskool	[besiχæjts·skoəl]
entrepôt (m)	pakhuis	[pak·hœis]
galerie (f) d'art	kunsgalery	[kuns·χaleraj]
glace (f)	roomys	[roəm·ajs]
hôtel (m)	hotel	[hotəl]
immobilier (m)	eiendom	[æjendom]
imprimerie (f)	drukkery	[drukkəraj]
industrie (f)	industrie	[industri]
Internet (m)	internet	[internet]
investissements (m pl)	investerings	[infesteriŋs]
journal (m)	koerant	[kurant]
librairie (f)	boekhandel	[buk·handəl]
industrie (f) légère	ligte industrie	[liχtə industri]
magasin (m)	winkel	[vinkəl]
maison (f) d'édition	uitgewery	[œitχeveraj]
médecine (f)	geneesmiddels	[χeneəs·middəls]
meubles (m pl)	meubels	[møəbɛls]
musée (m)	museum	[musøəm]
pétrole (m)	olie	[oli]
pharmacie (f)	apteek	[apteək]
industrie (f) pharmaceutique	farmasie	[farmasi]
piscine (f)	swembad	[swem·bat]
pressing (m)	droogskoonmakers	[droəχ·skoən·makers]
produits (m pl) alimentaires	voedingsware	[fudiŋs·warə]
publicité (f), pub (f)	reklame	[reklamə]
radio (f)	radio	[radio]
récupération (f) des déchets	afvalinsameling	[affal·insameliŋ]

| restaurant (m) | restaurant | [restourant] |
| revue (f) | tydskrif | [tajdskrif] |

salon (m) de beauté	skoonheidssalon	[skoenhæjts·salon]
service (m) financier	finansiële dienste	[finaŋsiɛlə diŋstə]
service (m) juridique	regsadviseur	[reҳs·adfisøer]
services (m pl) comptables	boekhoudienste	[bukhæʊ·diŋstə]
services (m pl) d'audition	ouditeursdienste	[æʊditøers·diŋstə]
sport (m)	sport	[sport]
supermarché (m)	supermark	[supermark]

télévision (f)	televisie	[telefisi]
théâtre (m)	teater	[teatər]
tourisme (m)	reisbedryf	[ræjs·bedrajf]
sociétés de transport	vervoer	[ferfur]

vente (f) par catalogue	posorderbedryf	[pos·ordər·bedrajf]
vêtement (m)	klerasie	[klerasi]
vétérinaire (m)	veearts	[feə·arts]

Le travail. Les affaires. Partie 2

118. Les foires et les salons

salon (m)	skou	[skæʊ]
salon (m) commercial	handelsskou	[handəls·skæʊ]
participation (f)	deelneming	[deəlnemiŋ]
participer à ...	deelneem	[deəlneəm]
participant (m)	deelnemer	[deəlnemər]
directeur (m)	bestuurder	[bestɪrdər]
direction (f)	organisasiekantoor	[orχanisasi·kantoər]
organisateur (m)	organiseerder	[orχaniseerdər]
organiser (vt)	organiseer	[orχaniseər]
demande (f) de participation	deelnemingsvorm	[deəlnemiŋs·form]
remplir (vt)	invul	[inful]
détails (m pl)	besonderhede	[besondərhedə]
information (f)	informasie	[informasi]
prix (m)	prys	[prajs]
y compris	insluitend	[inslœitent]
inclure (~ les taxes)	insluit	[inslœit]
payer (régler)	betaal	[betāl]
droits (m pl) d'inscription	registrasiefooi	[reχistrasi·foj]
entrée (f)	ingang	[inχaŋ]
pavillon (m)	paviljoen	[pafiljun]
enregistrer (vt)	registreer	[reχistreər]
badge (m)	lapelkaart	[lapəl·kārt]
stand (m)	stalletjie	[stalləki]
réserver (vt)	bespreek	[bespreək]
vitrine (f)	uistalkas	[œistalkas]
lampe (f)	kollig	[kolləχ]
design (m)	ontwerp	[ontwerp]
mettre (placer)	sit	[sit]
être placé	geplaas wees	[χeplās veəs]
distributeur (m)	verdeler	[ferdelər]
fournisseur (m)	verskaffer	[ferskaffər]
fournir (vt)	verskaf	[ferskaf]
pays (m)	land	[lant]
étranger (adj)	buitelands	[bœitəlands]
produit (m)	produk	[produk]
association (f)	vereniging	[ferenəχiŋ]
salle (f) de conférences	konferensiesaal	[konferɛnsi·sāl]

| congrès (m) | kongres | [konχres] |
| concours (m) | wedstryd | [vedstrajt] |

visiteur (m)	besoeker	[besukər]
visiter (vt)	besoek	[besuk]
client (m)	kliënt	[kliɛnt]

119. Les médias de masse

journal (m)	koerant	[kurant]
revue (f)	tydskrif	[tajdskrif]
presse (f)	pers	[pers]
radio (f)	radio	[radio]
station (f) de radio	omroep	[omrup]
télévision (f)	televisie	[telefisi]

animateur (m)	aanbieder	[ānbidər]
présentateur (m) de journaux télévisés	nuusleser	[nɪslesər]
commentateur (m)	kommentator	[kommentator]

journaliste (m)	joernalis	[jurnalis]
correspondant (m)	korrespondent	[korrespondɛnt]
reporter photographe (m)	persfotograaf	[pers·fotoχrāf]
reporter (m)	verslaggewer	[ferslaχ·χevər]

| rédacteur (m) | redakteur | [redaktøer] |
| rédacteur (m) en chef | hoofredakteur | [hoəf·redaktøer] |

s'abonner (vp)	inteken op ...	[intekən op ...]
abonnement (m)	intekening	[intekəniŋ]
abonné (m)	intekenaar	[intekənār]
lire (vi, vt)	lees	[leəs]
lecteur (m)	leser	[lesər]

tirage (m)	oplaag	[oplāχ]
mensuel (adj)	maandeliks	[māndəliks]
hebdomadaire (adj)	weekliks	[veəkliks]
numéro (m)	nommer	[nommər]
nouveau (~ numéro)	nuwe	[nuvə]

titre (m)	opskrif	[opskrif]
entrefilet (m)	kort artikel	[kort artikəl]
rubrique (f)	kolom	[kolom]
article (m)	artikel	[artikəl]
page (f)	bladsy	[bladsaj]

reportage (m)	veslag	[feslaχ]
événement (m)	gebeurtenis	[χebøərtenis]
sensation (f)	sensasie	[sɛŋsasi]
scandale (m)	skandaal	[skandāl]
scandaleux	skandelik	[skandəlik]
grand (~ scandale)	groot	[χroət]
émission (f)	program	[proχram]

interview (f)	onderhoud	[ondərhæʊt]
émission (f) en direct	regstreekse uitsending	[reχstreəksə œitsendiŋ]
chaîne (f) (~ payante)	kanaal	[kanāl]

120. L'agriculture

agriculture (f)	landbou	[landbæʊ]
paysan (m)	boer	[bur]
paysanne (f)	boervrou	[bur·fræʊ]
fermier (m)	boer	[bur]

| tracteur (m) | trekker | [trɛkkər] |
| moissonneuse-batteuse (f) | stroper | [stropər] |

charrue (f)	ploeg	[pluχ]
labourer (vt)	ploeg	[pluχ]
champ (m) labouré	ploegland	[pluχlant]
sillon (m)	voor	[foər]

semer (vt)	saai	[sāi]
semeuse (f)	saaier	[sājer]
semailles (f pl)	saai	[sāi]

| faux (f) | sens | [sɛŋs] |
| faucher (vt) | maai | [māi] |

| pelle (f) | graaf | [χrāf] |
| bêcher (vt) | omspit | [omspit] |

couperet (m)	skoffel	[skoffəl]
sarcler (vt)	skoffel	[skoffəl]
mauvaise herbe (f)	onkruid	[onkrœit]

arrosoir (m)	gieter	[χitər]
arroser (plantes)	nat gooi	[nat χoj]
arrosage (m)	nat gooi	[nat χoj]

| fourche (f) | gaffel | [χaffəl] |
| râteau (m) | hark | [hark] |

engrais (m)	misstof	[misstof]
engraisser (vt)	bemes	[bemes]
fumier (m)	misstof	[misstof]

champ (m)	veld	[fɛlt]
pré (m)	weiland	[væjlant]
potager (m)	groentetuin	[χrunte·tœin]
jardin (m)	boord	[boərt]

faire paître	wei	[væj]
berger (m)	herder	[herdər]
pâturage (m)	weiland	[væjlant]
élevage (m)	veeboerdery	[fee·burderaj]
élevage (m) de moutons	skaapboerdery	[skāp·burderaj]

plantation (f)	aanplanting	[ānplantiŋ]
plate-bande (f)	bedding	[beddiŋ]
serre (f)	broeikas	[bruikas]
sécheresse (f)	droogte	[droəχtə]
sec (l'été ~)	droog	[droəχ]
grains (m pl)	graan	[χrān]
céréales (f pl)	graangewasse	[χrān·χəwassə]
récolter (vt)	oes	[us]
meunier (m)	meulenaar	[møəlenār]
moulin (m)	meul	[møəl]
moudre (vt)	maal	[māl]
farine (f)	meelblom	[meəl·blom]
paille (f)	strooi	[stroj]

121. Le BTP et la construction

chantier (m)	bouperseel	[bæʊ·perseəl]
construire (vt)	bou	[bæʊ]
ouvrier (m) du bâtiment	bouwerker	[bæʊ·verkər]
projet (m)	projek	[projek]
architecte (m)	argitek	[arχitek]
ouvrier (m)	werker	[verkər]
fondations (f pl)	fondament	[fondament]
toit (m)	dak	[dak]
pieu (m) de fondation	heipaal	[hæjpāl]
mur (m)	muur	[mɪr]
ferraillage (m)	betonstaal	[betɔŋ·stāl]
échafaudage (m)	steiers	[stæjers]
béton (m)	beton	[beton]
granit (m)	graniet	[χranit]
pierre (f)	klip	[klip]
brique (f)	baksteen	[baksteən]
sable (m)	sand	[sant]
ciment (m)	sement	[sement]
plâtre (m)	pleister	[plæjstər]
plâtrer (vt)	pleister	[plæjstər]
peinture (f)	verf	[ferf]
peindre (des murs)	verf	[ferf]
tonneau (m)	drom	[drom]
grue (f)	kraan	[krān]
monter (vt)	optel	[optəl]
abaisser (vt)	laat sak	[lāt sak]
bulldozer (m)	stootskraper	[stoət·skrapər]
excavateur (m)	graafmasjien	[χrāf·maʃin]

godet (m)	bak	[bak]
creuser (vt)	grawe	[χravə]
casque (m)	helmet	[hɛlmet]

122. La recherche scientifique et les chercheurs

science (f)	wetenskap	[vetɛŋskap]
scientifique (adj)	wetenskaplik	[vetɛŋskaplik]
savant (m)	wetenskaplike	[vetɛŋskaplikə]
théorie (f)	teorie	[teori]

axiome (m)	aksioma	[aksioma]
analyse (f)	analise	[analisə]
analyser (vt)	analiseer	[analiseər]
argument (m)	argument	[arχument]
substance (f) (matière)	substansie	[substaŋsi]

hypothèse (f)	hipotese	[hipotesə]
dilemme (m)	dilemma	[dilɛmma]
thèse (f)	proefskrif	[prufskrif]
dogme (m)	dogma	[doχma]

doctrine (f)	doktrine	[doktrinə]
recherche (f)	navorsing	[naforsiŋ]
rechercher (vt)	navors	[nafors]
test (m)	toetse	[tutsə]
laboratoire (m)	laboratorium	[laboratorium]

méthode (f)	metode	[metodə]
molécule (f)	molekule	[molekulə]
monitoring (m)	monitering	[moniteriŋ]
découverte (f)	ontdekking	[ontdɛkkiŋ]

postulat (m)	postulaat	[postulãt]
principe (m)	beginsel	[beχinsəl]
prévision (f)	voorspelling	[foərspɛlliŋ]
prévoir (vt)	voorspel	[foərspəl]

synthèse (f)	sintese	[sintesə]
tendance (f)	tendens	[tendɛŋs]
théorème (m)	stelling	[stɛlliŋ]

| enseignements (m pl) | leer | [leər] |
| fait (m) | feit | [fæjt] |

| expédition (f) | ekspedisie | [ɛkspedisi] |
| expérience (f) | eksperiment | [ɛksperiment] |

académicien (m)	akademikus	[akademikus]
bachelier (m)	baccalaureus	[bakalɔurøəs]
docteur (m)	doktor	[doktor]
chargé (m) de cours	medeprofessor	[medə·profɛssor]
magistère (m)	Magister	[maχistər]
professeur (m)	professor	[profɛssor]

Les professions. Les mètiers

123. La recherche d'emploi. Le licenciement

travail (m)	baantjie	[bānki]
employés (pl)	personeel	[personeəl]
personnel (m)	personeel	[personeəl]
carrière (f)	loopbaan	[loəpbān]
perspective (f)	vooruitsigte	[foərœit·siχtə]
maîtrise (f)	meesterskap	[meəsterskap]
sélection (f)	seleksie	[seleksi]
agence (f) de recrutement	arbeidsburo	[arbæjds·buro]
C.V. (m)	curriculum vitae	[kurrikulum fitaə]
entretien (m)	werksonderhoud	[werk·ondərhæʊt]
emploi (m) vacant	vakature	[fakaturə]
salaire (m)	salaris	[salaris]
salaire (m) fixe	vaste salaris	[fastə salaris]
rémunération (f)	loon	[loən]
poste (m) (~ évolutif)	posisie	[posisi]
fonction (f)	taak	[tāk]
liste (f) des fonctions	reeks opdragte	[reəks opdraχtə]
occupé (adj)	besig	[besəχ]
licencier (vt)	afdank	[afdank]
licenciement (m)	afdanking	[afdankiŋ]
chômage (m)	werkloosheid	[verkloəshæjt]
chômeur (m)	werkloos	[verkloəs]
retraite (f)	pensioen	[pɛnsiun]
prendre sa retraite	met pensioen gaan	[met pɛnsiun χān]

124. Les hommes d'affaires

directeur (m)	direkteur	[direktøer]
gérant (m)	bestuurder	[bestɪrdər]
patron (m)	baas	[bās]
supérieur (m)	hoof	[hoəf]
supérieurs (m pl)	hoofde	[hoəfdə]
président (m)	direkteur	[direktøer]
président (m) (d'entreprise)	voorsitter	[foərsittər]
adjoint (m)	adjunk	[adjunk]
assistant (m)	assistent	[assistent]

| secrétaire (m, f) | sekretaris | [sekretaris] |
| secrétaire (m, f) personnel | persoonlike assistent | [persoɘnlikɘ assistent] |

homme (m) d'affaires	sakeman	[sakɘman]
entrepreneur (m)	entrepreneur	[ɛntrɘprɘnøɘr]
fondateur (m)	stigter	[stiχtɘr]
fonder (vt)	stig	[stiχ]

fondateur (m)	stigter	[stiχtɘr]
partenaire (m)	vennoot	[fɛnnoɘt]
actionnaire (m)	aandeelhouer	[āndeɘl·hæʋɘr]

millionnaire (m)	miljoenér	[miljunær]
milliardaire (m)	miljardér	[miljardær]
propriétaire (m)	eienaar	[æjenār]
propriétaire (m) foncier	grondeienaar	[χront·æjenār]

client (m)	kliênt	[kliɛnt]
client (m) régulier	vaste kliênt	[fastɘ kliɛnt]
acheteur (m)	koper	[kopɘr]
visiteur (m)	besoeker	[besukɘr]

professionnel (m)	professioneel	[profɛssioneɘl]
expert (m)	kenner	[kɛnnɘr]
spécialiste (m)	spesialis	[spesialis]

| banquier (m) | bankier | [bankir] |
| courtier (m) | makelaar | [makɘlār] |

caissier (m)	kassier	[kassir]
comptable (m)	boekhouer	[bukhæʋɘr]
agent (m) de sécurité	veiligheidswag	[fæjliχæjts·waχ]

investisseur (m)	belegger	[beleχɘr]
débiteur (m)	skuldenaar	[skuldenār]
créancier (m)	krediteur	[kreditøɘr]
emprunteur (m)	lener	[lenɘr]

| importateur (m) | invoerder | [infurdɘr] |
| exportateur (m) | uitvoerder | [œitfurdɘr] |

producteur (m)	produsent	[produsent]
distributeur (m)	verdeler	[ferdelɘr]
intermédiaire (m)	tussenpersoon	[tussɘn·persoɘn]

conseiller (m)	raadgewer	[rāt·χevɘr]
représentant (m)	verkoopsagent	[ferkoɘps·aχent]
agent (m)	agent	[aχent]
agent (m) d'assurances	versekeringsagent	[fersɘkeriŋs·aχent]

125. Les mètiers des services

| cuisinier (m) | kok | [kok] |
| cuisinier (m) en chef | sjef | [ʃef] |

boulanger (m)	bakker	[bakkər]
barman (m)	kroegman	[kruχman]
serveur (m)	kelner	[kɛlnər]
serveuse (f)	kelnerin	[kɛlnərin]
avocat (m)	advokaat	[adfokãt]
juriste (m)	prokureur	[prokurøər]
notaire (m)	notaris	[notaris]
électricien (m)	elektrisiên	[ɛlektrisiɛn]
plombier (m)	loodgieter	[loədχitər]
charpentier (m)	timmerman	[timmerman]
masseur (m)	masseerder	[masseərdər]
masseuse (f)	masseerster	[masseərstər]
médecin (m)	dokter	[doktər]
chauffeur (m) de taxi	taxibestuurder	[taksi·bestɪrdər]
chauffeur (m)	bestuurder	[bestɪrdər]
livreur (m)	koerier	[kurir]
femme (f) de chambre	kamermeisie	[kamər·mæjsi]
agent (m) de sécurité	veiligheidswag	[fæjliχæjts·waχ]
hôtesse (f) de l'air	lugwaardin	[luχ·wãrdin]
professeur (m)	onderwyser	[ondərwajsər]
bibliothécaire (m)	bibliotekaris	[bibliotekaris]
traducteur (m)	vertaler	[fertalər]
interprète (m)	tolk	[tolk]
guide (m)	gids	[χids]
coiffeur (m)	haarkapper	[hãr·kappər]
facteur (m)	posbode	[pos·bodə]
vendeur (m)	verkoper	[ferkopər]
jardinier (m)	tuinman	[tœin·man]
serviteur (m)	bediende	[bedində]
servante (f)	bediende	[bedində]
femme (f) de ménage	skoonmaakster	[skoən·mãkstər]

126. Les professions militaires et leurs grades

soldat (m) (grade)	soldaat	[soldãt]
sergent (m)	sersant	[sersant]
lieutenant (m)	luitenant	[lœitənant]
capitaine (m)	kaptein	[kaptæjn]
commandant (m)	majoor	[majoər]
colonel (m)	kolonel	[kolonəl]
général (m)	generaal	[χenerãl]
maréchal (m)	maarskalk	[mãrskalk]
amiral (m)	admiraal	[admirãl]
militaire (m)	leêr	[leɛr]
soldat (m)	soldaat	[soldãt]

| officier (m) | offisier | [offisir] |
| commandant (m) | kommandant | [kommandant] |

garde-frontière (m)	grenswag	[χrɛŋs·waχ]
opérateur (m) radio	radio-operateur	[radio-operatøər]
éclaireur (m)	verkenner	[fɛrkɛnnər]
démineur (m)	sappeur	[sappøər]
tireur (m)	skutter	[skuttər]
navigateur (m)	navigator	[nafiχator]

127. Les fonctionnaires. Les prêtres

| roi (m) | koning | [koniŋ] |
| reine (f) | koningin | [koniŋin] |

| prince (m) | prins | [prins] |
| princesse (f) | prinses | [prinsəs] |

| tsar (m) | tsaar | [tsār] |
| tsarine (f) | tsarina | [tsarina] |

président (m)	president	[president]
ministre (m)	minister	[ministər]
premier ministre (m)	eerste minister	[eerstə ministər]
sénateur (m)	senator	[senator]

diplomate (m)	diplomaat	[diplomāt]
consul (m)	konsul	[kɔŋsul]
ambassadeur (m)	ambassadeur	[ambassadøər]
conseiller (m)	adviseur	[adfisøər]

fonctionnaire (m)	amptenaar	[amptənar]
préfet (m)	prefek	[prefek]
maire (m)	burgermeester	[burgər·meəstər]

| juge (m) | regter | [reχtər] |
| procureur (m) | aanklaer | [ānklaər] |

missionnaire (m)	sendeling	[sendəliŋ]
moine (m)	monnik	[monnik]
abbé (m)	ab	[ap]
rabbin (m)	rabbi	[rabbi]

vizir (m)	visier	[fisir]
shah (m)	sjah	[ʃah]
cheik (m)	sjeik	[ʃæjk]

128. Les professions agricoles

apiculteur (m)	byeboer	[bajebur]
berger (m)	herder	[herdər]
agronome (m)	landboukundige	[landbæʊ·kundiχə]

| éleveur (m) | veeteler | [feə·telər] |
| vétérinaire (m) | veearts | [feə·arts] |

fermier (m)	boer	[bur]
vinificateur (m)	wynmaker	[vajn·makər]
zoologiste (m)	dierkundige	[dir·kundiχə]
cow-boy (m)	cowboy	[kovboj]

129. Les professions artistiques

| acteur (m) | akteur | [aktøər] |
| actrice (f) | aktrise | [aktrisə] |

| chanteur (m) | sanger | [saŋər] |
| cantatrice (f) | sangeres | [saŋəres] |

| danseur (m) | danser | [daŋsər] |
| danseuse (f) | danseres | [daŋsəres] |

| artiste (m) | verhoogkunstenaar | [ferhoəχ·kunstənār] |
| artiste (f) | verhoogkunstenares | [ferhoəχ·kunstənares] |

musicien (m)	musikant	[musikant]
pianiste (m)	pianis	[pianis]
guitariste (m)	kitaarspeler	[kitār·spelər]

chef (m) d'orchestre	dirigent	[diriχent]
compositeur (m)	komponis	[komponis]
imprésario (m)	impresario	[impresario]

metteur (m) en scène	filmregisseur	[film·reχissøər]
producteur (m)	produsent	[produsent]
scénariste (m)	draaiboekskrywer	[drājbuk·skrajvər]
critique (m)	kritikus	[kritikus]

écrivain (m)	skrywer	[skrajvər]
poète (m)	digter	[diχtər]
sculpteur (m)	beeldhouer	[beəldhæuər]
peintre (m)	kunstenaar	[kunstənār]

jongleur (m)	jongleur	[jonχløər]
clown (m)	hanswors	[haŋswors]
acrobate (m)	akrobaat	[akrobāt]
magicien (m)	goëlaar	[χoɛlār]

130. Les différents mètiers

médecin (m)	dokter	[doktər]
infirmière (f)	verpleegster	[ferpleeχ·stər]
psychiatre (m)	psigiater	[psiχiatər]
stomatologue (m)	tandarts	[tand·arts]
chirurgien (m)	chirurg	[ʃirurχ]

astronaute (m)	astronout	[astronæʊt]
astronome (m)	astronoom	[astronoəm]
pilote (m)	piloot	[piloət]

chauffeur (m)	bestuurder	[bestɪrdər]
conducteur (m) de train	treindrywer	[træjn·drajvər]
mécanicien (m)	werktuigkundige	[verktœiχ·kundiχə]

mineur (m)	mynwerker	[majn·werkər]
ouvrier (m)	werker	[verkər]
serrurier (m)	slotmaker	[slot·makər]
menuisier (m)	skrynwerker	[skrajn·werkər]
tourneur (m)	draaibankwerker	[drājbank·werkər]
ouvrier (m) du bâtiment	bouwerker	[bæʊ·verkər]
soudeur (m)	sweiser	[swæjsər]

professeur (m) (titre)	professor	[profɛssor]
architecte (m)	argitek	[arχitek]
historien (m)	historikus	[historikus]
savant (m)	wetenskaplike	[vetɛŋskaplikə]
physicien (m)	fisikus	[fisikus]
chimiste (m)	skeikundige	[skæjkundiχə]

archéologue (m)	argeoloog	[arχeoloəχ]
géologue (m)	geoloog	[χeoloəχ]
chercheur (m)	navorser	[naforsər]

| baby-sitter (m, f) | babasitter | [babasittər] |
| pédagogue (m, f) | onderwyser | [ondərwajsər] |

rédacteur (m)	redakteur	[redaktøər]
rédacteur (m) en chef	hoofredakteur	[hoəf·redaktøər]
correspondant (m)	korrespondent	[korrespondɛnt]
dactylographe (f)	tikster	[tikstər]

designer (m)	ontwerper	[ontwerpər]
informaticien (m)	rekenaarkenner	[rekənār·kɛnnər]
programmeur (m)	programmeur	[proχrammøər]
ingénieur (m)	ingenieur	[inχeniøər]

marin (m)	matroos	[matroəs]
matelot (m)	seeman	[seəman]
secouriste (m)	redder	[rɛddər]

pompier (m)	brandweerman	[brantveər·man]
policier (m)	polisieman	[polisi·man]
veilleur (m) de nuit	bewaker	[bəvakər]
détective (m)	speurder	[spøərdər]

douanier (m)	doeanebeampte	[duanə·beamptə]
garde (m) du corps	lyfwag	[lajf·waχ]
gardien (m) de prison	tronkbewaarder	[tronk·bevārdər]
inspecteur (m)	inspekteur	[inspektøər]

| sportif (m) | sportman | [sportman] |
| entraîneur (m) | breier | [bræjer] |

boucher (m)	slagter	[slaχtər]
cordonnier (m)	skoenmaker	[skun·makər]
commerçant (m)	handelaar	[handəlār]
chargeur (m)	laaier	[lājer]

| couturier (m) | modeontwerper | [modə·ontwerpər] |
| modèle (f) | model | [modəl] |

131. Les occupations. Le statut social

| écolier (m) | skoolseun | [skoəl·søən] |
| étudiant (m) | student | [student] |

philosophe (m)	filosoof	[filosoəf]
économiste (m)	ekonoom	[ɛkonoəm]
inventeur (m)	uitvinder	[œitfindər]

chômeur (m)	werkloos	[verkloəs]
retraité (m)	pensioentrekker	[pɛnsiun·trɛkkər]
espion (m)	spioen	[spiun]

prisonnier (m)	gevangene	[χefaŋənə]
gréviste (m)	staker	[stakər]
bureaucrate (m)	burokraat	[burokrāt]
voyageur (m)	reisiger	[ræjsiχər]

homosexuel (m)	gay	[χaaj]
hacker (m)	kuberkraker	[kubər·krakər]
hippie (m, f)	hippie	[hippi]

bandit (m)	bandiet	[bandit]
tueur (m) à gages	huurmoordenaar	[hɪr·moərdenār]
drogué (m)	dwelmslaaf	[dwɛlm·slāf]
trafiquant (m) de drogue	dwelmhandelaar	[dwɛlm·handəlār]
prostituée (f)	prostituut	[prostitɪt]
souteneur (m)	pooier	[pojer]

sorcier (m)	towenaar	[tovenār]
sorcière (f)	heks	[heks]
pirate (m)	piraat, seerower	[pirāt], [see·rovər]
esclave (m)	slaaf	[slāf]
samouraï (m)	samoerai	[samuraj]
sauvage (m)	wilde	[vildə]

Le sport

132. Les types de sports. Les sportifs

sportif (m)	**sportman**	[sportman]
type (m) de sport	**sportsoorte**	[sport·soərtə]
basket-ball (m)	**basketbal**	[basketbal]
basketteur (m)	**basketbalspeler**	[basketbal·spelər]
base-ball (m)	**bofbal**	[bofbal]
joueur (m) de base-ball	**bofbalspeler**	[bofbal·spelər]
football (m)	**sokker**	[sokkər]
joueur (m) de football	**sokkerspeler**	[sokkər·spelər]
gardien (m) de but	**doelwagter**	[dul·waχtər]
hockey (m)	**hokkie**	[hokki]
hockeyeur (m)	**hokkiespeler**	[hokki·spelər]
volley-ball (m)	**vlugbal**	[fluχbal]
joueur (m) de volley-ball	**vlugbalspeler**	[fluχbal·spelər]
boxe (f)	**boks**	[boks]
boxeur (m)	**bokser**	[boksər]
lutte (f)	**stoei**	[stui]
lutteur (m)	**stoeier**	[stujer]
karaté (m)	**karate**	[karatə]
karatéka (m)	**karatevegter**	[karatə·feχtər]
judo (m)	**judo**	[judo]
judoka (m)	**judoka**	[judoka]
tennis (m)	**tennis**	[tɛnnis]
joueur (m) de tennis	**tennisspeler**	[tɛnnis·spelər]
natation (f)	**swem**	[swem]
nageur (m)	**swemmer**	[swemmər]
escrime (f)	**skerm**	[skerm]
escrimeur (m)	**skermer**	[skermər]
échecs (m pl)	**skaak**	[skāk]
joueur (m) d'échecs	**skaakspeler**	[skāk·spelər]
alpinisme (m)	**alpinisme**	[alpinismə]
alpiniste (m)	**alpinis**	[alpinis]
course (f)	**hardloop**	[hardloəp]

coureur (m)	hardloper	[hardlopər]
athlétisme (m)	atletiek	[atletik]
athlète (m)	atleet	[atleət]

| équitation (f) | perdry | [perdraj] |
| cavalier (m) | ruiter | [rœitər] |

patinage (m) artistique	kunsskaats	[kuns·skāts]
patineur (m)	kunsskaatser	[kuns·skātsər]
patineuse (f)	kunsskaatser	[kuns·skātsər]

| haltérophilie (f) | gewigoptel | [χeviχ·optəl] |
| haltérophile (m) | gewigopteller | [χeviχ·optɛllər] |

| course (f) automobile | motorwedren | [motor·wedrən] |
| pilote (m) | renjaer | [renjaər] |

| cyclisme (m) | fiets | [fits] |
| cycliste (m) | fietser | [fitsər] |

sauts (m pl) en longueur	verspring	[fer·spriŋ]
sauts (m pl) à la perche	polsstokspring	[polsstok·spriŋ]
sauteur (m)	springer	[spriŋər]

133. Les types de sports. Divers

football (m) américain	sokker	[sokkər]
badminton (m)	pluimbal	[plœimbal]
biathlon (m)	tweekamp	[tweəkamp]
billard (m)	biljart	[biljart]

bobsleigh (m)	bobslee	[bobsleə]
bodybuilding (m)	liggaamsbou	[liχχāmsbæʊ]
water-polo (m)	waterpolo	[vatər·polo]
handball (m)	handbal	[handbal]
golf (m)	gholf	[golf]

aviron (m)	roei	[rui]
plongée (f)	duik	[dœik]
course (f) à skis	veldski	[fɛlt·ski]
tennis (m) de table	tafeltennis	[tafel·tɛnnis]

voile (f)	seil	[sæjl]
rallye (m)	tydren jaag	[tajdren jāχ]
rugby (m)	rugby	[ragbi]
snowboard (m)	sneeuplankry	[sniʊ·plankraj]
tir (m) à l'arc	boogskiet	[boəχ·skit]

134. La salle de sport

| barre (f) à disques | staafgewig | [stāf·χevəχ] |
| haltères (m pl) | handgewigte | [hand·χeviχtə] |

appareil (m) d'entraînement	oefenmasjien	[ufen·maʃin]
vélo (m) d'exercice	oefenfiets	[ufen·fits]
tapis (m) roulant	trapmeul	[trapmøəl]

barre (f) fixe	rekstok	[rekstok]
barres (pl) parallèles	brug	[bruχ]
cheval (m) d'Arçons	springperd	[spriŋ·pert]
tapis (m) gymnastique	oefenmat	[ufen·mat]

corde (f) à sauter	springtou	[spriŋ·tæʊ]
aérobic (m)	aërobiese oefeninge	[aɛrobisə ufeniŋə]
yoga (m)	joga	[joga]

135. Le hockey sur glace

hockey (m)	hokkie	[hokki]
hockeyeur (m)	hokkiespeler	[hokki·spelər]
jouer au hockey	hokkie speel	[hokki speəl]
glace (f)	ys	[ajs]

palet (m)	skyf	[skajf]
crosse (f)	hokkiestok	[hokki·stok]
patins (m pl)	ysskaatse	[ajs·skātsə]

| rebord (m) | bord | [bort] |
| tir (m) | skoot | [skoət] |

| gardien (m) de but | doelwagter | [dul·waχtər] |
| but (m) | doelpunt | [dulpunt] |

période (f)	periode	[periodə]
deuxième période (f)	tweede periode	[tweedə periodə]
banc (m) des remplaçants	plaasvervangersbank	[plās·ferfaŋers·bank]

136. Le football

football (m)	sokker	[sokkər]
joueur (m) de football	sokkerspeler	[sokkər·spelər]
jouer au football	sokker speel	[sokkər speəl]

ligue (f) supérieure	seniorliga	[senior·liχa]
club (m) de football	sokkerklub	[sokkər·klup]
entraîneur (m)	breier	[bræjer]
propriétaire (m)	eienaar	[æjenār]

équipe (f)	span	[span]
capitaine (m) de l'équipe	spankaptein	[spanə·kaptæjn]
joueur (m)	speler	[spelər]
remplaçant (m)	plaasvervanger	[plās·ferfaŋer]

| attaquant (m) | voorspeler | [foər·spelər] |
| avant-centre (m) | middelvoorspeler | [middəlfoər·spelər] |

butteur (m)	doelpuntmaker	[dulpunt·makər]
arrière (m)	verdediger	[ferdedixər]
demi (m)	middelveldspeler	[middəlfɛld·spelər]
match (m)	wedstryd	[vedstrajt]
se rencontrer (vp)	ontmoet	[ontmut]
finale (f)	finale	[finalə]
demi-finale (f)	semi-finale	[semi-finalə]
championnat (m)	kampioenskap	[kampiunskap]
mi-temps (f)	helfte	[hɛlftə]
première mi-temps (f)	eerste helfte	[eərstə hɛlftə]
mi-temps (f) (pause)	rustyd	[rustajt]
but (m)	doel	[dul]
gardien (m) de but	doelwagter	[dul·waxtər]
poteau (m)	doelpale	[dul·palə]
barre (f)	dwarslat	[dwars·lat]
filet (m)	net	[net]
ballon (m)	bal	[bal]
passe (f)	deurgee	[døərxeə]
coup (m)	skop	[skop]
porter un coup	skop	[skop]
coup (m) franc	vryskop	[frajskop]
corner (m)	hoekskop	[hukskop]
attaque (f)	aanval	[ānfal]
contre-attaque (f)	teenaanval	[teən·ānfal]
combinaison (f)	kombinasie	[kombinasi]
arbitre (m)	skeidsregter	[skæjds·rextər]
siffler (vi)	die fluitjie blaas	[di flœiki blās]
sifflet (m)	fluitsienjaal	[flœit·sinjāl]
faute (f)	oortreding	[oərtrediŋ]
expulser du terrain	van die veld stuur	[fan di fɛlt stɪr]
carton (m) jaune	geel kaart	[xeəl kārt]
carton (m) rouge	rooi kaart	[roj kārt]
disqualification (f)	diskwalifikasie	[diskvalifikasi]
disqualifier (vt)	diskwalifiseer	[diskvalifiseər]
penalty (m)	strafskop	[strafskop]
mur (m)	muur	[mɪr]
marquer (vt)	doel aanteken	[dul āntekən]
but (m)	doelpunt	[dulpunt]
remplacement (m)	plaasvervanging	[plās·ferfaŋiŋ]
remplacer (vt)	vervang	[ferfaŋ]
règles (f pl)	reëls	[reɛls]
tactique (f)	taktiek	[taktik]
stade (m)	stadion	[stadion]
tribune (f)	tribune	[tribunə]
supporteur (m)	ondersteuner	[ondərstøənər]
crier (vi)	skreeu	[skriʋ]

tableau (m)	telbord	[tɛlbort]
score (m)	stand	[stant]

défaite (f)	nederlaag	[nedərlāχ]
perdre (vi)	verloor	[ferloər]
match (m) nul	gelykspel	[χelajkspəl]
faire match nul	gelykop speel	[χelajkop speəl]

victoire (f)	oorwinning	[oərwinniŋ]
gagner (vi, vt)	wen	[ven]
champion (m)	kampioen	[kampiun]
meilleur (adj)	beste	[bestə]
féliciter (vt)	gelukwens	[χelukwɛŋs]

commentateur (m)	kommentator	[kommentator]
commenter (vt)	verslag lewer	[ferslaχ levər]
retransmission (f)	uitsending	[œitsendiŋ]

137. Le ski alpin

faire du ski	ski	[ski]
station (f) de ski	berg ski-oord	[berχ ski-oərt]
remontée (f) mécanique	skihysbak	[ski·hajsbak]

bâtons (m pl)	skistokke	[ski·stokkə]
pente (f)	helling	[hɛlliŋ]
slalom (m)	slalom	[slalom]

138. Le tennis. Le golf

golf (m)	gholf	[golf]
club (m) de golf	gholfklub	[golf·klup]
joueur (m) au golf	gholfspeler	[golf·spelər]

trou (m)	putjie	[puki]
club (m)	gholfstok	[golf·stok]
chariot (m) de golf	gholfkarretjie	[golf·karrəki]

tennis (m)	tennis	[tɛnnis]
court (m) de tennis	tennisbaan	[tɛnnis·bān]
service (m)	afslaan	[afslān]
servir (vi)	afslaan	[afslān]
raquette (f)	raket	[raket]
filet (m)	net	[net]
balle (f)	bal	[bal]

139. Les échecs

échecs (m pl)	skaak	[skāk]
pièces (f pl)	skaakstukke	[skāk·stukkə]

joueur (m) d'échecs	skaakspeler	[skāk·spelər]
échiquier (m)	skaakbord	[skāk·bort]
pièce (f)	stuk	[stuk]

| blancs (m pl) | wit | [vit] |
| noirs (m pl) | swart | [swart] |

pion (m)	pion	[pion]
fou (m)	loper	[lopər]
cavalier (m)	ruiter	[rœitər]
tour (f)	toring	[toriŋ]
reine (f)	dame	[damə]
roi (m)	koning	[koniŋ]

coup (m)	skuif	[skœif]
jouer (déplacer une pièce)	skuif	[skœif]
sacrifier (vt)	opoffer	[opoffər]
roque (m)	rokade	[rokadə]
échec (m)	skaak	[skāk]
tapis (m)	skaakmat	[skāk·mat]

tournoi (m) d'échecs	skaakwedstryd	[skāk·wedstrajt]
grand maître (m)	Grootmeester	[χroet·meəstər]
combinaison (f)	kombinasie	[kombinasi]
partie (f)	spel	[spel]
dames (f pl)	damspel	[dam·spəl]

140. La boxe

boxe (f)	boks	[boks]
combat (m)	geveg	[χefeχ]
match (m)	boksgeveg	[boks·χefeχ]
round (m)	rondte	[rondtə]

| ring (m) | kryt | [krajt] |
| gong (m) | gong | [χoŋ] |

coup (m)	hou	[hæʊ]
knock-down (m)	uitklophou	[œitklophæʊ]
knock-out (m)	uitklophou	[œitklophæʊ]
mettre KO	uitklophou plant	[œitklophæʊ plant]
gant (m) de boxe	bokshandskoen	[boks·handskun]
arbitre (m)	skeidsregter	[skæjds·reχtər]

poids (m) léger	liggegewig	[liχχə·χevəχ]
poids (m) moyen	middelgewig	[middəl·χevəχ]
poids (m) lourd	swaargewig	[swār·χevəχ]

141. Le sport. Divers

| Jeux (m pl) olympiques | Olimpiese Spele | [olimpisə spelə] |
| gagnant (m) | oorwinnaar | [oərwinnār] |

| remporter (vt) | wen | [ven] |
| gagner (vi) | wen | [ven] |

| leader (m) | leier | [læjer] |
| prendre la tête | lei | [læj] |

première place (f)	eerste plek	[eerstə plek]
deuxième place (f)	tweede plek	[tweedə plek]
troisième place (f)	derde plek	[derdə plek]

médaille (f)	medalje	[medalje]
trophée (m)	trofee	[trofeə]
coupe (f) (trophée)	beker	[bekər]
prix (m)	prys	[prajs]
prix (m) principal	hoofprys	[hoəf·prajs]
record (m)	rekord	[rekort]

| finale (f) | finale | [finalə] |
| final (adj) | finale | [finalə] |

| champion (m) | kampioen | [kampiun] |
| championnat (m) | kampioenskap | [kampiunskap] |

stade (m)	stadion	[stadion]
tribune (f)	tribune	[tribunə]
supporteur (m)	ondersteuner	[ondərstøənər]
adversaire (m)	teëstander	[tɛɛstandər]

| départ (m) | wegspringplek | [veχspriŋ·plek] |
| ligne (f) d'arrivée | eindstreep | [æjnd·streəp] |

| défaite (f) | nederlaag | [nedərlāχ] |
| perdre (vi) | verloor | [ferloər] |

arbitre (m)	skeidsregter	[skæjds·reχtər]
jury (m)	beoordelaars	[be·oərdelārs]
score (m)	stand	[stant]
match (m) nul	gelykspel	[χelajkspəl]
faire match nul	gelykop speel	[χelajkop speəl]
point (m)	punt	[punt]
résultat (m)	puntestand	[puntəstant]

| période (f) | periode | [periodə] |
| mi-temps (f) (pause) | rustyd | [rustajt] |

dopage (m)	opkikkers	[opkikkərs]
pénaliser (vt)	straf	[straf]
disqualifier (vt)	diskwalifiseer	[diskwalifiseər]

agrès (m)	apparaat	[apparāt]
lance (f)	spies	[spis]
poids (m) (boule de métal)	koeël	[kuɛl]
bille (f) (de billard, etc.)	bal	[bal]

| but (cible) | doelwit | [dulwit] |
| cible (~ en papier) | teiken | [tæjkən] |

tirer (vi)	**skiet**	[skit]
précis (un tir ~)	**akkuraat**	[akkurãt]
entraîneur (m)	**breier**	[bræjer]
entraîner (vt)	**afrig**	[afrəχ]
s'entraîner (vp)	**oefen**	[ufen]
entraînement (m)	**oefen**	[ufen]
salle (f) de gym	**gimnastieksaal**	[χimnastik·sãl]
exercice (m)	**oefening**	[ufeniŋ]
échauffement (m)	**opwarm**	[opwarm]

L'éducation

142. L'éducation

école (f)	skool	[skoəl]
directeur (m) d'école	prinsipaal	[prinsipāl]
élève (m)	leerder	[leərdər]
élève (f)	leerder	[leərdər]
écolier (m)	skoolseun	[skoəl·søən]
écolière (f)	skooldogter	[skoəl·doχtər]
enseigner (vt)	leer	[leər]
apprendre (~ l'arabe)	leer	[leər]
apprendre par cœur	van buite leer	[fan bœitə leər]
apprendre (à faire qch)	leer	[leər]
être étudiant, -e	op skool wees	[op skoəl veəs]
aller à l'école	skooltoe gaan	[skoəltu χān]
alphabet (m)	alfabet	[alfabet]
matière (f)	vak	[fak]
salle (f) de classe	klaskamer	[klas·kamər]
leçon (f)	les	[les]
récréation (f)	pouse	[pæʊsə]
sonnerie (f)	skoolbel	[skoəl·bəl]
pupitre (m)	skoolbank	[skoəl·bank]
tableau (m) noir	bord	[bort]
note (f)	simbool	[simboəl]
bonne note (f)	goeie punt	[χuje punt]
mauvaise note (f)	slegte punt	[sleχtə punt]
faute (f)	fout	[fæʊt]
faire des fautes	foute maak	[fæʊtə māk]
corriger (une erreur)	korrigeer	[korriχeər]
antisèche (f)	afskryfbriefie	[afskrajf·brifi]
devoir (m)	huiswerk	[hœis·werk]
exercice (m)	oefening	[ufeniŋ]
être présent	aanwesig wees	[ānwesəχ veəs]
être absent	afwesig wees	[afwesəχ veəs]
manquer l'école	stokkies draai	[stokkis drāj]
punir (vt)	straf	[straf]
punition (f)	straf	[straf]
conduite (f)	gedrag	[χedraχ]

carnet (m) de notes	rapport	[rapport]
crayon (m)	potlood	[potloət]
gomme (f)	uitveër	[œitfeɛr]
craie (f)	kryt	[krajt]
plumier (m)	potloodsakkie	[potloət·sakki]

cartable (m)	boekesak	[bukə·sak]
stylo (m)	pen	[pen]
cahier (m)	skryfboek	[skrajf·buk]
manuel (m)	handboek	[hand·buk]
compas (m)	passer	[passər]

dessiner (~ un plan)	tegniese tekeninge maak	[teχnisə tekənikə māk]
dessin (m) technique	tegniese tekening	[teχnisə tekəniŋ]

poésie (f)	gedig	[χedəχ]
par cœur (adv)	van buite	[fan bœitə]
apprendre par cœur	van buite leer	[fan bœitə leər]

vacances (f pl)	skoolvakansie	[skoəl·fakaŋsi]
être en vacances	met vakansie wees	[met fakaŋsi veəs]
passer les vacances	jou vakansie deurbring	[jæʊ fakaŋsi døərbriŋ]

interrogation (f) écrite	toets	[tuts]
composition (f)	opstel	[opstəl]
dictée (f)	diktee	[dikteə]

examen (m)	eksamen	[ɛksamen]
expérience (f) (~ de chimie)	eksperiment	[ɛksperiment]

143. L'enseignement supérieur

académie (f)	akademie	[akademi]
université (f)	universiteit	[unifersitæjt]
faculté (f)	fakulteit	[fakultæjt]

étudiant (m)	student	[student]
étudiante (f)	student	[student]
enseignant (m)	lektor	[lektor]

salle (f)	lesingsaal	[lesiŋ·sāl]
licencié (m)	gegradueerde	[χeχradueərdə]

diplôme (m)	sertifikaat	[sertifikāt]
thèse (f)	proefskrif	[prufskrif]

étude (f)	navorsing	[naforsiŋ]
laboratoire (m)	laboratorium	[laboratorium]

cours (m)	lesing	[lesiŋ]
camarade (m) de cours	medestudent	[medə·student]

bourse (f)	beurs	[bøərs]
grade (m) universitaire	akademiese graad	[akademisə χrāt]

144. Les disciplines scientifiques

mathématiques (f pl)	wiskunde	[vɪskundə]
algèbre (f)	algebra	[alχebra]
géométrie (f)	meetkunde	[meetkundə]
astronomie (f)	astronomie	[astronomi]
biologie (f)	biologie	[bioloχi]
géographie (f)	geografie	[χeoχrafi]
géologie (f)	geologie	[χeoloχi]
histoire (f)	geskiedenis	[χeskidenis]
médecine (f)	geneeskunde	[χenees·kundə]
pédagogie (f)	pedagogie	[pedaχoχi]
droit (m)	regte	[reχtə]
physique (f)	fisika	[fisika]
chimie (f)	chemie	[χemi]
philosophie (f)	filosofie	[filosofi]
psychologie (f)	sielkunde	[silkundə]

145. Le système d'écriture et l'orthographe

grammaire (f)	grammatika	[χrammatika]
vocabulaire (m)	woordeskat	[voərdeskat]
phonétique (f)	fonetika	[fonetika]
nom (m)	selfstandige naamwoord	[sɛlfstandiχə nãmwoərt]
adjectif (m)	byvoeglike naamwoord	[bajfuχlikə nãmvoərt]
verbe (m)	werkwoord	[verk·woərt]
adverbe (m)	bijwoord	[bij·woərt]
pronom (m)	voornaamwoord	[foərnãm·voərt]
interjection (f)	tussenwerpsel	[tussən·werpsəl]
préposition (f)	voorsetsel	[foərsetsəl]
racine (f)	stam	[stam]
terminaison (f)	agtervoegsel	[aχtər·fuχsəl]
préfixe (m)	voorvoegsel	[foər·fuχsəl]
syllabe (f)	lettergreep	[lɛttər·χreəp]
suffixe (m)	agtervoegsel, suffiks	[aχtər·fuχsəl], [suffiks]
accent (m) tonique	klemteken	[klem·tekən]
apostrophe (f)	afkappingsteken	[afkappiŋs·tekən]
point (m)	punt	[punt]
virgule (f)	komma	[komma]
point (m) virgule	kommapunt	[komma·punt]
deux-points (m)	dubbelpunt	[dubbəl·punt]
points (m pl) de suspension	beletselteken	[beletsəl·tekən]
point (m) d'interrogation	vraagteken	[frãχ·tekən]
point (m) d'exclamation	uitroepteken	[œitrup·tekən]

guillemets (m pl)	aanhalingstekens	[ānhaliŋs·tekeŋs]
entre guillemets	tussen aanhalingstekens	[tussən ānhaliŋs·tekeŋs]
parenthèses (f pl)	hakies	[hakis]
entre parenthèses	tussen hakies	[tussən hakis]
trait (m) d'union	koppelteken	[koppəl·tekən]
tiret (m)	strepie	[strepi]
blanc (m)	spasie	[spasi]
lettre (f)	letter	[lɛttər]
majuscule (f)	hoofletter	[hoəf·lɛttər]
voyelle (f)	klinker	[klinkər]
consonne (f)	konsonant	[kɔŋsonant]
proposition (f)	sin	[sin]
sujet (m)	onderwerp	[ondərwerp]
prédicat (m)	predikaat	[predikāt]
ligne (f)	reël	[reɛl]
paragraphe (m)	paragraaf	[paraχrāf]
mot (m)	woord	[voərt]
groupe (m) de mots	woordgroep	[voərt·χrup]
expression (f)	uitdrukking	[œitdrukkiŋ]
synonyme (m)	sinoniem	[sinonim]
antonyme (m)	antoniem	[antonim]
règle (f)	reël	[reɛl]
exception (f)	uitsondering	[œitsondəriŋ]
correct (adj)	korrek	[korrek]
conjugaison (f)	vervoeging	[ferfuχiŋ]
déclinaison (f)	verbuiging	[ferbœəχiŋ]
cas (m)	naamval	[nāmfal]
question (f)	vraag	[frāχ]
souligner (vt)	onderstreep	[ondərstreep]
pointillé (m)	stippellyn	[stippəl·lajn]

146. Les langues étrangères

langue (f)	taal	[tāl]
étranger (adj)	vreemd	[freemt]
langue (f) étrangère	vreemde taal	[freəmde tāl]
étudier (vt)	studeer	[studeər]
apprendre (~ l'arabe)	leer	[leər]
lire (vi, vt)	lees	[leəs]
parler (vi, vt)	praat	[prāt]
comprendre (vt)	verstaan	[ferstān]
écrire (vt)	skryf	[skrajf]
vite (adv)	vinnig	[finnəχ]
lentement (adv)	stadig	[stadəχ]

couramment (adv)	vlot	[flot]
règles (f pl)	reëls	[reɛls]
grammaire (f)	grammatika	[χrammatika]
vocabulaire (m)	woordeskat	[voərdeskat]
phonétique (f)	fonetika	[fonetika]
manuel (m)	handboek	[hand·buk]
dictionnaire (m)	woordeboek	[voərdə·buk]
manuel (m) autodidacte	selfstudie boek	[sɛlfstudi buk]
guide (m) de conversation	taalgids	[tāl·χids]
cassette (f)	kasset	[kasset]
cassette (f) vidéo	videoband	[video·bant]
CD (m)	CD	[se·de]
DVD (m)	DVD	[de·fe·de]
alphabet (m)	alfabet	[alfabet]
épeler (vt)	spel	[spel]
prononciation (f)	uitspraak	[œitsprāk]
accent (m)	aksent	[aksent]
mot (m)	woord	[voərt]
sens (m)	betekenis	[betekənis]
cours (m pl)	kursus	[kursus]
s'inscrire (vp)	inskryf	[inskrajf]
professeur (m) (~ d'anglais)	onderwyser	[ondərwajsər]
traduction (f) (action)	vertaling	[fertaliŋ]
traduction (f) (texte)	vertaling	[fertaliŋ]
traducteur (m)	vertaler	[fertalər]
interprète (m)	tolk	[tolk]
polyglotte (m)	poliglot	[poliχlot]
mémoire (f)	geheue	[χəhøə]

147. Les personnages de contes de fées

Père Noël (m)	Kersvader	[kers·fadər]
Cendrillon (f)	Assepoester	[assepustər]
sirène (f)	meermin	[meərmin]
Neptune (m)	Neptunus	[neptunus]
magicien (m)	towenaar	[tovenār]
fée (f)	feetjie	[feəki]
magique (adj)	magies	[maχis]
baguette (f) magique	towerstaf	[tovər·staf]
conte (m) de fées	sprokie	[sproki]
miracle (m)	wonderwerk	[vondərwerk]
gnome (m)	dwerg	[dwerχ]
se transformer en ...	verander in ...	[ferandər in ...]
esprit (m) (revenant)	gees	[χeəs]
fantôme (m)	spook	[spoək]

monstre (m)	monster	[moŋstər]
dragon (m)	draak	[drāk]
géant (m)	reus	[røəs]

148. Les signes du zodiaque

Bélier (m)	Ram	[ram]
Taureau (m)	Stier	[stir]
Gémeaux (m pl)	Tweelinge	[tweəliŋə]
Cancer (m)	Kreef	[kreəf]
Lion (m)	Leeu	[liʊ]
Vierge (f)	Maagd	[māχt]

Balance (f)	Weegskaal	[veəχskāl]
Scorpion (m)	Skerpioen	[skerpiun]
Sagittaire (m)	Boogskutter	[boəχskuttər]
Capricorne (m)	Steenbok	[steənbok]
Verseau (m)	Waterman	[vatərman]
Poissons (m pl)	Visse	[fissə]

caractère (m)	karakter	[karaktər]
traits (m pl) du caractère	karaktertrekke	[karaktər·trɛkkə]
conduite (f)	gedrag	[χedraχ]
dire la bonne aventure	waarsê	[vārsɛ:]
diseuse (f) de bonne aventure	waarsêer	[vārsɛər]
horoscope (m)	horoskoop	[horoskoəp]

L'art

149. Le théâtre

théâtre (m)	teater	[teatər]
opéra (m)	opera	[opera]
opérette (f)	operette	[operɛttə]
ballet (m)	ballet	[ballet]
affiche (f)	plakkaat	[plakkāt]
troupe (f) de théâtre	teatergeselskap	[teatər·xesɛlskap]
tournée (f)	toer	[tur]
être en tournée	op toer wees	[op tur vees]
répéter (vt)	repeteer	[repeteər]
répétition (f)	repetisie	[repetisi]
répertoire (m)	repertoire	[repertuarə]
représentation (f)	voorstelling	[foərstɛlliŋ]
spectacle (m)	opvoering	[opfuriŋ]
pièce (f) de théâtre	toneelstuk	[toneəl·stuk]
billet (m)	kaartjie	[kārki]
billetterie (f pl)	loket	[lokət]
hall (m)	voorportaal	[foər·portāl]
vestiaire (m)	bewaarkamer	[bevār·kamər]
jeton (m) de vestiaire	bewaarkamerkaartjie	[bevār·kamər·kārki]
jumelles (f pl)	verkyker	[ferkajkər]
placeur (m)	plekaanwyser	[plek·ānwajsər]
parterre (m)	stalles	[stalles]
balcon (m)	balkon	[balkon]
premier (m) balcon	eerste balkon	[eerstə balkon]
loge (f)	losie	[losi]
rang (m)	ry	[raj]
place (f)	sitplek	[sitplek]
public (m)	gehoor	[xehoər]
spectateur (m)	toehoorders	[tuhoərders]
applaudir (vi)	klap	[klap]
applaudissements (m pl)	applous	[applæʊs]
ovation (f)	toejuiging	[tujœəҳiŋ]
scène (f) (monter sur ~)	verhoog	[ferhoəҳ]
rideau (m)	gordyn	[ҳordajn]
décor (m)	dekor	[dekor]
coulisses (f pl)	agter die verhoog	[aҳtər di ferhoəҳ]
scène (f) (la dernière ~)	toneel	[toneəl]
acte (m)	bedryf	[bedrajf]
entracte (m)	pouse	[pæʊsə]

150. Le cinéma

acteur (m)	akteur	[aktøər]
actrice (f)	aktrise	[aktrisə]

cinéma (m) (industrie)	filmbedryf	[film·bedrajf]
film (m)	fliek	[flik]
épisode (m)	episode	[ɛpisodə]

film (m) policier	speurfliek	[spøər·flik]
film (m) d'action	aksiefliek	[aksi·flik]
film (m) d'aventures	avontuurfliek	[afontɪr·flik]
film (m) de science-fiction	wetenskapfiksiefilm	[vetɛŋskapfiksi·film]
film (m) d'horreur	gruwelfliek	[χruvɛl·flik]

comédie (f)	komedie	[komedi]
mélodrame (m)	melodrama	[melodrama]
drame (m)	drama	[drama]

film (m) de fiction	rolprent	[rolprent]
documentaire (m)	dokumentêre rolprent	[dokumentɛrə rolprent]
dessin (m) animé	tekenfilm	[tekən·film]
cinéma (m) muet	stilprent	[stil·prent]
rôle (m)	rol	[rol]
rôle (m) principal	hoofrol	[hoəf·rol]
jouer (vt)	speel	[speəl]

vedette (f)	filmster	[film·stər]
connu (adj)	bekend	[bekent]
célèbre (adj)	beroemd	[berumt]
populaire (adj)	gewild	[χevilt]

scénario (m)	draaiboek	[drãjbuk]
scénariste (m)	draaiboekskrywer	[drãjbuk·skrajvər]
metteur (m) en scène	filmregisseur	[film·reχissøər]
producteur (m)	produsent	[produsent]
assistant (m)	assistent	[assistent]
opérateur (m)	kameraman	[kameraman]
cascadeur (m)	waaghals	[vãχhals]
doublure (f)	dubbel	[dubbəl]

audition (f)	filmtoets	[film·tuts]
tournage (m)	skiet	[skit]
équipe (f) de tournage	filmspan	[film·span]
plateau (m) de tournage	rolprentstel	[rolprent·stəl]
caméra (f)	kamera	[kamera]

cinéma (m)	bioskoop	[bioskoəp]
écran (m)	skerm	[skerm]

piste (f) sonore	klankbaan	[klank·bãn]
effets (m pl) spéciaux	spesiale effekte	[spesialə ɛffektə]
sous-titres (m pl)	onderskrif	[ondərskrif]
générique (m)	erkenning	[ɛrkɛnniŋ]
traduction (f)	vertaling	[fertaliŋ]

151. La peinture

art (m)	kuns	[kuns]
beaux-arts (m pl)	skone kunste	[skonə kunstə]
galerie (f) d'art	kunsgalery	[kuns·χalɛraj]
exposition (f) d'art	kunsuitstalling	[kuns·œitstalliŋ]

peinture (f)	skildery	[skilderaj]
graphique (f)	grafiese kuns	[χrafisə kuns]
art (m) abstrait	abstrakte kuns	[abstraktə kuns]
impressionnisme (m)	impressionisme	[imprɛssionismə]

tableau (m)	skildery	[skilderaj]
dessin (m)	tekening	[tekəniŋ]
poster (m)	plakkaat	[plakkāt]

illustration (f)	illustrasie	[illustrasi]
miniature (f)	miniatuur	[miniatɪr]
copie (f)	kopie	[kopi]
reproduction (f)	reproduksie	[reproduksi]

mosaïque (f)	mosaiek	[mosajek]
vitrail (m)	gebrandskilderde venster	[χebrandskilderdə fɛŋstər]
fresque (f)	fresko	[fresko]
gravure (f)	gravure	[χrafurə]

buste (m)	borsbeeld	[borsbeəlt]
sculpture (f)	beeldhouwerk	[beəldhæʊverk]
statue (f)	standbeeld	[standbeəlt]
plâtre (m)	gips	[χips]
en plâtre	gips-	[χips-]

portrait (m)	portret	[portret]
autoportrait (m)	selfportret	[sɛlf·portret]
paysage (m)	landskap	[landskap]
nature (f) morte	stillewe	[stillevə]
caricature (f)	karikatuur	[karikatɪr]
croquis (m)	skets	[skets]

peinture (f)	verf	[ferf]
aquarelle (f)	waterverf	[vatər·ferf]
huile (f)	olieverf	[oli·ferf]
crayon (m)	potlood	[potloət]
encre (f) de Chine	Indiese ink	[indisə ink]
fusain (m)	houtskool	[hæʊts·koəl]

dessiner (vi, vt)	teken	[tekən]
peindre (vi, vt)	skilder	[skildər]

poser (vi)	poseer	[poseər]
modèle (m)	naakmodel	[nākmodəl]
modèle (f)	naakmodel	[nākmodəl]

peintre (m)	kunstenaar	[kunstenār]
œuvre (f) d'art	kunswerk	[kuns·werk]

| chef (m) d'œuvre | meesterstuk | [meester·stuk] |
| atelier (m) d'artiste | studio | [studio] |

toile (f)	doek	[duk]
chevalet (m)	skildersesel	[skilders·esel]
palette (f)	palet	[palet]

encadrement (m)	raam	[rām]
restauration (f)	restourasie	[restæʋrasi]
restaurer (vt)	restoureer	[restæʋreer]

152. La littérature et la poésie

littérature (f)	literatuur	[literatɪr]
auteur (m) (écrivain)	skrywer	[skrajvər]
pseudonyme (m)	skuilnaam	[skœil·nām]

livre (m)	boek	[buk]
volume (m)	deel	[deel]
table (f) des matières	inhoudsopgawe	[inhæʋds·opχave]
page (f)	bladsy	[bladsaj]
protagoniste (m)	hoofkarakter	[hoef·karaktər]
autographe (m)	outograaf	[æʋtoχrāf]

récit (m)	kortverhaal	[kort·ferhāl]
nouvelle (f)	novelle	[nofɛllə]
roman (m)	roman	[roman]
œuvre (f) littéraire	werk	[verk]
fable (f)	fabel	[fabəl]
roman (m) policier	speurroman	[spøer·roman]

vers (m)	gedig	[χedəχ]
poésie (f)	digkuns	[diχkuns]
poème (m)	epos	[ɛpos]
poète (m)	digter	[diχtər]

belles-lettres (f pl)	fiksie	[fiksi]
science-fiction (f)	wetenskapsfiksie	[vetɛŋskaps·fiksi]
aventures (f pl)	avonture	[afonturə]
littérature (f) didactique	opvoedkundige literatuur	[opfutkundiχə literatɪr]
littérature (f) pour enfants	kinderliteratuur	[kindər·literatɪr]

153. Le cirque

cirque (m)	sirkus	[sirkus]
chapiteau (m)	rondreisende sirkus	[rondræjsende sirkus]
programme (m)	program	[proχram]
représentation (f)	voorstelling	[foərstɛllin]

numéro (m)	nommer	[nommər]
arène (f)	sirkusring	[sirkus·rin]
pantomime (f)	pantomime	[pantomimə]

clown (m)	hanswors	[haŋswors]
acrobate (m)	akrobaat	[akrobāt]
acrobatie (f)	akrobatiek	[akrobatik]
gymnaste (m)	gimnas	[ximnas]
gymnastique (f)	gimnastiek	[ximnastik]
salto (m)	salto	[salto]

hercule (m)	atleet	[atleət]
dompteur (m)	temmer	[tɛmmər]
écuyer (m)	ruiter	[rœitər]
assistant (m)	assistent	[assistent]

truc (m)	waaghalsige toertjie	[vāχhalsiχə turki]
tour (m) de passe-passe	goëltoertjie	[χoɛl·turki]
magicien (m)	goëlaar	[χoɛlār]

jongleur (m)	jongleur	[jonχløər]
jongler (vi)	jongleer	[jonχleər]
dresseur (m)	dresseerder	[drɛsseer·dər]
dressage (m)	dressering	[drɛsseriŋ]
dresser (vt)	afrig	[afrəχ]

154. La musique

musique (f)	musiek	[musik]
musicien (m)	musikant	[musikant]
instrument (m) de musique	musiekinstrument	[musik·instrument]
jouer de ...	speel ...	[speəl ...]

guitare (f)	kitaar	[kitār]
violon (m)	viool	[fioəl]
violoncelle (m)	tjello	[tʃello]
contrebasse (f)	kontrabas	[kontrabas]
harpe (f)	harp	[harp]

piano (m)	piano	[piano]
piano (m) à queue	vleuelklavier	[fløɛl·klafir]
orgue (m)	orrel	[orrəl]

instruments (m pl) à vent	blaasinstrumente	[blās·instrumentə]
hautbois (m)	hobo	[hobo]
saxophone (m)	saksofoon	[saksofoən]
clarinette (f)	klarinet	[klarinet]
flûte (f)	dwarsfluit	[dwars·flœit]
trompette (f)	trompet	[trompet]

| accordéon (m) | trekklavier | [trɛkklafir] |
| tambour (m) | trommel | [tromməl] |

duo (m)	duet	[duet]
trio (m)	trio	[trio]
quartette (m)	kwartet	[kwartet]
chœur (m)	koor	[koər]
orchestre (m)	orkes	[orkes]

musique (f) pop	**popmusiek**	[pop·musik]
musique (f) rock	**rockmusiek**	[rok·musik]
groupe (m) de rock	**rockgroep**	[rok·χrup]
jazz (m)	**jazz**	[jazz]
idole (f)	**held**	[hɛlt]
admirateur (m)	**bewonderaar**	[bevondərār]
concert (m)	**konsert**	[kɔŋsert]
symphonie (f)	**simfonie**	[simfoni]
œuvre (f) musicale	**komposisie**	[komposisi]
composer (vt)	**komponeer**	[komponeər]
chant (m) (~ d'oiseau)	**sang**	[saŋ]
chanson (f)	**lied**	[lit]
mélodie (f)	**wysie**	[vajsi]
rythme (m)	**ritme**	[ritmə]
blues (m)	**blues**	[blues]
notes (f pl)	**bladmusiek**	[blad·musik]
baguette (f)	**dirigeerstok**	[diriχeər·stok]
archet (m)	**strykstok**	[strajk·stok]
corde (f)	**snaar**	[snār]
étui (m)	**houer**	[hæʊər]

Les loisirs. Les voyages

155. Les voyages. Les excursions

tourisme (m)	toerisme	[turismə]
touriste (m)	toeris	[turis]
voyage (m) (à l'étranger)	reis	[ræjs]
aventure (f)	avontuur	[afontɪr]
voyage (m)	reis	[ræjs]
vacances (f pl)	vakansie	[fakaŋsi]
être en vacances	met vakansie wees	[met fakaŋsi veəs]
repos (m) (jours de ~)	rus	[rus]
train (m)	trein	[træjn]
en train	per trein	[pər træjn]
avion (m)	vliegtuig	[fliχtœiχ]
en avion	per vliegtuig	[pər fliχtœiχ]
en voiture	per motor	[pər motor]
en bateau	per skip	[pər skip]
bagage (m)	bagasie	[baχasi]
malle (f)	tas	[tas]
chariot (m)	bagasiekarretjie	[baχasi·karrəki]
passeport (m)	paspoort	[paspoərt]
visa (m)	visum	[fisum]
ticket (m)	kaartjie	[kārki]
billet (m) d'avion	lugkaartjie	[luχ·kārki]
guide (m) (livre)	reisgids	[ræjsχids]
carte (f)	kaart	[kārt]
région (f) (~ rurale)	gebied	[χebit]
endroit (m)	plek	[plek]
exotisme (m)	eksotiese dinge	[ɛksotisə diŋə]
exotique (adj)	eksoties	[ɛksotis]
étonnant (adj)	verbasend	[ferbasent]
groupe (m)	groep	[χrup]
excursion (f)	uitstappie	[œitstappi]
guide (m) (personne)	gids	[χids]

156. L'hôtel

hôtel (m)	hotel	[hotəl]
motel (m)	motel	[motəl]
3 étoiles	drie-ster	[dri-stər]

5 étoiles	**vyf-ster**	[fajf-stər]
descendre (à l'hôtel)	**oornag**	[oərnaχ]
chambre (f)	**kamer**	[kamər]
chambre (f) simple	**enkelkamer**	[ɛnkəl·kamər]
chambre (f) double	**dubbelkamer**	[dubbəl·kamər]
demi-pension (f)	**met aandete, bed en ontbyt**	[met āndetə], [bet en ontbajt]
pension (f) complète	**volle losies**	[follə losis]
avec une salle de bain	**met bad**	[met bat]
avec une douche	**met stortbad**	[met stort·bat]
télévision (f) par satellite	**satelliet-TV**	[satɛllit-te·fe]
climatiseur (m)	**lugversorger**	[luχfersorχər]
serviette (f)	**handdoek**	[handduk]
clé (f)	**sleutel**	[sløətəl]
administrateur (m)	**bestuurder**	[bestɪrdər]
femme (f) de chambre	**kamermeisie**	[kamər·mæjsi]
porteur (m)	**hoteljoggie**	[hotəl·joχi]
portier (m)	**portier**	[portir]
restaurant (m)	**restaurant**	[restɔurant]
bar (m)	**kroeg**	[kruχ]
petit déjeuner (m)	**ontbyt**	[ontbajt]
dîner (m)	**aandete**	[āndetə]
buffet (m)	**buffetete**	[buffetetə]
hall (m)	**voorportaal**	[foər·portāl]
ascenseur (m)	**hysbak**	[hajsbak]
PRIÈRE DE NE PAS DÉRANGER	**MOENIE STEUR NIE**	[muni støər ni]
DÉFENSE DE FUMER	**ROOK VERBODE**	[roək ferbodə]

157. Le livre. La lecture

livre (m)	**boek**	[buk]
auteur (m)	**outeur**	[æutøər]
écrivain (m)	**skrywer**	[skrajvər]
écrire (~ un livre)	**skryf**	[skrajf]
lecteur (m)	**leser**	[lesər]
lire (vi, vt)	**lees**	[leəs]
lecture (f)	**lees**	[leəs]
à part soi	**stil**	[stil]
à haute voix	**hardop**	[hardop]
éditer (vt)	**uitgee**	[œitχeə]
édition (f) (~ des livres)	**uitgee**	[œitχeə]
éditeur (m)	**uitgewer**	[œitχevər]
maison (f) d'édition	**uitgewery**	[œitχevəraj]
paraître (livre)	**verskyn**	[ferskajn]

| sortie (f) (~ d'un livre) | verskyn | [ferskajn] |
| tirage (m) | oplaag | [oplãχ] |

| librairie (f) | boekhandel | [buk·handəl] |
| bibliothèque (f) | biblioteek | [biblioteək] |

nouvelle (f)	novelle	[nofɛllə]
récit (m)	kortverhaal	[kort·ferhãl]
roman (m)	roman	[roman]
roman (m) policier	speurroman	[spøər·roman]

mémoires (m pl)	memoires	[memuares]
légende (f)	legende	[leχendə]
mythe (m)	mite	[mitə]

vers (m pl)	poësie	[poɛsi]
autobiographie (f)	outobiografie	[æʊtobioχrafi]
les œuvres choisies	bloemlesing	[blumlesiŋ]
science-fiction (f)	wetenskapsfiksie	[vetɛŋskaps·fiksi]

titre (m)	titel	[titel]
introduction (f)	inleiding	[inlæjdiŋ]
page (f) de titre	titelblad	[titel·blat]

chapitre (m)	hoofstuk	[hoəfstuk]
extrait (m)	fragment	[fraχment]
épisode (m)	episode	[ɛpisodə]

sujet (m)	plot	[plot]
sommaire (m)	inhoud	[inhæʊt]
table (f) des matières	inhoudsopgawe	[inhæʊds·opχavə]
protagoniste (m)	hoofkarakter	[hoəf·karaktər]

volume (m)	deel	[deəl]
couverture (f)	omslag	[omslaχ]
reliure (f)	band	[bant]
marque-page (m)	bladwyser	[blat·vajsər]

page (f)	bladsy	[bladsaj]
feuilleter (vt)	deurblaai	[døərblãi]
marges (f pl)	marges	[marχəs]
annotation (f)	annotasie	[annotasi]
note (f) de bas de page	voetnota	[fut·nota]

texte (m)	teks	[tɛks]
police (f)	lettertipe	[lɛttər·tipə]
faute (f) d'impression	drukfout	[druk·fæʊt]

traduction (f)	vertaling	[fertaliŋ]
traduire (vt)	vertaal	[fertãl]
original (m)	oorspronklike	[oərspronklikə]

célèbre (adj)	beroemd	[berumt]
inconnu (adj)	onbekend	[onbekent]
intéressant (adj)	interessante	[interessantə]
best-seller (m)	blitsverkoper	[blits·ferkopər]

dictionnaire (m)	woordeboek	[voərdə·buk]
manuel (m)	handboek	[hand·buk]
encyclopédie (f)	ensiklopedie	[ɛŋsiklopedi]

158. La chasse. La pêche

chasse (f)	jag	[jaχ]
chasser (vi, vt)	jag	[jaχ]
chasseur (m)	jagter	[jaχtər]

tirer (vi)	skiet	[skit]
fusil (m)	geweer	[χeveər]
cartouche (f)	patroon	[patroən]
grains (m pl) de plomb	hael	[haəl]

piège (m) à mâchoires	slagyster	[slaχ·ajstər]
piège (m)	valstrik	[falstrik]
être pris dans un piège	in die valstrik trap	[in di falstrik trap]
mettre un piège	n valstrik lê	[ə falstrik lɛ:]

braconnier (m)	wildstroper	[vilt·stropər]
gibier (m)	wild	[vilt]
chien (m) de chasse	jaghond	[jaχ·hont]

| safari (m) | safari | [safari] |
| animal (m) empaillé | opgestopte dier | [opχestoptə dir] |

pêcheur (m)	visterman	[fisterman]
pêche (f)	vis vang	[fis faŋ]
pêcher (vi)	vis vang	[fis faŋ]

canne (f) à pêche	visstok	[fis·stok]
ligne (f) de pêche	vislyn	[fis·lajn]
hameçon (m)	vishoek	[fis·huk]

| flotteur (m) | vlotter | [flottər] |
| amorce (f) | aas | [ãs] |

| lancer la ligne | lyngooi | [lajnχoj] |
| mordre (vt) | byt | [bajt] |

| pêche (f) (poisson capturé) | vang | [faŋ] |
| trou (m) dans la glace | gat in die ys | [χat in di ajs] |

| filet (m) | visnet | [fis·net] |
| barque (f) | boot | [boət] |

jeter un filet	die net gooi	[di net χoj]
retirer le filet	die net intrek	[di net intrek]
tomber dans le filet	in die net val	[in di net fal]

baleinier (m)	walvisvanger	[valfis·vaŋər]
baleinière (f)	walvisboot	[valfis·boət]
harpon (m)	harpoen	[harpun]

159. Les jeux. Le billard

billard (m)	biljart	[biljart]
salle (f) de billard	biljartkamer	[biljart·kamər]
bille (f) de billard	bal	[bal]
queue (f)	biljartstok	[biljart·stok]
poche (f)	sakkie	[sakki]

160. Les jeux de cartes

carreau (m)	diamante	[diamantə]
pique (m)	skoppens	[skoppɛns]
cœur (m)	harte	[hartə]
trèfle (m)	klawers	[klavərs]
as (m)	aas	[ās]
roi (m)	koning	[koniŋ]
dame (f)	dame	[damə]
valet (m)	boer	[bur]
carte (f)	speelkaart	[speəl·kārt]
jeu (m) de cartes	kaarte	[kārtə]
atout (m)	troefkaart	[truf·kārt]
paquet (m) de cartes	pak kaarte	[pak kārtə]
point (m)	punt	[punt]
distribuer (les cartes)	uitdeel	[œitdeəl]
battre les cartes	skommel	[skomməl]
tour (m) de jouer	beurt	[bøərt]
tricheur (m)	valsspeler	[fals·spelər]

161. Le casino. La roulette

casino (m)	kasino	[kasino]
roulette (f)	roulette	[ræʊlɛt]
mise (f)	inset	[inset]
miser (vt)	wed	[vet]
rouge (m)	rooi	[roj]
noir (m)	swart	[swart]
miser sur le rouge	wed op rooi	[vet op roj]
miser sur le noir	wed op swart	[vet op swart]
croupier (m)	kroepier	[krupir]
faire tourner la roue	die wiel draai	[di vil drāi]
règles (f pl) du jeu	reëls	[reɛls]
fiche (f)	tjip	[ʧip]
gagner (vi, vt)	wen	[ven]
gain (m)	wins	[vins]

perdre (vi)	verloor	[ferloər]
perte (f)	verlies	[ferlis]

joueur (m)	speler	[spelər]
black-jack (m)	blackjack	[blɛk dʒɛk]
jeu (m) de dés	dobbelspel	[dobbəl·spəl]
dés (m pl)	dobbelsteen	[dobbəl·steən]
machine (f) à sous	muntoutomaat	[munt·æʊtomãt]

162. Les loisirs. Les jeux

se promener (vp)	wandel	[vandəl]
promenade (f)	wandeling	[vandəliŋ]
promenade (f) (en voiture)	motorrit	[motor·rit]
aventure (f)	avontuur	[afontɪr]
pique-nique (m)	piekniek	[piknik]

jeu (m)	spel	[spel]
joueur (m)	speler	[spelər]
partie (f) (~ de cartes, etc.)	spel	[spel]

collectionneur (m)	versamelaar	[fersamelãr]
collectionner (vt)	versamel	[fersaməl]
collection (f)	versameling	[fersaməliŋ]

mots (m pl) croisés	blokkiesraaisel	[blokkis·rãisəl]
hippodrome (m)	perderesiesbaan	[perdə·resisbãn]
discothèque (f)	disko	[disko]

sauna (m)	sauna	[sɔuna]
loterie (f)	lotery	[loteraj]

trekking (m)	kampeeruitstappie	[kampeər·ajtstappi]
camp (m)	kamp	[kamp]
tente (f)	tent	[tɛnt]
boussole (f)	kompas	[kompas]
campeur (m)	kampeerder	[kampeərdər]

regarder (la télé)	kyk	[kajk]
téléspectateur (m)	kyker	[kajkər]
émission (f) de télé	TV-program	[te·fe-proχram]

163. La photographie

appareil (m) photo	kamera	[kamera]
photo (f)	foto	[foto]

photographe (m)	fotograaf	[fotoχrãf]
studio (m) de photo	fotostudio	[foto·studio]
album (m) de photos	fotoalbum	[foto·album]
objectif (m)	kameralens	[kamera·lɛŋs]
téléobjectif (m)	telefotolens	[telefoto·lɛŋs]

| filtre (m) | filter | [filtər] |
| lentille (f) | lens | [lɛŋs] |

optique (f)	optiek	[optik]
diaphragme (m)	diafragma	[diafraχma]
temps (m) de pose	beligtingstyd	[beliχtiŋs·tajt]
viseur (m)	soeker	[sukər]

appareil (m) photo numérique	digitale kamera	[diχitalə kamera]
trépied (m)	driepoot	[dripoət]
flash (m)	flits	[flits]

photographier (vt)	fotografeer	[fotoχrafeər]
prendre en photo	fotografeer	[fotoχrafeər]
se faire prendre en photo	jou portret laat maak	[jæu portret lãt mãk]

mise (f) au point	fokus	[fokus]
mettre au point	fokus	[fokus]
net (adj)	skerp	[skerp]
netteté (f)	skerpheid	[skerphæjt]

| contraste (m) | kontras | [kontras] |
| contrasté (adj) | kontrasryk | [kontrasrajk] |

épreuve (f)	kiekie	[kiki]
négatif (m)	negatief	[neχatif]
pellicule (f)	rolfilm	[rolfilm]
image (f)	raampie	[rãmpi]
tirer (des photos)	druk	[druk]

164. La plage. La baignade

plage (f)	strand	[strant]
sable (m)	sand	[sant]
désert (plage ~e)	verlate	[ferlatə]

bronzage (m)	sonbruin kleur	[sonbrœin kløər]
se bronzer (vp)	bruinbrand	[brœinbrant]
bronzé (adj)	bruingebrand	[brœiŋəbrant]
crème (f) solaire	sonskermroom	[sɔŋ·skerm·roəm]

bikini (m)	bikini	[bikini]
maillot (m) de bain	baaikostuum	[bãj·kostɪm]
slip (m) de bain	baaibroek	[bãj·bruk]

piscine (f)	swembad	[swem·bat]
nager (vi)	swem	[swem]
douche (f)	stort	[stort]
se changer (vp)	verklee	[ferkleə]
serviette (f)	handdoek	[handduk]

barque (f)	boot	[boət]
canot (m) à moteur	motorboot	[motor·boət]
ski (m) nautique	waterski	[vatər·ski]

pédalo (m)	**waterfiets**	[vatər·fits]
surf (m)	**branderplankry**	[brandərplank·raj]
surfeur (m)	**branderplankryer**	[brandərplank·rajer]

scaphandre (m) autonome	**duiklong**	[dœiklɔŋ]
palmes (f pl)	**paddavoet**	[padda·fut]
masque (m)	**duikmasker**	[dœik·maskər]
plongeur (m)	**duiker**	[dœikər]
plonger (vi)	**duik**	[dœik]
sous l'eau (adv)	**onder water**	[ondər vatər]

parasol (m)	**strandsambreel**	[strand·sambreəl]
chaise (f) longue	**strandstoel**	[strand·stul]
lunettes (f pl) de soleil	**sonbril**	[son·bril]
matelas (m) pneumatique	**opblaasmatras**	[opblās·matras]

jouer (s'amuser)	**speel**	[speəl]
se baigner (vp)	**gaan swem**	[xān swem]

ballon (m) de plage	**strandbal**	[strand·bal]
gonfler (vt)	**opblaas**	[opblās]
gonflable (adj)	**opblaas-**	[opblās-]

vague (f)	**golf**	[χolf]
bouée (f)	**boei**	[bui]
se noyer (vp)	**verdrink**	[ferdrink]

sauver (vt)	**red**	[ret]
gilet (m) de sauvetage	**reddingsbaadjie**	[rɛddiŋs·bādʒi]
observer (vt)	**dophou**	[dophæʉ]
maître nageur (m)	**lewensredder**	[levɛŋs·rɛddər]

LE MATÉRIEL TECHNIQUE. LES TRANSPORTS

Le matériel technique

165. L'informatique

ordinateur (m)	rekenaar	[rekənãr]
PC (m) portable	skootrekenaar	[skoət·rekənãr]
allumer (vt)	aanskakel	[ãŋskakəl]
éteindre (vt)	afskakel	[afskakəl]
clavier (m)	toetsbord	[tuts·bort]
touche (f)	toets	[tuts]
souris (f)	muis	[mœis]
tapis (m) de souris	muismatjie	[mœis·maki]
bouton (m)	knop	[knop]
curseur (m)	loper	[lopər]
moniteur (m)	monitor	[monitor]
écran (m)	skerm	[skerm]
disque (m) dur	harde skyf	[hardə skajf]
capacité (f) du disque dur	harde skyf se vermoë	[hardə skajf sə fermoɛ]
mémoire (f)	geheue	[χəhøə]
mémoire (f) vive	RAM-geheue	[ram-χehøəə]
fichier (m)	lêer	[lɛər]
dossier (m)	gids	[χids]
ouvrir (vt)	oopmaak	[oəpmãk]
fermer (vt)	sluit	[slœit]
sauvegarder (vt)	bewaar	[bevãr]
supprimer (vt)	uitvee	[œitfeə]
copier (vt)	kopieer	[kopir]
trier (vt)	sorteer	[sorteər]
copier (vt)	oorplaas	[oərplãs]
programme (m)	program	[proχram]
logiciel (m)	sagteware	[saχtevarə]
programmeur (m)	programmeur	[proχrammøər]
programmer (vt)	programmeer	[proχrammeər]
hacker (m)	kuberkraker	[kubər·krakər]
mot (m) de passe	wagwoord	[vaχ·woərt]
virus (m)	virus	[firus]
découvrir (détecter)	opspoor	[opspoər]
bit (m)	greep	[χreəp]

mégabit (m)	megagreep	[meχaχreəp]
données (f pl)	data	[data]
base (f) de données	databasis	[data·basis]

câble (m)	kabel	[kabəl]
déconnecter (vt)	ontkoppel	[ontkoppəl]
connecter (vt)	konnekteer	[konnekteər]

166. L'Internet. Le courrier électronique

Internet (m)	internet	[internet]
navigateur (m)	webblaaier	[veb·blājer]
moteur (m) de recherche	soekenjin	[suk·ɛnʤin]
fournisseur (m) d'accès	verskaffer	[ferskaffər]

administrateur (m) de site	webmeester	[veb·meəstər]
site (m) web	webwerf	[veb·werf]
page (f) web	webblad	[veb·blat]

| adresse (f) | adres | [adres] |
| carnet (m) d'adresses | adresboek | [adres·buk] |

boîte (f) de réception	posbus	[pos·bus]
courrier (m)	pos	[pos]
pleine (adj)	vol	[fol]

message (m)	boodskap	[boədskap]
messages (pl) entrants	inkomende boodskappe	[inkomendə boədskappə]
messages (pl) sortants	uitgaande boodskappe	[œitχāndə boədskappə]

expéditeur (m)	sender	[sendər]
envoyer (vt)	verstuur	[ferstɪr]
envoi (m)	versending	[fersendiŋ]

| destinataire (m) | ontvanger | [ontfaŋər] |
| recevoir (vt) | ontvang | [ontfaŋ] |

| correspondance (f) | korrespondensie | [korrespondɛŋsi] |
| être en correspondance | korrespondeer | [korrespondeər] |

fichier (m)	lêer	[lɛər]
télécharger (vt)	aflaai	[aflāi]
créer (vt)	skep	[skep]
supprimer (vt)	uitvee	[œitfeə]
supprimé (adj)	uitgevee	[œitχefeə]

connexion (f) (ADSL, etc.)	konneksie	[konneksi]
vitesse (f)	spoed	[sput]
modem (m)	modem	[modem]
accès (m)	toegang	[tuχaŋ]
port (m)	portaal	[portāl]

| connexion (f) (établir la ~) | aansluiting | [āŋslœitiŋ] |
| se connecter à ... | aansluit by ... | [āŋslœit baj ...] |

| sélectionner (vt) | kies | [kis] |
| rechercher (vt) | soek | [suk] |

167. L'électricité

électricité (f)	elektrisiteit	[ɛlektrisitæjt]
électrique (adj)	elektries	[ɛlektris]
centrale (f) électrique	kragstasie	[kraχ·stasi]
énergie (f)	krag	[kraχ]
énergie (f) électrique	elektriese krag	[ɛlektrisə kraχ]

ampoule (f)	gloeilamp	[χlui·lamp]
torche (f)	flits	[flits]
réverbère (m)	straatlig	[strãtləχ]

lumière (f)	lig	[liχ]
allumer (vt)	aanskakel	[ãŋskakəl]
éteindre (vt)	afskakel	[afskakəl]
éteindre la lumière	die lig afskakel	[di liχ afskakəl]

être grillé	doodbrand	[doədbrant]
court-circuit (m)	kortsluiting	[kort·slœitiŋ]
rupture (f)	gebreekte kabel	[χebreəktə kabəl]
contact (m)	kontak	[kontak]

interrupteur (m)	ligskakelaar	[liχ·skakelãr]
prise (f)	muurprop	[mɪrprop]
fiche (f)	prop	[prop]
rallonge (f)	verlengkabel	[ferleŋ·kabəl]

fusible (m)	sekering	[sekəriŋ]
fil (m)	kabel	[kabəl]
installation (f) électrique	bedrading	[bedradiŋ]

ampère (m)	ampère	[ampɛ·r]
intensité (f) du courant	stroomsterkte	[stroəm·sterktə]
volt (m)	volt	[folt]
tension (f)	spanning	[spanniŋ]

| appareil (m) électrique | elektriese toestel | [ɛlektrisə tustəl] |
| indicateur (m) | aanduier | [ãndœiər] |

électricien (m)	elektrisiën	[ɛlektrisiɛn]
souder (vt)	soldeer	[soldeər]
fer (m) à souder	soldeerbout	[soldeər·bæʊt]
courant (m)	elektriese stroom	[ɛlektrisə stroəm]

168. Les outils

outil (m)	werktuig	[verktœiχ]
outils (m pl)	gereedskap	[χereədskap]
équipement (m)	toerusting	[turustiŋ]

marteau (m)	hamer	[hamər]
tournevis (m)	skroewedraaier	[skruvə·drājer]
hache (f)	byl	[bajl]
scie (f)	saag	[sāχ]
scier (vt)	saag	[sāχ]
rabot (m)	skaaf	[skāf]
raboter (vt)	skaaf	[skāf]
fer (m) à souder	soldeerbout	[soldeər·bæʊt]
souder (vt)	soldeer	[soldeər]
lime (f)	vyl	[fajl]
tenailles (f pl)	knyptang	[knajptaŋ]
pince (f) plate	tang	[taŋ]
ciseau (m)	beitel	[bæjtəl]
foret (m)	boor	[boər]
perceuse (f)	elektriese boor	[ɛlektrisə boər]
percer (vt)	boor	[boər]
couteau (m)	mes	[mes]
canif (m)	sakmes	[sakmes]
lame (f)	lem	[lem]
bien affilé (adj)	skerp	[skerp]
émoussé (adj)	stomp	[stomp]
s'émousser (vp)	stomp raak	[stomp rāk]
affiler (vt)	slyp	[slajp]
boulon (m)	bout	[bæʊt]
écrou (m)	moer	[mur]
filetage (m)	draad	[drāt]
vis (f) à bois	houtskroef	[hæʊt·skruf]
clou (m)	spyker	[spajkər]
tête (f) de clou	kop	[kop]
règle (f)	meetlat	[meətlat]
mètre (m) à ruban	meetband	[meet·bant]
niveau (m) à bulle	waterpas	[vatərpas]
loupe (f)	vergrootglas	[ferχroət·χlas]
appareil (m) de mesure	meetinstrument	[meet·instrument]
mesurer (vt)	meet	[meet]
échelle (f) (~ métrique)	skaal	[skāl]
relevé (m)	lesings	[lesiŋs]
compresseur (m)	kompressor	[komprɛssor]
microscope (m)	mikroskoop	[mikroskoəp]
pompe (f)	pomp	[pomp]
robot (m)	robot	[robot]
laser (m)	laser	[lasər]
clé (f) de serrage	moersleutel	[mur·sløətəl]
ruban (m) adhésif	plakband	[plak·bant]

colle (f)	gom	[χom]
papier (m) d'émeri	skuurpapier	[skɪr·papir]
ressort (m)	veer	[feər]
aimant (m)	magneet	[maχneət]
gants (m pl)	handskoene	[handskunə]

corde (f)	tou	[tæʊ]
cordon (m)	tou	[tæʊ]
fil (m) (~ électrique)	draad	[drãt]
câble (m)	kabel	[kabəl]

masse (f)	voorhamer	[foər·hamər]
pic (m)	breekyster	[breəkajstər]
escabeau (m)	leer	[leər]
échelle (f) double	trapleer	[trapleər]

visser (vt)	vasskroef	[fasskruf]
dévisser (vt)	losskroef	[losskruf]
serrer (vt)	saampars	[sãmpars]
coller (vt)	vasplak	[fasplak]
couper (vt)	sny	[snaj]

défaut (m)	fout	[fæʊt]
réparation (f)	herstelwerk	[herstəl·werk]
réparer (vt)	herstel	[herstəl]
régler (vt)	stel	[stəl]

vérifier (vt)	nagaan	[naχãn]
vérification (f)	kontrole	[kontrolə]
relevé (m)	lesings	[lesiŋs]

| fiable (machine ~) | betroubaar | [betræʊbãr] |
| complexe (adj) | ingewikkelde | [inχəwikkɛldə] |

rouiller (vi)	roes	[rus]
rouillé (adj)	verroes	[ferrus]
rouille (f)	roes	[rus]

Les transports

169. L'avion

avion (m)	vliegtuig	[fliχtœiχ]
billet (m) d'avion	lugkaartjie	[luχ·kārki]
compagnie (f) aérienne	lugredery	[luχrederaj]
aéroport (m)	lughawe	[luχhavə]
supersonique (adj)	supersonies	[supersonis]
commandant (m) de bord	kaptein	[kaptæjn]
équipage (m)	bemanning	[bemanniŋ]
pilote (m)	piloot	[piloət]
hôtesse (f) de l'air	lugwaardin	[luχ·wārdin]
navigateur (m)	navigator	[nafiχator]
ailes (f pl)	vlerke	[flerkə]
queue (f)	stert	[stert]
cabine (f)	stuurkajuit	[stɪr·kajœit]
moteur (m)	enjin	[ɛndʒin]
train (m) d'atterrissage	landingstel	[landiŋ·stəl]
turbine (f)	turbine	[turbinə]
hélice (f)	skroef	[skruf]
boîte (f) noire	swart boks	[swart boks]
gouvernail (m)	stuurstang	[stɪr·staŋ]
carburant (m)	brandstof	[brantstof]
consigne (f) de sécurité	veiligheidskaart	[fæjliχæjts·kārt]
masque (m) à oxygène	suurstofmasker	[sɪrstof·maskər]
uniforme (m)	uniform	[uniform]
gilet (m) de sauvetage	reddingsbaadjie	[rɛddiŋs·bādʒi]
parachute (m)	valskerm	[fal·skerm]
décollage (m)	opstyging	[opstajχiŋ]
décoller (vi)	opstyg	[opstajχ]
piste (f) de décollage	landingsbaan	[landiŋs·bān]
visibilité (f)	uitsig	[œitsəχ]
vol (m) (~ d'oiseau)	vlug	[fluχ]
altitude (f)	hoogte	[hoəχtə]
trou (m) d'air	lugsak	[luχsak]
place (f)	sitplek	[sitplek]
écouteurs (m pl)	koptelefoon	[kop·telefoən]
tablette (f)	voutafeltjie	[fæʊ·tafɛlki]
hublot (m)	vliegtuigvenster	[fliχtœiχ·fɛnstər]
couloir (m)	paadjie	[pādʒi]

170. Le train

train (m)	trein	[træjn]
train (m) de banlieue	voorstedelike trein	[foərstedelike træjn]
TGV (m)	sneltrein	[snɛl·træjn]
locomotive (f) diesel	diesellokomotief	[disel·lokomotif]
locomotive (f) à vapeur	stoomlokomotief	[stoəm·lokomotif]

| wagon (m) | passasierswa | [passasirs·wa] |
| wagon-restaurant (m) | eetwa | [eət·wa] |

rails (m pl)	spoorstawe	[spoər·stave]
chemin (m) de fer	spoorweg	[spoər·weχ]
traverse (f)	dwarslëer	[dwarslɛər]

quai (m)	perron	[perron]
voie (f)	spoor	[spoər]
sémaphore (m)	semafoor	[semafoər]
station (f)	stasie	[stasi]

conducteur (m) de train	treindrywer	[træjn·drajvər]
porteur (m)	portier	[portir]
steward (m)	kondukteur	[konduktøər]
passager (m)	passasier	[passasir]
contrôleur (m) de billets	kondukteur	[konduktøər]

| couloir (m) | gang | [χaŋ] |
| frein (m) d'urgence | noodrem | [noədrem] |

compartiment (m)	kompartiment	[kompartiment]
couchette (f)	bed	[bet]
couchette (f) d'en haut	boonste bed	[boəŋstə bet]
couchette (f) d'en bas	onderste bed	[ondərstə bet]
linge (m) de lit	beddegoed	[beddə·χut]

ticket (m)	kaartjie	[kãrki]
horaire (m)	diensrooster	[diŋs·roəstər]
tableau (m) d'informations	informasiebord	[informasi·bort]

partir (vi)	vertrek	[fertrek]
départ (m) (du train)	vertrek	[fertrek]
arriver (le train)	aankom	[ãnkom]
arrivée (f)	aankoms	[ãnkoms]

arriver en train	aankom per trein	[ãnkom pər træjn]
prendre le train	in die trein klim	[in di træjn klim]
descendre du train	uit die trein klim	[œit di træjn klim]

| accident (m) ferroviaire | treinbotsing | [træjn·botsiŋ] |
| dérailler (vi) | ontspoor | [ontspoər] |

locomotive (f) à vapeur	stoomlokomotief	[stoəm·lokomotif]
chauffeur (m)	stoker	[stokər]
chauffe (f)	stookplek	[stoəkplek]
charbon (m)	steenkool	[steən·koəl]

171. Le bateau

| bateau (m) | skip | [skip] |
| navire (m) | vaartuig | [fārtœiχ] |

bateau (m) à vapeur	stoomboot	[stoəm·boət]
paquebot (m)	rivierboot	[rifir·boət]
bateau (m) de croisière	toerskip	[tur·skip]
croiseur (m)	kruiser	[krœisər]

yacht (m)	jag	[jaχ]
remorqueur (m)	sleepboot	[sleep·boət]
péniche (f)	vragskuit	[fraχ·skœit]
ferry (m)	veerboot	[feər·boət]

| voilier (m) | seilskip | [sæjl·skip] |
| brigantin (m) | skoenerbrik | [skunər·brik] |

| brise-glace (m) | ysbreker | [ajs·brekər] |
| sous-marin (m) | duikboot | [dœik·boət] |

canot (m) à rames	roeiboot	[ruiboət]
dinghy (m)	bootjie	[boəki]
canot (m) de sauvetage	reddingsboot	[rɛddiŋs·boət]
canot (m) à moteur	motorboot	[motor·boət]

capitaine (m)	kaptein	[kaptæjn]
matelot (m)	seeman	[seəman]
marin (m)	matroos	[matroəs]
équipage (m)	bemanning	[bemanniŋ]

maître (m) d'équipage	bootsman	[boətsman]
mousse (m)	skeepsjonge	[skeəps·joŋə]
cuisinier (m) du bord	kok	[kok]
médecin (m) de bord	skeepsdokter	[skeəps·doktər]

pont (m)	dek	[dek]
mât (m)	mas	[mas]
voile (f)	seil	[sæjl]

cale (f)	skeepsruim	[skeəps·rœim]
proue (f)	boeg	[buχ]
poupe (f)	agterstewe	[aχtərstevə]
rame (f)	roeispaan	[ruis·pān]
hélice (f)	skroef	[skruf]

cabine (f)	kajuit	[kajœit]
carré (m) des officiers	offisierskajuit	[offisirs·kajœit]
salle (f) des machines	enjinkamer	[ɛndʒin·kamər]
passerelle (f)	brug	[bruχ]
cabine (f) de T.S.F.	radiokamer	[radio·kamər]
onde (f)	golf	[χolf]
journal (m) de bord	logboek	[loχbuk]
longue-vue (f)	verkyker	[ferkajkər]
cloche (f)	bel	[bəl]

pavillon (m)	vlag	[flaχ]
grosse corde (f) tressée	kabel	[kabəl]
nœud (m) marin	knoop	[knoəp]
rampe (f)	dekleuning	[dek·løəniŋ]
passerelle (f)	gangplank	[χaŋ·plank]
ancre (f)	anker	[ankər]
lever l'ancre	anker lig	[ankər ləχ]
jeter l'ancre	anker uitgooi	[ankər œitχoj]
chaîne (f) d'ancrage	ankerketting	[ankər·kɛttiŋ]
port (m)	hawe	[havə]
embarcadère (m)	kaai	[kāi]
accoster (vi)	vasmeer	[fasmeər]
larguer les amarres	vertrek	[fertrek]
voyage (m) (à l'étranger)	reis	[ræjs]
croisière (f)	cruise	[kru:s]
cap (m) (suivre un ~)	koers	[kurs]
itinéraire (m)	roete	[rutə]
chenal (m)	vaarwater	[fār·vatər]
bas-fond (m)	sandbank	[sand·bank]
échouer sur un bas-fond	strand	[strant]
tempête (f)	storm	[storm]
signal (m)	sienjaal	[sinjāl]
sombrer (vi)	sink	[sink]
Un homme à la mer!	Man oorboord!	[man oərboərd!]
SOS (m)	SOS	[sos]
bouée (f) de sauvetage	reddingsboei	[rɛddiŋs·bui]

172. L'aéroport

aéroport (m)	lughawe	[luχhavə]
avion (m)	vliegtuig	[fliχtœiχ]
compagnie (f) aérienne	lugredery	[luχrederaj]
contrôleur (m) aérien	lugverkeersleier	[luχ·ferkeərs·læjer]
départ (m)	vertrek	[fertrek]
arrivée (f)	aankoms	[ānkoms]
arriver (par avion)	aankom	[ānkom]
temps (m) de départ	vertrektyd	[fertrək·tajt]
temps (m) d'arrivée	aankomstyd	[ānkoms·tajt]
être retardé	vertraag wees	[fertrāχ veəs]
retard (m) de l'avion	vlugvertraging	[fluχ·fertraχiŋ]
tableau (m) d'informations	informasiebord	[informasi·bort]
information (f)	informasie	[informasi]
annoncer (vt)	aankondig	[ānkondəχ]
vol (m)	vlug	[fluχ]

douane (f)	doeane	[duanə]
douanier (m)	doeanebeampte	[duanə·beamptə]
déclaration (f) de douane	doeaneverklaring	[duanə·ferklariŋ]
remplir (vt)	invul	[inful]
contrôle (m) de passeport	paspoortkontrole	[paspoərt·kontrolə]
bagage (m)	bagasie	[baχasi]
bagage (m) à main	handbagasie	[hand·baχasi]
chariot (m)	bagasiekarretjie	[baχasi·karrəki]
atterrissage (m)	landing	[landiŋ]
piste (f) d'atterrissage	landingsbaan	[landiŋs·bān]
atterrir (vi)	land	[lant]
escalier (m) d'avion	vliegtuigtrap	[fliχtœiχ·trap]
enregistrement (m)	na die vertrektoonbank	[na di fertrək·toənbank]
comptoir (m) d'enregistrement	vertrektoonbank	[fertrək·toənbank]
s'enregistrer (vp)	na die vertrektoonbank gaan	[na di fertrək·toənbank χān]
carte (f) d'embarquement	instapkaart	[instap·kārt]
porte (f) d'embarquement	vertrekuitgang	[fertrek·œitχaŋ]
transit (m)	transito	[traŋsito]
attendre (vt)	wag	[vaχ]
salle (f) d'attente	vertreksaal	[fertrək·sāl]
raccompagner (à l'aéroport, etc.)	afsien	[afsin]
dire au revoir	afskeid neem	[afskæjt neəm]

173. Le vélo. La moto

vélo (m)	fiets	[fits]
scooter (m)	bromponie	[bromponi]
moto (f)	motorfiets	[motorfits]
faire du vélo	per fiets ry	[pər fits raj]
guidon (m)	stuurstang	[stɪr·staŋ]
pédale (f)	pedaal	[pedāl]
freins (m pl)	remme	[remmə]
selle (f)	fietssaal	[fits·sāl]
pompe (f)	pomp	[pomp]
porte-bagages (m)	bagasierak	[baχasi·rak]
phare (m)	fietslamp	[fits·lamp]
casque (m)	helmet	[hɛlmet]
roue (f)	wiel	[vil]
garde-boue (m)	modderskerm	[moddər·skerm]
jante (f)	velling	[fɛlliŋ]
rayon (m)	speek	[speək]

La voiture

174. Les différents types de voiture

automobile (f)	motor	[motor]
voiture (f) de sport	sportmotor	[sport·motor]
limousine (f)	limousine	[limæʊsinə]
tout-terrain (m)	veldvoertuig	[fɛlt·furtœiχ]
cabriolet (m)	met afslaandak	[met afslãndak]
minibus (m)	bussie	[bussi]
ambulance (f)	ambulans	[ambulaŋs]
chasse-neige (m)	sneeuploeg	[sniʊ·pluχ]
camion (m)	vragmotor	[fraχ·motor]
camion-citerne (m)	tenkwa	[tɛnk·wa]
fourgon (m)	bestelwa	[bestəl·wa]
tracteur (m) routier	padtrekker	[pad·trɛkkər]
remorque (f)	aanhangwa	[ãnhaŋ·wa]
confortable (adj)	gemaklik	[χemaklik]
d'occasion (adj)	gebruik	[χebrœik]

175. La voiture. La carrosserie

capot (m)	enjinkap	[ɛndʒin·kap]
aile (f)	modderskerm	[moddər·skerm]
toit (m)	dak	[dak]
pare-brise (m)	voorruit	[foər·rœit]
rétroviseur (m)	truspieël	[tru·spiɛl]
lave-glace (m)	voorruitsproer	[foər·rœitsprur]
essuie-glace (m)	ruitveërs	[rœit·feɛrs]
fenêtre (f) latéral	syvenster	[saj·fɛŋstər]
lève-glace (m)	vensterhyser	[fɛŋstər·hajsər]
antenne (f)	lugdraad	[luχdrãt]
toit (m) ouvrant	sondak	[sondak]
pare-chocs (m)	buffer	[buffər]
coffre (m)	bagasiebak	[baχasi·bak]
galerie (f) de toit	dakreling	[dak·reliŋ]
portière (f)	deur	[døər]
poignée (f)	handvatsel	[hand·fatsəl]
serrure (f)	deurslot	[døər·slot]
plaque (f) d'immatriculation	nommerplaat	[nommər·plãt]
silencieux (m)	knaldemper	[knal·dempər]

| réservoir (m) d'essence | petroltenk | [petrol·tɛnk] |
| pot (m) d'échappement | uitlaatpyp | [œitlāt·pajp] |

accélérateur (m)	gaspedaal	[χas·pedāl]
pédale (f)	pedaal	[pedāl]
pédale (f) d'accélérateur	gaspedaal	[χas·pedāl]

frein (m)	rem	[rem]
pédale (f) de frein	rempedaal	[rem·pedāl]
freiner (vi)	remtrap	[remtrap]
frein (m) à main	parkeerrem	[parkeer·rem]

embrayage (m)	koppelaar	[koppelār]
pédale (f) d'embrayage	koppelaarpedaal	[koppelār·pedāl]
disque (m) d'embrayage	koppelaarskyf	[koppelār·skajf]
amortisseur (m)	skokbreker	[skok·brekər]

roue (f)	wiel	[vil]
roue (f) de rechange	spaarwiel	[spār·wil]
pneu (m)	band	[bant]
enjoliveur (m)	wieldop	[wil·dop]

roues (f pl) motrices	dryfwiele	[drajf·wilə]
à traction avant	voorwielaandrywing	[foərwil·āndrajviŋ]
à traction arrière	agterwielaandrywing	[aχtərwil·āndrajviŋ]
à traction intégrale	vierwielaandrywing	[firwil·āndrajviŋ]

boîte (f) de vitesses	ratkas	[ratkas]
automatique (adj)	outomaties	[æʊtomatis]
mécanique (adj)	meganies	[meχanis]
levier (m) de vitesse	ratwisselaar	[ratwisselār]

| phare (m) | koplig | [kopləχ] |
| feux (m pl) | kopligte | [kopliχtə] |

feux (m pl) de croisement	dempstraal	[demp·strāl]
feux (m pl) de route	hoofstraal	[hoəf·strāl]
feux (m pl) stop	remlig	[remləχ]

feux (m pl) de position	parkeerlig	[parkeer·ləχ]
feux (m pl) de détresse	gevaarligte	[χefār·liχtə]
feux (m pl) de brouillard	mislampe	[mis·lampə]
clignotant (m)	draaiwyser	[drāj·vajsər]
feux (m pl) de recul	trulig	[truləχ]

176. La voiture. L'habitacle

habitacle (m)	interieur	[interiøər]
en cuir (adj)	leer-	[leer-]
en velours (adj)	fluweel-	[fluveəl-]
revêtement (m)	bekleding	[beklediŋ]

| instrument (m) | instrument | [instrument] |
| tableau (m) de bord | voorpaneel | [foər·paneəl] |

indicateur (m) de vitesse	**spoedmeter**	[spud·metər]
aiguille (f)	**wyster**	[vajstər]
compteur (m) de kilomètres	**afstandmeter**	[afstant·metər]
indicateur (m)	**sensor**	[sɛŋsor]
niveau (m)	**vlak**	[flak]
témoin (m)	**waarskulig**	[vārskuləχ]
volant (m)	**stuurwiel**	[stɪr·wil]
klaxon (m)	**toeter**	[tutər]
bouton (m)	**knop**	[knop]
interrupteur (m)	**skakelaar**	[skakəlār]
siège (m)	**sitplek**	[sitplek]
dossier (m)	**rugsteun**	[ruχ·støən]
appui-tête (m)	**kopstut**	[kopstut]
ceinture (f) de sécurité	**veiligheidsgordel**	[fæjliχæjts·χordəl]
mettre la ceinture	**die gordel vasmaak**	[di χordəl fasmāk]
réglage (m)	**verstelling**	[ferstɛlliŋ]
airbag (m)	**lugsak**	[luχsak]
climatiseur (m)	**lugversorger**	[luχfersorχər]
radio (f)	**radio**	[radio]
lecteur (m) de CD	**CD-speler**	[se·de spelər]
allumer (vt)	**aanskakel**	[āŋskakəl]
antenne (f)	**lugdraad**	[luχdrāt]
boîte (f) à gants	**paneelkassie**	[paneel·kassi]
cendrier (m)	**asbak**	[asbak]

177. La voiture. Le moteur

moteur (m)	**motor, enjin**	[motor], [ɛndʒin]
diesel (adj)	**diesel**	[disəl]
à essence (adj)	**petrol**	[petrol]
capacité (f) du moteur	**enjininhoud**	[ɛndʒin·inhæʊt]
puissance (f)	**krag**	[kraχ]
cheval-vapeur (m)	**perdekrag**	[perdə·kraχ]
piston (m)	**suier**	[sœier]
cylindre (m)	**silinder**	[silindər]
soupape (f)	**klep**	[klep]
injecteur (m)	**inspuiting**	[inspœitiŋ]
générateur (m)	**generator**	[χenerator]
carburateur (m)	**vergasser**	[ferχassər]
huile (f) moteur	**motorolie**	[motor·oli]
radiateur (m)	**verkoeler**	[ferkulər]
liquide (m) de refroidissement	**koelmiddel**	[kul·middəl]
ventilateur (m)	**waaier**	[vājer]
batterie (f)	**battery**	[battəraj]
starter (m)	**aansitter**	[āŋsittər]

| allumage (m) | ontsteking | [ontstekiŋ] |
| bougie (f) d'allumage | vonkprop | [fonk·prop] |

borne (f)	pool	[poəl]
borne (f) positive	positiewe pool	[positivə poəl]
borne (f) négative	negatiewe pool	[neχativə poəl]
fusible (m)	sekering	[sekəriŋ]

filtre (m) à air	lugfilter	[luχ·filtər]
filtre (m) à huile	oliefilter	[oli·filtər]
filtre (m) à essence	brandstoffilter	[brantstof·filtər]

178. La voiture. La réparation

accident (m) de voiture	motorbotsing	[motor·botsiŋ]
accident (m) de route	verkeersongeluk	[ferkeərs·onχəluk]
percuter contre ...	bots	[bots]
s'écraser (vp)	verongeluk	[feronχəluk]
dégât (m)	skade	[skadə]
intact (adj)	onbeskadig	[onbeskadəχ]

panne (f)	onklaar raak	[onklãr rãk]
tomber en panne	onklaar raak	[onklãr rãk]
corde (f) de remorquage	sleeptou	[sleep·tæʊ]

crevaison (f)	papwiel	[pap·wil]
crever (vi) (pneu)	pap wees	[pap veəs]
gonfler (vt)	oppomp	[oppomp]
pression (f)	druk	[druk]
vérifier (vt)	nagaan	[naχãn]

réparation (f)	herstel	[herstəl]
garage (m) (atelier)	garage	[χaraʒə]
pièce (f) détachée	onderdeel	[ondərdeəl]
pièce (f)	onderdeel	[ondərdeəl]

boulon (m)	bout	[bæʊt]
vis (f)	skroef	[skruf]
écrou (m)	moer	[mur]
rondelle (f)	waster	[vastər]
palier (m)	koeëllaer	[kuɛllaer]

tuyau (m)	pyp	[pajp]
joint (m)	pakstuk	[pakstuk]
fil (m)	kabel	[kabəl]

cric (m)	domkrag	[domkraχ]
clé (f) de serrage	moersleutel	[mur·sløətəl]
marteau (m)	hamer	[hamər]
pompe (f)	pomp	[pomp]
tournevis (m)	skroewedraaier	[skruvə·drãjer]

| extincteur (m) | brandblusser | [brant·blussər] |
| triangle (m) de signalisation | gevaardriehoek | [χefãr·drihuk] |

caler (vi)	stol	[stol]
calage (m)	stol	[stol]
être en panne	stukkend wees	[stukkent veəs]
surchauffer (vi)	oorverhit	[oərferhit]
se boucher (vp)	verstop raak	[ferstop rāk]
geler (vi)	vries	[fris]
éclater (tuyau, etc.)	bars	[bars]
pression (f)	druk	[druk]
niveau (m)	vlak	[flak]
lâche (courroie ~)	slap	[slap]
fosse (f)	duik	[dœik]
bruit (m) anormal	klopgeluid	[klop·χəlœit]
fissure (f)	kraak	[krāk]
égratignure (f)	skraap	[skrāp]

179. La voiture. La route

route (f)	pad	[pat]
grande route (autoroute)	deurpad	[døərpat]
autoroute (f)	deurpad	[døərpat]
direction (f)	rigting	[riχtiŋ]
distance (f)	afstand	[afstant]
pont (m)	brug	[bruχ]
parking (m)	parkeerterrein	[parkeər·terræjn]
place (f)	plein	[plæjn]
échangeur (m)	padknoop	[pad·knoəp]
tunnel (m)	tonnel	[tonnəl]
station-service (f)	petrolstasie	[petrol·stasi]
parking (m)	parkeerterrein	[parkeər·terræjn]
poste (m) d'essence	petrolpomp	[petrol·pomp]
garage (m) (atelier)	garage	[χaraʒə]
se ravitailler (vp)	volmaak	[folmāk]
carburant (m)	brandstof	[brantstof]
jerrycan (m)	petrolblik	[petrol·blik]
asphalte (m)	teer	[teər]
marquage (m)	padmerktekens	[pad·merktekɛŋs]
bordure (f)	randsteen	[rand·steən]
barrière (f) de sécurité	skutreling	[skut·reliŋ]
fossé (m)	donga	[donχa]
bas-côté (m)	skouer	[skæʊər]
réverbère (m)	lamppaal	[lamp·pāl]
conduire (une voiture)	bestuur	[bestrr]
tourner (~ à gauche)	draai	[drāi]
faire un demi-tour	U-draai maak	[u-drāj māk]
marche (f) arrière	tru-	[tru-]
klaxonner (vi)	toeter	[tutər]
coup (m) de klaxon	toeter	[tutər]

s'embourber (vp)	vassteek	[fassteek]
déraper (vi)	die wiele laat tol	[di vilə lāt tol]
couper (le moteur)	afskakel	[afskakəl]

vitesse (f)	spoed	[sput]
dépasser la vitesse	die spoedgrens oortree	[di sputχrɛŋs oərtreə]
feux (m pl) de circulation	robot	[robot]
permis (m) de conduire	bestuurslisensie	[bestɪrs·lisɛŋsi]

passage (m) à niveau	treinoorgang	[træjn·oərχaŋ]
carrefour (m)	kruispunt	[krœis·punt]
passage (m) piéton	sebraoorgang	[sebra·oərχaŋ]
virage (m)	draai	[drāi]
zone (f) piétonne	voetgangerstraat	[futχaŋər·strāt]

180. Les panneaux de signalisation

code (m) de la route	padreëls	[pad·reɛls]
signe (m)	padteken	[pad·tekən]
dépassement (m)	verbysteek	[fərbajsteek]
virage (m)	draai	[drāi]
demi-tour (m)	U-draai	[u-drāi]
sens (m) giratoire	verkeerssirkel	[ferkeərs·sirkəl]

sens interdit	Geen toegang	[χeən tuχaŋ]
circulation interdite	Geen voertuie toegelaat nie	[χeən furtœiə tuχelāt ni]
interdiction de dépasser	Verbysteek verbode	[ferbajsteek ferbodə]
stationnement interdit	Parkeerverbod	[parkeər·ferbot]
arrêt interdit	Nie stilhou nie	[ni stilhæʊ ni]

virage dangereux	gevaarlike draai	[χefārlikə drāi]
descente dangereuse	steil afdraande	[stæjl afdrāndə]
sens unique	eenrigtingverkeer	[eənriχtiŋ·ferkeər]
passage (m) piéton	Voetoorgang voor	[futoərχaŋ foər]
chaussée glissante	Glibberige pad voor	[χlibbəriχə pat foər]
cédez le passage	TOEGEE	[tuχeə]

LES GENS. LES ÉVÉNEMENTS

Les grands événements de la vie

181. Les fêtes et les événements

fête (f)	partytjie	[partajki]
fête (f) nationale	nasionale dag	[naʃionalə daχ]
jour (m) férié	openbare vakansiedag	[openbarə fakaŋsi·daχ]
fêter (vt)	herdenk	[herdenk]
événement (m) (~ du jour)	gebeurtenis	[χebøørtenis]
événement (m) (soirée, etc.)	gebeurtenis	[χebøørtenis]
banquet (m)	banket	[banket]
réception (f)	onthaal	[onthāl]
festin (m)	feesmaal	[fees·māl]
anniversaire (m)	verjaardag	[ferjār·daχ]
jubilé (m)	jubileum	[jubiløəm]
célébrer (vt)	vier	[fir]
Nouvel An (m)	Nuwejaar	[nuvejār]
Bonne année!	Voorspoedige Nuwejaar	[foerspudiχə nuvejār]
Père Noël (m)	Kersvader	[kers·fadər]
Noël (m)	Kersfees	[kersfees]
Joyeux Noël!	Geseënde Kersfees	[χeseɛndə kersfɛɛs]
arbre (m) de Noël	Kersboom	[kers·boom]
feux (m pl) d'artifice	vuurwerk	[fɪrwerk]
mariage (m)	bruilof	[brœilof]
fiancé (m)	bruidegom	[brœidəχom]
fiancée (f)	bruid	[brœit]
inviter (vt)	uitnooi	[œitnoj]
lettre (f) d'invitation	uitnodiging	[œitnodəχiŋ]
invité (m)	gas	[χas]
visiter (~ les amis)	besoek	[besuk]
accueillir les invités	die gaste ontmoet	[di χastə ontmut]
cadeau (m)	present	[present]
offrir (un cadeau)	gee	[χeə]
recevoir des cadeaux	presente ontvang	[presentə ontfaŋ]
bouquet (m)	boeket	[buket]
félicitations (f pl)	gelukwense	[χelukwɛŋsə]
féliciter (vt)	gelukwens	[χelukwɛŋs]
carte (f) de veux	geleentheidskaartjie	[χeleenthæjts·kārki]

toast (m)	heildronk	[hæjldronk]
offrir (un verre, etc.)	aanbied	[ānbit]
champagne (m)	sjampanje	[ʃampanje]

s'amuser (vp)	jouself geniet	[jæusɛlf χenit]
gaieté (f)	pret	[pret]
joie (f) (émotion)	vreugde	[frøeχde]

| danse (f) | dans | [daŋs] |
| danser (vi, vt) | dans | [daŋs] |

| valse (f) | wals | [vals] |
| tango (m) | tango | [tanχo] |

182. L'enterrement. Le deuil

cimetière (m)	begraafplaas	[beχrāf·plās]
tombe (f)	graf	[χraf]
croix (f)	kruis	[krœis]
pierre (f) tombale	grafsteen	[χrafsteən]
clôture (f)	heining	[hæjniŋ]
chapelle (f)	kapel	[kapəl]

mort (f)	dood	[doət]
mourir (vi)	doodgaan	[doədχān]
défunt (m)	oorledene	[oərledenə]
deuil (m)	rou	[ræʊ]

enterrer (vt)	begrawe	[beχravə]
maison (f) funéraire	begrafnisonderneming	[beχrafnis·ondərnemiŋ]
enterrement (m)	begrafnis	[beχrafnis]

couronne (f)	krans	[kraŋs]
cercueil (m)	doodskis	[doədskis]
corbillard (m)	lykswa	[lajks·wa]
linceul (m)	lykkleed	[lajk·kleət]

cortège (m) funèbre	begrafnisstoet	[beχrafnis·stut]
urne (f) funéraire	urn	[urn]
crématoire (m)	krematorium	[krematorium]

nécrologue (m)	doodsberig	[doəds·bereχ]
pleurer (vi)	huil	[hœil]
sangloter (vi)	snik	[snik]

183. La guerre. Les soldats

section (f)	peleton	[peleton]
compagnie (f)	kompanie	[kompani]
régiment (m)	regiment	[reχiment]
armée (f)	leër	[leɛr]
division (f)	divisie	[difisi]

| détachement (m) | afdeling | [afdeliŋ] |
| armée (f) (Moyen Âge) | leërskare | [lɛɛrskarə] |

| soldat (m) (un militaire) | soldaat | [soldāt] |
| officier (m) | offisier | [offisir] |

soldat (m) (grade)	soldaat	[soldāt]
sergent (m)	sersant	[sersant]
lieutenant (m)	luitenant	[lœitənant]
capitaine (m)	kaptein	[kaptæjn]
commandant (m)	majoor	[majoər]
colonel (m)	kolonel	[kolonəl]
général (m)	generaal	[χenerāl]

marin (m)	matroos	[matroəs]
capitaine (m)	kaptein	[kaptæjn]
maître (m) d'équipage	bootsman	[boətsman]
artilleur (m)	artilleris	[artilleris]
parachutiste (m)	valskermsoldaat	[falskerm·soldāt]
pilote (m)	piloot	[piloət]
navigateur (m)	navigator	[nafiχator]
mécanicien (m)	werktuigkundige	[verktœiχ·kundiχə]

démineur (m)	sappeur	[sappøər]
parachutiste (m)	valskermspringer	[falskerm·spriŋər]
éclaireur (m)	verkenner	[ferkɛnnər]
tireur (m) d'élite	skerpskut	[skerp·skut]

patrouille (f)	patrollie	[patrolli]
patrouiller (vi)	patrolleer	[patrolleər]
sentinelle (f)	wag	[vaχ]
guerrier (m)	vegter	[feχtər]
patriote (m)	patriot	[patriot]
héros (m)	held	[hɛlt]
héroïne (f)	heldin	[hɛldin]

| traître (m) | verraaier | [ferrāier] |
| trahir (vt) | verraai | [ferrāi] |

| déserteur (m) | droster | [drostər] |
| déserter (vt) | dros | [dros] |

mercenaire (m)	huursoldaat	[hɪr·soldāt]
recrue (f)	rekruteer	[rekruteər]
volontaire (m)	vrywilliger	[frajvilliχər]

mort (m)	dooie	[doje]
blessé (m)	gewonde	[χevondə]
prisonnier (m) de guerre	krygsgevangene	[krajχs·χefaŋənə]

184. La guerre. Partie 1

| guerre (f) | oorlog | [oərloχ] |
| faire la guerre | oorlog voer | [oərloχ fur] |

guerre (f) civile	burgeroorlog	[burgər·oərloχ]
perfidement (adv)	valslik	[falslik]
déclaration (f) de guerre	oorlogsverklaring	[oərloχs·ferklariŋ]
déclarer (la guerre)	oorlog verklaar	[oərloχ ferklãr]
agression (f)	aggressie	[aχrɛssi]
attaquer (~ un pays)	aanval	[ãnfal]
envahir (vt)	binneval	[binnəfal]
envahisseur (m)	binnevaller	[binnəfallər]
conquérant (m)	veroweraar	[feroverãr]
défense (f)	verdediging	[ferdedəχiŋ]
défendre (vt)	verdedig	[ferdedəχ]
se défendre (vp)	jouself verdedig	[jæʊsɛlf ferdedəχ]
ennemi (m)	vyand	[fajant]
adversaire (m)	teëstander	[teɛstandər]
ennemi (adj) (territoire ~)	vyandig	[fajandəχ]
stratégie (f)	strategie	[strateχi]
tactique (f)	taktiek	[taktik]
ordre (m)	bevel	[befəl]
commande (f)	bevel	[befəl]
ordonner (vt)	beveel	[befeəl]
mission (f)	opdrag	[opdraχ]
secret (adj)	geheim	[χəhæjm]
bataille (f)	slag	[slaχ]
bataille (f)	veldslag	[fɛltslaχ]
combat (m)	geveg	[χefeχ]
attaque (f)	aanval	[ãnfal]
assaut (m)	bestorming	[bestormiŋ]
prendre d'assaut	bestorm	[bestorm]
siège (m)	beleg	[beleχ]
offensive (f)	aanval	[ãnfal]
passer à l'offensive	tot die offensief oorgaan	[tot di offɛŋsif oərχãn]
retraite (f)	terugtrekking	[teruχ·trɛkkiŋ]
faire retraite	terugtrek	[teruχtrek]
encerclement (m)	omsingeling	[omsinχəliŋ]
encercler (vt)	omsingel	[omsiŋəl]
bombardement (m)	bombardement	[bombardement]
bombarder (vt)	bombardeer	[bombardeər]
explosion (f)	ontploffing	[ontploffiŋ]
coup (m) de feu	skoot	[skoət]
fusillade (f)	skiet	[skit]
viser ... (cible)	mik op	[mik op]
pointer (sur ...)	rig	[riχ]
atteindre (cible)	tref	[tref]

faire sombrer	sink	[sink]
trou (m) (dans un bateau)	gat	[χat]
sombrer (navire)	sink	[sink]

front (m)	front	[front]
évacuation (f)	evakuasie	[ɛfakuasi]
évacuer (vt)	evakueer	[ɛfakueer]

tranchée (f)	loopgraaf	[loəpχrāf]
barbelés (m pl)	doringdraad	[doriŋ·drāt]
barrage (m) (~ antichar)	versperring	[fersperriŋ]
tour (f) de guet	wagtoring	[vaχ·toriŋ]

hôpital (m)	militêre hospitaal	[militærə hospitāl]
blesser (vt)	wond	[vont]
blessure (f)	wond	[vont]
blessé (m)	gewonde	[χevondə]
être blessé	gewond	[χevont]
grave (blessure)	ernstig	[ɛrnstəχ]

185. La guerre. Partie 2

captivité (f)	gevangenskap	[χefaŋənskap]
captiver (vt)	gevange neem	[χefaŋə neem]
être prisonnier	in gevangenskap wees	[in χefaŋənskap vees]
être fait prisonnier	in gevangenskap geneem word	[in χefaŋənskap χeneem vort]

camp (m) de concentration	konsentrasiekamp	[kɔŋsentrasi·kamp]
prisonnier (m) de guerre	krygsgevangene	[krajχs·χefaŋənə]
s'enfuir (vp)	ontsnap	[ontsnap]

trahir (vt)	verraai	[ferrāi]
traître (m)	verraaier	[ferrājer]
trahison (f)	verraad	[ferrāt]

| fusiller (vt) | eksekuteer | [ɛksekuteer] |
| fusillade (f) (exécution) | eksekusie | [ɛksekusi] |

équipement (m) (uniforme, etc.)	toerusting	[turustiŋ]
épaulette (f)	skouerstrook	[skæuer·stroək]
masque (m) à gaz	gasmasker	[χas·maskər]

émetteur (m) radio	veldradio	[fɛlt·radio]
chiffre (m) (code)	geheime kode	[χəhæjmə kodə]
conspiration (f)	geheimhouding	[χəhæjm·hæʊdiŋ]
mot (m) de passe	wagwoord	[vaχ·woert]

mine (f) terrestre	landmyn	[land·majn]
miner (poser des mines)	bemyn	[bemajn]
champ (m) de mines	mynveld	[majn·fɛlt]
alerte (f) aérienne	lugalarm	[luχ·alarm]
signal (m) d'alarme	alarm	[alarm]

| signal (m) | sienjaal | [sinjãl] |
| fusée signal (f) | fakkel | [fakkel] |

état-major (m)	hoofkwartier	[hoef·kwartir]
reconnaissance (f)	verkenningstog	[ferkɛnniŋs·toχ]
situation (f)	toestand	[tustant]
rapport (m)	verslag	[ferslaχ]
embuscade (f)	hinderlaag	[hindər·lāχ]
renfort (m)	versterking	[ferstərkiŋ]

cible (f)	doel	[dul]
polygone (m)	proefterrein	[pruf·terræjn]
manœuvres (f pl)	militêre oefening	[militærə ufeniŋ]

panique (f)	paniek	[panik]
dévastation (f)	verwoesting	[ferwustiŋ]
destructions (f pl) (ruines)	verwoesting	[ferwustiŋ]
détruire (vt)	verwoes	[ferwus]

survivre (vi)	oorleef	[oərleəf]
désarmer (vt)	ontwapen	[ontvapen]
manier (une arme)	hanteer	[hanteər]

| Garde-à-vous! Fixe! | Aandag! | [āndaχ!] |
| Repos! | Op die plek rus! | [op di plek rus!] |

exploit (m)	heldedaad	[hɛldə·dāt]
serment (m)	eed	[eət]
jurer (de faire qch)	sweer	[sweər]

décoration (f)	dekorasie	[dekorasiə]
décorer (de la médaille)	toeken	[tuken]
médaille (f)	medalje	[medaljə]
ordre (m) (~ du Mérite)	orde	[ordə]

victoire (f)	oorwinning	[oərwinniŋ]
défaite (f)	nederlaag	[nedərlāχ]
armistice (m)	wapenstilstand	[vapɛn·stilstant]

drapeau (m)	vaandel	[fāndəl]
gloire (f)	roem	[rum]
défilé (m)	parade	[paradə]
marcher (défiler)	marseer	[marseər]

186. Les armes

arme (f)	wapens	[vapɛns]
armes (f pl) à feu	vuurwapens	[fɪr·vapɛns]
armes (f pl) blanches	messe	[mɛssə]

arme (f) chimique	chemiese wapens	[χemisə vapɛns]
nucléaire (adj)	kern-	[kern-]
arme (f) nucléaire	kernwapens	[kern·vapɛns]
bombe (f)	bom	[bom]

bombe (f) atomique	atoombom	[atoəm·bom]
pistolet (m)	pistool	[pistoəl]
fusil (m)	geweer	[χeveər]
mitraillette (f)	aanvalsgeweer	[ānvals·χeveər]
mitrailleuse (f)	masjiengeweer	[maʃin·χeveər]
bouche (f)	loop	[loəp]
canon (m)	loop	[loəp]
calibre (m)	kaliber	[kalibər]
gâchette (f)	sneller	[snɛllər]
mire (f)	visier	[fisir]
magasin (m)	magasyn	[maχasajn]
crosse (f)	kolf	[kolf]
grenade (f) à main	handgranaat	[hand·χranāt]
explosif (m)	springstof	[spriŋstof]
balle (f)	koeël	[kuɛl]
cartouche (f)	patroon	[patroən]
charge (f)	lading	[ladiŋ]
munitions (f pl)	ammunisie	[ammunisi]
bombardier (m)	bomwerper	[bom·werpər]
avion (m) de chasse	straalvegter	[strāl·feχtər]
hélicoptère (m)	helikopter	[helikoptər]
pièce (f) de D.C.A.	lugafweer	[luχafweər]
char (m)	tenk	[tɛnk]
canon (m) d'un char	tenkkanon	[tɛnk·kanon]
artillerie (f)	artillerie	[artilleri]
canon (m)	kanon	[kanon]
pointer (~ l'arme)	aanlê	[ānlɛ:]
obus (m)	projektiel	[projektil]
obus (m) de mortier	mortierbom	[mortir·bom]
mortier (m)	mortier	[mortir]
éclat (m) d'obus	skrapnel	[skrapnəl]
sous-marin (m)	duikboot	[dœik·boət]
torpille (f)	torpedo	[torpedo]
missile (m)	vuurpyl	[fɪr·pajl]
charger (arme)	laai	[lāi]
tirer (vi)	skiet	[skit]
viser ... (cible)	rig op	[riχ op]
baïonnette (f)	bajonet	[bajonet]
épée (f)	rapier	[rapir]
sabre (m)	sabel	[sabəl]
lance (f)	spies	[spis]
arc (m)	boog	[boəχ]
flèche (f)	pyl	[pajl]
mousquet (m)	musket	[musket]
arbalète (f)	kruisboog	[krœis·boəχ]

187. Les hommes préhistoriques

primitif (adj)	primitief	[primitif]
préhistorique (adj)	prehistories	[prehistoris]
ancien (adj)	antiek	[antik]
Âge (m) de pierre	Steentydperk	[steən·tajtperk]
Âge (m) de bronze	Bronstydperk	[brɔŋs·tajtperk]
période (f) glaciaire	Ystydperk	[ajs·tajtperk]
tribu (f)	stam	[stam]
cannibale (m)	mensvreter	[mɛŋs·fretər]
chasseur (m)	jagter	[jaχtər]
chasser (vi, vt)	jag	[jaχ]
mammouth (m)	mammoet	[mammut]
caverne (f)	grot	[χrot]
feu (m)	vuur	[fɪr]
feu (m) de bois	kampvuur	[kampfɪr]
dessin (m) rupestre	rotstekening	[rots·tekəniŋ]
outil (m)	werktuig	[verktœiχ]
lance (f)	spies	[spis]
hache (f) en pierre	klipbyl	[klip·bajl]
faire la guerre	oorlog voer	[oərloχ fur]
domestiquer (vt)	tem	[tem]
idole (f)	afgod	[afχot]
adorer, vénérer (vt)	aanbid	[ãnbit]
superstition (f)	bygeloof	[bajχəloəf]
rite (m)	ritueel	[ritueəl]
évolution (f)	evolusie	[ɛfolusi]
développement (m)	ontwikkeling	[ontwikkeliŋ]
disparition (f)	verdwyning	[ferdwajniŋ]
s'adapter (vp)	jou aanpas	[jæʊ ãnpas]
archéologie (f)	argeologie	[arχeoloχi]
archéologue (m)	argeoloog	[arχeoloəχ]
archéologique (adj)	argeologies	[arχeoloχis]
site (m) d'excavation	opgrawingsplek	[opχraviŋs·plek]
fouilles (f pl)	opgrawingsplekke	[opχraviŋs·plɛkkə]
trouvaille (f)	vonds	[fonds]
fragment (m)	fragment	[fraχment]

188. Le Moyen Âge

peuple (m)	volk	[folk]
peuples (m pl)	bevolking	[befolkiŋ]
tribu (f)	stam	[stam]
tribus (f pl)	stamme	[stammə]
Barbares (m pl)	barbare	[barbarə]

Gaulois (m pl)	Galliërs	[χalliɛrs]
Goths (m pl)	Gote	[χote]
Slaves (m pl)	Slawe	[slavə]
Vikings (m pl)	Vikings	[vikiŋs]
Romains (m pl)	Romeine	[romæjnə]
romain (adj)	Romeins	[romæjns]
byzantins (m pl)	Bisantyne	[bisantajnə]
Byzance (f)	Bisantium	[bisantium]
byzantin (adj)	Bisantyns	[bisantajns]
empereur (m)	keiser	[kæjsər]
chef (m)	leier	[læjer]
puissant (adj)	magtig	[maχtəχ]
roi (m)	koning	[koniŋ]
gouverneur (m)	heerser	[heərsər]
chevalier (m)	ridder	[riddər]
féodal (m)	feodale heerser	[feodalə heərsər]
féodal (adj)	feodaal	[feodāl]
vassal (m)	vasal	[fasal]
duc (m)	hertog	[hertoχ]
comte (m)	graaf	[χrāf]
baron (m)	baron	[baron]
évêque (m)	biskop	[biskop]
armure (f)	harnas	[harnas]
bouclier (m)	skild	[skilt]
glaive (m)	swaard	[swārt]
visière (f)	visier	[fisir]
cotte (f) de mailles	maliehemp	[mali·hemp]
croisade (f)	Kruistog	[krœis·toχ]
croisé (m)	kruisvaarder	[krœis·fārdər]
territoire (m)	gebied	[χebit]
attaquer (~ un pays)	aanval	[ānfal]
conquérir (vt)	verower	[ferovər]
occuper (envahir)	beset	[beset]
siège (m)	beleg	[beleχ]
assiégé (adj)	beleërde	[beleɛrdə]
assiéger (vt)	beleër	[beleɛr]
inquisition (f)	inkwisisie	[inkvisisi]
inquisiteur (m)	inkwisiteur	[inkvisitøər]
torture (f)	marteling	[martəliŋ]
cruel (adj)	wreed	[vreət]
hérétique (m)	ketter	[kɛttər]
hérésie (f)	kettery	[kɛtteraj]
navigation (f) en mer	seevaart	[seə·fārt]
pirate (m)	piraat, seerower	[pirāt], [seə·rovər]
piraterie (f)	piratery, seerowery	[pirateraj], [seə·roveraj]

abordage (m)	enter	[ɛntər]
butin (m)	buit	[bœit]
trésor (m)	skatte	[skattə]

découverte (f)	ontdekking	[ontdɛkkiŋ]
découvrir (vt)	ontdek	[ontdek]
expédition (f)	ekspedisie	[ɛkspedisi]

mousquetaire (m)	musketier	[musketir]
cardinal (m)	kardinaal	[kardinãl]
héraldique (f)	heraldiek	[heraldik]
héraldique (adj)	heraldies	[heraldis]

189. Les dirigeants. Les responsables. Les autorités

roi (m)	koning	[koniŋ]
reine (f)	koningin	[koniŋin]
royal (adj)	koninklik	[koninklik]
royaume (m)	koninkryk	[koninkrajk]

prince (m)	prins	[prins]
princesse (f)	prinses	[prinsəs]

président (m)	president	[president]
vice-président (m)	vise-president	[fise-president]
sénateur (m)	senator	[senator]

monarque (m)	monarg	[monarχ]
gouverneur (m)	heerser	[heersər]
dictateur (m)	diktator	[diktator]
tyran (m)	tiran	[tiran]
magnat (m)	magnaat	[maχnãt]

directeur (m)	direkteur	[direktøer]
chef (m)	baas	[bãs]
gérant (m)	bestuurder	[bestɪrdər]
boss (m)	baas	[bãs]
patron (m)	eienaar	[æjenãr]

leader (m)	leier	[læjer]
chef (m) (~ d'une délégation)	hoof	[hoəf]
autorités (f pl)	outoriteite	[æʊtoritæjtə]
supérieurs (m pl)	hoofde	[hoəfdə]

gouverneur (m)	goewerneur	[χuvernøer]
consul (m)	konsul	[kɔŋsul]
diplomate (m)	diplomaat	[diplomãt]
maire (m)	burgermeester	[burgər·meəstər]
shérif (m)	sheriff	[sheriff]

empereur (m)	keiser	[kæjsər]
tsar (m)	tsaar	[tsãr]
pharaon (m)	farao	[farao]
khan (m)	kan	[kan]

190. L'itinéraire. La direction. Le chemin

route (f)	pad	[pat]
voie (f)	pad	[pat]
autoroute (f)	deurpad	[døərpat]
grande route (autoroute)	deurpad	[døərpat]
route (f) nationale	nasionale pad	[naʃionalə pat]
route (f) principale	hoofweg	[hoəf·weχ]
route (f) de campagne	grondpad	[χront·pat]
chemin (m) (sentier)	paadjie	[pãdʒi]
sentier (m)	paadjie	[pãdʒi]
Où?	Waar?	[vār?]
Où? (~ vas-tu?)	Waarheen?	[vārheən?]
D'où?	Waarvandaan?	[vārfandān?]
direction (f)	rigting	[riχtiŋ]
indiquer (le chemin)	wys	[vajs]
à gauche (tournez ~)	na links	[na links]
à droite (tournez ~)	na regs	[na reχs]
tout droit (adv)	reguit	[reχœit]
en arrière (adv)	terug	[teruχ]
virage (m)	draai	[drāi]
tourner (~ à gauche)	draai	[drāi]
faire un demi-tour	U-draai maak	[u-drāj māk]
se dessiner (vp)	sigbaar wees	[siχbār veəs]
apparaître (vi)	verskyn	[ferskajn]
halte (f)	stop	[stop]
se reposer (vp)	pouseer	[pæuseər]
repos (m)	ruspouse	[ruspæusə]
s'égarer (vp)	verdwaal	[ferdwāl]
mener à … (le chemin)	lei na …	[læj na …]
arriver à …	uitkom by	[œitkom baj]
tronçon (m) (de chemin)	stuk pad	[stuk pat]
asphalte (m)	teer	[teər]
bordure (f)	randsteen	[rand·steən]
fossé (m)	donga	[donχa]
bouche (f) d'égout	mangat	[manχat]
bas-côté (m)	skouer	[skæuər]
nid-de-poule (m)	slaggat	[slaχχat]
aller (à pied)	gaan	[χān]
dépasser (vt)	verbysteek	[ferbajsteək]
pas (m)	tree	[treə]
à pied	te voet	[tə fut]

barrer (vt)	blokkeer	[blokkeər]
barrière (f)	hefboom	[hefboəm]
impasse (f)	doodloopstraat	[doədloəp·strãt]

191. Les crimes. Les criminels. Partie 1

bandit (m)	bandiet	[bandit]
crime (m)	misdaad	[misdãt]
criminel (m)	misdadiger	[misdadiχər]

voleur (m)	dief	[dif]
voler (qch à qn)	steel	[steəl]
vol (m) (activité)	steel	[steəl]
vol (m) (~ à la tire)	diefstal	[difstal]

kidnapper (vt)	ontvoer	[ontfur]
kidnapping (m)	ontvoering	[ontfuriŋ]
kidnappeur (m)	ontvoerder	[ontfurdər]

| rançon (f) | losgeld | [losχɛlt] |
| exiger une rançon | losgeld eis | [losχɛlt æjs] |

cambrioler (vt)	besteel	[besteəl]
cambriolage (m)	oorval·	[oərfal]
cambrioleur (m)	boef	[buf]

extorquer (vt)	afpers	[afpers]
extorqueur (m)	afperser	[afpersər]
extorsion (f)	afpersing	[afpersiŋ]

tuer (vt)	vermoor	[fermoər]
meurtre (m)	moord	[moərt]
meurtrier (m)	moordenaar	[moərdenãr]

coup (m) de feu	skoot	[skoət]
abattre (par balle)	doodskiet	[doədskit]
tirer (vi)	skiet	[skit]
coups (m pl) de feu	skietery	[skiteraj]

incident (m)	insident	[insident]
bagarre (f)	geveg	[χefeχ]
Au secours!	Help!	[hɛlp!]
victime (f)	slagoffer	[slaχoffər]

endommager (vt)	beskadig	[beskadəχ]
dommage (m)	skade	[skadə]
cadavre (m)	lyk	[lajk]
grave (~ crime)	ernstig	[ɛrnstəχ]

attaquer (vt)	aanval	[ãnfal]
battre (frapper)	slaan	[slãn]
passer à tabac	platslaan	[platslãn]
prendre (voler)	vat	[fat]
poignarder (vt)	doodsteek	[doədsteək]

mutiler (vt)	vermink	[fermink]
blesser (vt)	wond	[vont]

chantage (m)	afpersing	[afpersiŋ]
faire chanter	afpers	[afpers]
maître (m) chanteur	afperser	[afpersər]

racket (m) de protection	beskermingswendelary	[beskermiŋ·swendəlaraj]
racketteur (m)	afperser	[afpersər]
gangster (m)	boef	[buf]
mafia (f)	mafia	[mafia]

pickpocket (m)	sakkeroller	[sakkerollər]
cambrioleur (m)	inbreker	[inbrekər]
contrebande (f) (trafic)	smokkel	[smokkəl]
contrebandier (m)	smokkelaar	[smokkəlār]

contrefaçon (f)	vervalsing	[ferfalsiŋ]
falsifier (vt)	verval	[ferfal]
faux (falsifié)	vals	[fals]

192. Les crimes. Les criminels. Partie 2

viol (m)	verkragting	[ferkraχtiŋ]
violer (vt)	verkrag	[ferkraχ]
violeur (m)	verkragter	[ferkraχtər]
maniaque (m)	maniak	[maniak]

prostituée (f)	prostituut	[prostitɪt]
prostitution (f)	prostitusie	[prostitusi]
souteneur (m)	pooier	[pojer]

drogué (m)	dwelmslaaf	[dwɛlm·slāf]
trafiquant (m) de drogue	dwelmhandelaar	[dwɛlm·handəlār]

faire exploser	opblaas	[opblās]
explosion (f)	ontploffing	[ontploffiŋ]
mettre feu	aan die brand steek	[ān di brant steek]
incendiaire (m)	brandstigter	[brant·stiχtər]

terrorisme (m)	terrorisme	[terrorismə]
terroriste (m)	terroris	[terroris]
otage (m)	gyselaar	[χajsəlār]

escroquer (vt)	bedrieg	[bedrəχ]
escroquerie (f)	bedrog	[bedroχ]
escroc (m)	bedrieër	[bedriɛr]

soudoyer (vt)	omkoop	[omkoəp]
corruption (f)	omkopery	[omkoperaj]
pot-de-vin (m)	omkoopgeld	[omkoəp·χɛlt]

poison (m)	gif	[χif]
empoisonner (vt)	vergiftig	[ferχiftəχ]

s'empoisonner (vp)	jouself vergiftig	[jæʊsɛlf ferχiftəχ]
suicide (m)	selfmoord	[sɛlfmoərt]
suicidé (m)	selfmoordenaar	[sɛlfmoərdenār]

menacer (vt)	dreig	[dræjχ]
menace (f)	dreigement	[dræjχement]
attentat (m)	aanslag	[ānslaχ]

voler (un auto)	steel	[steəl]
détourner (un avion)	kaap	[kāp]

vengeance (f)	wraak	[vrāk]
se venger (vp)	wreek	[vreək]

torturer (vt)	martel	[martəl]
torture (f)	marteling	[martəliŋ]
tourmenter (vt)	folter	[foltər]

pirate (m)	piraat, seerower	[pirāt], [seə·rovər]
voyou (m)	skollie	[skolli]
armé (adj)	gewapen	[χevapen]
violence (f)	geweld	[χevɛlt]
illégal (adj)	onwettig	[onwɛttəχ]

espionnage (m)	spioenasie	[spiunasi]
espionner (vt)	spioeneer	[spiuneər]

193. La police. La justice. Partie 1

justice (f)	justisie	[jəstisi]
tribunal (m)	geregshof	[χereχshof]

juge (m)	regter	[reχtər]
jury (m)	jurielede	[jurilede]
cour (f) d'assises	jurieregspraak	[juri·reχsprāk]
juger (vt)	bereg	[bereχ]

avocat (m)	advokaat	[adfokāt]
accusé (m)	beklaagde	[beklāχde]
banc (m) des accusés	beklaagdebank	[beklāχde·bank]

inculpation (f)	aanklag	[ānklaχ]
inculpé (m)	beskuldigde	[beskuldiχde]

condamnation (f)	vonnis	[fonnis]
condamner (vt)	veroordeel	[feroərdeəl]

coupable (m)	skuldig	[skuldəχ]
punir (vt)	straf	[straf]
punition (f)	straf	[straf]

amende (f)	boete	[butə]
détention (f) à vie	lewenslange gevangenisstraf	[levɛnslaŋe χefaŋenis·straf]

peine (f) de mort	doodstraf	[doədstraf]
chaise (f) électrique	elektriese stoel	[ɛlektrisə stul]
potence (f)	galg	[χalχ]

| exécuter (vt) | eksekuteer | [ɛksekuteər] |
| exécution (f) | eksekusie | [ɛksekusi] |

| prison (f) | tronk | [tronk] |
| cellule (f) | sel | [səl] |

escorte (f)	eskort	[ɛskort]
gardien (m) de prison	tronkbewaarder	[tronk·bevārdər]
prisonnier (m)	gevangene	[χefaŋənə]

| menottes (f pl) | handboeie | [hant·bujə] |
| mettre les menottes | in die boeie slaan | [in di bujə slān] |

évasion (f)	ontsnapping	[ontsnappiŋ]
s'évader (vp)	ontsnap	[ontsnap]
disparaître (vi)	verdwyn	[ferdwajn]
libérer (vt)	vrylaat	[frajlāt]
amnistie (f)	amnestie	[amnesti]

police (f)	polisie	[polisi]
policier (m)	polisieman	[polisi·man]
commissariat (m) de police	polisiestasie	[polisi·stasi]
matraque (f)	knuppel	[knuppəl]
haut parleur (m)	megafoon	[meχafoən]

voiture (f) de patrouille	patrolliemotor	[patrolli·motor]
sirène (f)	sirene	[sirenə]
enclencher la sirène	die sirene aanskakel	[di sirenə ānskakəl]
hurlement (m) de la sirène	sirenegeloei	[sirenə·χelui]

lieu (m) du crime	misdaadtoneel	[misdād·toneəl]
témoin (m)	getuie	[χetœiə]
liberté (f)	vryheid	[frajhæjt]
complice (m)	medepligtige	[medə·pliχtiχə]
s'enfuir (vp)	ontvlug	[ontfluχ]
trace (f)	spoor	[spoər]

194. La police. La justice. Partie 2

recherche (f)	soektog	[suktoχ]
rechercher (vt)	soek ...	[suk ...]
suspicion (f)	verdenking	[ferdɛnkiŋ]
suspect (adj)	verdag	[ferdaχ]
arrêter (dans la rue)	teëhou	[techæʊ]
détenir (vt)	aanhou	[ānhæʊ]

affaire (f) (~ pénale)	hofsaak	[hofsāk]
enquête (f)	ondersoek	[ondərsuk]
détective (m)	speurder	[spøərdər]
enquêteur (m)	speurder	[spøərdər]

hypothèse (f)	hipotese	[hipotesə]
motif (m)	motief	[motif]
interrogatoire (m)	ondervraging	[ondərfraχiŋ]
interroger (vt)	ondervra	[ondərfra]
interroger (~ les voisins)	verhoor	[ferhoər]
inspection (f)	kontroleer	[kontroleər]
rafle (f)	klopjag	[klopjaχ]
perquisition (f)	huissoeking	[hœis·sukiŋ]
poursuite (f)	agtervolging	[aχtərfolχiŋ]
poursuivre (vt)	agtervolg	[aχtərfolχ]
dépister (vt)	opspoor	[opspoər]
arrestation (f)	inhegtenisneming	[inheχtenis·nemiŋ]
arrêter (vt)	arresteer	[arresteər]
attraper (~ un criminel)	vang	[faŋ]
capture (f)	opsporing	[opsporiŋ]
document (m)	dokument	[dokument]
preuve (f)	bewys	[bevajs]
prouver (vt)	bewys	[bevajs]
empreinte (f) de pied	voetspoor	[futspoər]
empreintes (f pl) digitales	vingerafdrukke	[fiŋər·afdrukkə]
élément (m) de preuve	bewysstuk	[bevajs·stuk]
alibi (m)	alibi	[alibi]
innocent (non coupable)	onskuldig	[oŋskuldəχ]
injustice (f)	onreg	[onreχ]
injuste (adj)	onregverdig	[onreχferdəχ]
criminel (adj)	krimineel	[krimineəl]
confisquer (vt)	in beslag neem	[in beslaχ neəm]
drogue (f)	dwelm	[dwɛlm]
arme (f)	wapen	[vapen]
désarmer (vt)	ontwapen	[ontvapen]
ordonner (vt)	beveel	[befeəl]
disparaître (vi)	verdwyn	[ferdwajn]
loi (f)	wet	[vet]
légal (adj)	wettig	[vɛttəχ]
illégal (adj)	onwettig	[onwɛttəχ]
responsabilité (f)	verantwoordelikheid	[ferant·voərdelikhæjt]
responsable (adj)	verantwoordelik	[ferant·voərdelik]

LA NATURE

La Terre. Partie 1

195. L'espace cosmique

cosmos (m)	kosmos	[kosmos]
cosmique (adj)	kosmies	[kosmis]
espace (m) cosmique	buitenste ruimte	[bœitɛŋstə rajmtə]
monde (m)	wêreld	[værɛlt]
univers (m)	heelal	[heəlal]
galaxie (f)	sterrestelsel	[sterrə·stɛlsəl]
étoile (f)	ster	[ster]
constellation (f)	sterrebeeld	[sterrə·beəlt]
planète (f)	planeet	[planeət]
satellite (m)	satelliet	[satɛllit]
météorite (m)	meteoriet	[meteorit]
comète (f)	komeet	[komeət]
astéroïde (m)	asteroïed	[asteroïət]
orbite (f)	baan	[bãn]
tourner (vi)	draai	[drãi]
atmosphère (f)	atmosfeer	[atmosfeər]
Soleil (m)	die Son	[di son]
système (m) solaire	sonnestelsel	[sonnə·stɛlsəl]
éclipse (f) de soleil	sonsverduistering	[soŋs·ferdœisteriŋ]
Terre (f)	die Aarde	[di ãrdə]
Lune (f)	die Maan	[di mãn]
Mars (m)	Mars	[mars]
Vénus (f)	Venus	[fenus]
Jupiter (m)	Jupiter	[jupitər]
Saturne (m)	Saturnus	[saturnus]
Mercure (m)	Mercurius	[merkurius]
Uranus (m)	Uranus	[uranus]
Neptune	Neptunus	[neptunus]
Pluton (m)	Pluto	[pluto]
la Voie Lactée	Melkweg	[melk·wex]
la Grande Ours	Groot Beer	[xroet beər]
la Polaire	Poolster	[poəl·stər]
martien (m)	marsbewoner	[mars·bevonər]
extraterrestre (m)	buiteaardse wese	[bœitə·ãrdsə vesə]

| alien (m) | ruimtewese | [rœimtə·vesə] |
| soucoupe (f) volante | vlieënde skottel | [fliɛndə skottəl] |

vaisseau (m) spatial	ruimteskip	[rœimtə·skip]
station (f) orbitale	ruimtestasie	[rœimtə·stasi]
lancement (m)	vertrek	[fertrek]

moteur (m)	enjin	[ɛndʒin]
tuyère (f)	uitlaatpyp	[œitlāt·pajp]
carburant (m)	brandstof	[brantstof]

cabine (f)	stuurkajuit	[stɪr·kajœit]
antenne (f)	lugdraad	[luχdrāt]
hublot (m)	patryspoort	[patrajs·poərt]
batterie (f) solaire	sonpaneel	[son·paneəl]
scaphandre (m)	ruimtepak	[rœimtə·pak]

| apesanteur (f) | gewigloosheid | [χeviχloəshæjt] |
| oxygène (m) | suurstof | [sɪrstof] |

| arrimage (m) | koppeling | [koppeliŋ] |
| s'arrimer à ... | koppel | [koppəl] |

observatoire (m)	observatorium	[observatorium]
télescope (m)	teleskoop	[teleskoəp]
observer (vt)	waarneem	[vārneəm]
explorer (un cosmos)	eksploreer	[ɛksploreər]

196. La Terre

Terre (f)	die Aarde	[di ārdə]
globe (m) terrestre	die aardbol	[di ārdbol]
planète (f)	planeet	[planeət]

atmosphère (f)	atmosfeer	[atmosfeər]
géographie (f)	geografie	[χeoχrafi]
nature (f)	natuur	[natɪr]

globe (m) de table	aardbol	[ārd·bol]
carte (f)	kaart	[kārt]
atlas (m)	atlas	[atlas]

| Europe (f) | Europa | [øəropa] |
| Asie (f) | Asië | [asiɛ] |

| Afrique (f) | Afrika | [afrika] |
| Australie (f) | Australië | [ɔustraliɛ] |

Amérique (f)	Amerika	[amerika]
Amérique (f) du Nord	Noord-Amerika	[noərd-amerika]
Amérique (f) du Sud	Suid-Amerika	[sœid-amerika]

| l'Antarctique (m) | Suidpool | [sœid·poəl] |
| l'Arctique (m) | Noordpool | [noərd·poəl] |

197. Les quatre parties du monde

nord (m)	noorde	[noərdə]
vers le nord	na die noorde	[na di noərdə]
au nord	in die noorde	[in di noərdə]
du nord (adj)	noordelik	[noərdəlik]
sud (m)	suide	[sœidə]
vers le sud	na die suide	[na di sœidə]
au sud	in die suide	[in di sœidə]
du sud (adj)	suidelik	[sœidəlik]
ouest (m)	weste	[vestə]
vers l'occident	na die weste	[na di vestə]
à l'occident	in die weste	[in di vestə]
occidental (adj)	westelik	[vestelik]
est (m)	ooste	[oəstə]
vers l'orient	na die ooste	[na di oəstə]
à l'orient	in die ooste	[in di oəstə]
oriental (adj)	oostelik	[oəstəlik]

198. Les océans et les mers

mer (f)	see	[seə]
océan (m)	oseaan	[oseān]
golfe (m)	golf	[χolf]
détroit (m)	straat	[strāt]
terre (f) ferme	land	[lant]
continent (m)	kontinent	[kontinent]
île (f)	eiland	[æjlant]
presqu'île (f)	skiereiland	[skir·æjlant]
archipel (m)	argipel	[arχipəl]
baie (f)	baai	[bāi]
port (m)	hawe	[havə]
lagune (f)	strandmeer	[strand·meər]
cap (m)	kaap	[kāp]
atoll (m)	atol	[atol]
récif (m)	rif	[rif]
corail (m)	koraal	[korāl]
récif (m) de corail	koraalrif	[korāl·rif]
profond (adj)	diep	[dip]
profondeur (f)	diepte	[diptə]
abîme (m)	afgrond	[afχront]
fosse (f) océanique	trog	[troχ]
courant (m)	stroming	[stromiŋ]
baigner (vt) (mer)	omring	[omriŋ]

littoral (m)	oewer	[uvər]
côte (f)	kus	[kus]
marée (f) haute	hoogwater	[hoəx·vatər]
marée (f) basse	laagwater	[lāx·vatər]
banc (m) de sable	sandbank	[sand·bank]
fond (m)	bodem	[bodem]
vague (f)	golf	[χolf]
crête (f) de la vague	kruin	[krœin]
mousse (f)	skuim	[skœim]
tempête (f) en mer	storm	[storm]
ouragan (m)	orkaan	[orkān]
tsunami (m)	tsunami	[tsunami]
calme (m)	windstilte	[vindstiltə]
calme (tranquille)	kalm	[kalm]
pôle (m)	pool	[poəl]
polaire (adj)	polêr	[polær]
latitude (f)	breedtegraad	[breədtə·χrāt]
longitude (f)	lengtegraad	[leŋtə·χrāt]
parallèle (f)	parallel	[parallel]
équateur (m)	ewenaar	[ɛvenār]
ciel (m)	hemel	[heməl]
horizon (m)	horison	[horison]
air (m)	lug	[luχ]
phare (m)	vuurtoring	[fɪrtoriŋ]
plonger (vi)	duik	[dœik]
sombrer (vi)	sink	[sink]
trésor (m)	skatte	[skattə]

199. Les noms des mers et des océans

océan (m) Atlantique	Atlantiese oseaan	[atlantisə oseān]
océan (m) Indien	Indiese Oseaan	[indisə oseān]
océan (m) Pacifique	Stille Oseaan	[stillə oseān]
océan (m) Glacial	Noordelike Yssee	[noərdelikə ajs·seə]
mer (f) Noire	Swart See	[swart seə]
mer (f) Rouge	Rooi See	[roj seə]
mer (f) Jaune	Geel See	[χeəl seə]
mer (f) Blanche	Witsee	[vit·seə]
mer (f) Caspienne	Kaspiese See	[kaspisə seə]
mer (f) Morte	Dooie See	[dojə seə]
mer (f) Méditerranée	Middellandse See	[middəllandsə seə]
mer (f) Égée	Egeïese See	[ɛχejesə seə]
mer (f) Adriatique	Adriatiese See	[adriatisə seə]
mer (f) Arabique	Arabiese See	[arabisə seə]

mer (f) du Japon	Japanse See	[japaŋsə seə]
mer (f) de Béring	Beringsee	[beriŋ·seə]
mer (f) de Chine Méridionale	Suid-Sjinese See	[sœid-ʃinesə seə]

mer (f) de Corail	Koraalsee	[korāl·seə]
mer (f) de Tasman	Tasmansee	[tasmaŋ·seə]
mer (f) Caraïbe	Karibiese See	[karibisə seə]

| mer (f) de Barents | Barentssee | [barents·seə] |
| mer (f) de Kara | Karasee | [kara·seə] |

mer (f) du Nord	Noordsee	[noərd·seə]
mer (f) Baltique	Baltiese See	[baltisə seə]
mer (f) de Norvège	Noorse See	[noərsə seə]

200. Les montagnes

montagne (f)	berg	[berχ]
chaîne (f) de montagnes	bergreeks	[berχ·reəks]
crête (f)	bergrug	[berχ·ruχ]

sommet (m)	top	[top]
pic (m)	piek	[pik]
pied (m)	voet	[fut]
pente (f)	helling	[hɛlliŋ]

volcan (m)	vulkaan	[fulkān]
volcan (m) actif	aktiewe vulkaan	[aktivə fulkān]
volcan (m) éteint	rustende vulkaan	[rustendə fulkān]

éruption (f)	uitbarsting	[œitbarstiŋ]
cratère (m)	krater	[kratər]
magma (m)	magma	[maχma]
lave (f)	lawa	[lava]
en fusion (lave ~)	gloeiende	[χlujendə]

canyon (m)	diepkloof	[dip·kloəf]
défilé (m) (gorge)	kloof	[kloəf]
crevasse (f)	skeur	[skøər]
précipice (m)	afgrond	[afχront]

col (m) de montagne	bergpas	[berχ·pas]
plateau (m)	plato	[plato]
rocher (m)	krans	[kraŋs]
colline (f)	kop	[kop]

glacier (m)	gletser	[χletsər]
chute (f) d'eau	waterval	[vatər·fal]
geyser (m)	geiser	[χæjsər]
lac (m)	meer	[meər]

plaine (f)	vlakte	[flaktə]
paysage (m)	landskap	[landskap]
écho (m)	eggo	[ɛχχo]

alpiniste (m)	**alpinis**	[alpinis]
varappeur (m)	**bergklimmer**	[berχ·klimmər]
conquérir (vt)	**baasraak**	[bāsrāk]
ascension (f)	**beklimming**	[beklimmiŋ]

201. Les noms des chaînes de montagne

Alpes (f pl)	**die Alpe**	[di alpə]
Mont Blanc (m)	**Mont Blanc**	[mon blan]
Pyrénées (f pl)	**die Pireneë**	[di pireneɛ]
Carpates (f pl)	**die Karpate**	[di karpatə]
Monts Oural (m pl)	**die Oeralgebergte**	[di ural·χəberχtə]
Caucase (m)	**die Koukasus Gebergte**	[di kæʊkasus χəberχtə]
Elbrous (m)	**Elbroes**	[ɛlbrus]
Altaï (m)	**die Altai-gebergte**	[di altaj·χəberχtə]
Tian Chan (m)	**die Tian Shan**	[di tian ʃan]
Pamir (m)	**die Pamir**	[di pamir]
Himalaya (m)	**die Himalajas**	[di himalajas]
Everest (m)	**Everest**	[ɛverest]
Andes (f pl)	**die Andes**	[di andes]
Kilimandjaro (m)	**Kilimanjaro**	[kilimanʤaro]

202. Les fleuves

rivière (f), fleuve (m)	**rivier**	[rifir]
source (f)	**bron**	[bron]
lit (m) (d'une rivière)	**rivierbed**	[rifir·bet]
bassin (m)	**stroomgebied**	[stroəm·χebit]
se jeter dans ...	**uitmond in ...**	[œitmont in ...]
affluent (m)	**syrivier**	[saj·rifir]
rive (f)	**oewer**	[uvər]
courant (m)	**stroming**	[stromiŋ]
en aval	**stroomafwaarts**	[stroəm·afvārts]
en amont	**stroomopwaarts**	[stroəm·opvārts]
inondation (f)	**oorstroming**	[oərstromiŋ]
les grandes crues	**oorstroming**	[oərstromiŋ]
déborder (vt)	**oor sy walle loop**	[oər saj vallə loəp]
inonder (vt)	**oorstroom**	[oərstroəm]
bas-fond (m)	**sandbank**	[sand·bank]
rapide (m)	**stroomversnellings**	[stroəm·fersnɛlliŋs]
barrage (m)	**damwal**	[dam·wal]
canal (m)	**kanaal**	[kanāl]
lac (m) de barrage	**opgaardam**	[opχār·dam]
écluse (f)	**sluis**	[slœis]

plan (m) d'eau	dam	[dam]
marais (m)	moeras	[muras]
fondrière (f)	vlei	[flæj]
tourbillon (m)	draaikolk	[drāj·kolk]

ruisseau (m)	spruit	[sprœit]
potable (adj)	drink-	[drink-]
douce (l'eau ~)	vars	[fars]

| glace (f) | ys | [ajs] |
| être gelé | bevries | [befris] |

203. Les noms des fleuves

| Seine (f) | Seine | [sæjn] |
| Loire (f) | Loire | [lua:r] |

Tamise (f)	Teems	[tems]
Rhin (m)	Ryn	[rajn]
Danube (m)	Donau	[donɔu]

Volga (f)	Wolga	[volga]
Don (m)	Don	[don]
Lena (f)	Lena	[lena]

Huang He (m)	Geel Rivier	[χeəl rifir]
Yangzi Jiang (m)	Blou Rivier	[blæʊ rifir]
Mékong (m)	Mekong	[mekoŋ]
Gange (m)	Ganges	[χaŋəs]

Nil (m)	Nyl	[najl]
Congo (m)	Kongorivier	[kongo·rifir]
Okavango (m)	Okavango	[okavango]
Zambèze (m)	Zambezi	[sambesi]
Limpopo (m)	Limpopo	[limpopo]
Mississippi (m)	Mississippi	[mississippi]

204. La forêt

| forêt (f) | bos | [bos] |
| forestier (adj) | bos- | [bos-] |

fourré (m)	woud	[væʊt]
bosquet (m)	boord	[boərt]
clairière (f)	oopte	[oəptə]

| broussailles (f pl) | struikgewas | [strœik·χevas] |
| taillis (m) | struikveld | [strœik·fɛlt] |

sentier (m)	paadjie	[pādʒi]
ravin (m)	donga	[donχa]
arbre (m)	boom	[boəm]

| feuille (f) | blaar | [blār] |
| feuillage (m) | blare | [blarə] |

chute (f) de feuilles	val van die blare	[fal fan di blarə]
tomber (feuilles)	val	[fal]
sommet (m)	boomtop	[boəm·top]

rameau (m)	tak	[tak]
branche (f)	tak	[tak]
bourgeon (m)	knop	[knop]
aiguille (f)	naald	[nālt]
pomme (f) de pin	dennebol	[dɛnnə·bol]

creux (m)	holte	[holtə]
nid (m)	nes	[nes]
terrier (m) (~ d'un renard)	gat	[ɣat]

tronc (m)	stam	[stam]
racine (f)	wortel	[vortəl]
écorce (f)	bas	[bas]
mousse (f)	mos	[mos]

déraciner (vt)	ontwortel	[ontwortəl]
abattre (un arbre)	omkap	[omkap]
déboiser (vt)	ontbos	[ontbos]
souche (f)	boomstomp	[boəm·stomp]

feu (m) de bois	kampvuur	[kampfɪr]
incendie (m)	bosbrand	[bos·brant]
éteindre (feu)	blus	[blus]

garde (m) forestier	boswagter	[bos·waχtər]
protection (f)	beskerming	[beskermiŋ]
protéger (vt)	beskerm	[beskerm]
braconnier (m)	wildstroper	[vilt·stropər]
piège (m) à mâchoires	slagyster	[slaχ·ajstər]

| cueillir (vt) | pluk | [pluk] |
| s'égarer (vp) | verdwaal | [ferdwāl] |

205. Les ressources naturelles

ressources (f pl) naturelles	natuurlike bronne	[natɪrlikə bronnə]
minéraux (m pl)	minerale	[mineralə]
gisement (m)	lae	[laə]
champ (m) (~ pétrolifère)	veld	[fɛlt]

extraire (vt)	myn	[majn]
extraction (f)	myn	[majn]
minerai (m)	erts	[ɛrts]
mine (f) (site)	myn	[majn]
puits (m) de mine	mynskag	[majn·skaχ]
mineur (m)	mynwerker	[majn·werkər]
gaz (m)	gas	[ɣas]

gazoduc (m)	gaspyp	[χas·pajp]
pétrole (m)	olie	[oli]
pipeline (m)	olipypleiding	[oli·pajp·læjdiŋ]
tour (f) de forage	oliebron	[oli·bron]
derrick (m)	boortoring	[boər·toriŋ]
pétrolier (m)	tenkskip	[tɛnk·skip]
sable (m)	sand	[sant]
calcaire (m)	kalksteen	[kalksteən]
gravier (m)	gruis	[χrœis]
tourbe (f)	veengrond	[feənχront]
argile (f)	klei	[klæj]
charbon (m)	steenkool	[steən·koəl]
fer (m)	yster	[ajstər]
or (m)	goud	[χæʊt]
argent (m)	silwer	[silwər]
nickel (m)	nikkel	[nikkəl]
cuivre (m)	koper	[kopər]
zinc (m)	sink	[sink]
manganèse (m)	mangaan	[manχān]
mercure (m)	kwik	[kwik]
plomb (m)	lood	[loət]
minéral (m)	mineraal	[minerāl]
cristal (m)	kristal	[kristal]
marbre (m)	marmer	[marmər]
uranium (m)	uraan	[urān]

La Terre. Partie 2

206. Le temps

temps (m)	weer	[veər]
météo (f)	weersvoorspelling	[veərs·foərspɛlliŋ]
température (f)	temperatuur	[temperatɪr]
thermomètre (m)	termometer	[termometər]
baromètre (m)	barometer	[barometər]
humide (adj)	klam	[klam]
humidité (f)	vogtigheid	[foχtiχæjt]
chaleur (f) (canicule)	hitte	[hittə]
torride (adj)	heet	[heət]
il fait très chaud	dis vrekwarm	[dis frekvarm]
il fait chaud	dit is warm	[dit is varm]
chaud (modérément)	louwarm	[læʊvarm]
il fait froid	dis koud	[dis kæʊt]
froid (adj)	koud	[kæʊt]
soleil (m)	son	[son]
briller (soleil)	skyn	[skajn]
ensoleillé (jour ~)	sonnig	[sonnəχ]
se lever (vp)	opkom	[opkom]
se coucher (vp)	ondergaan	[ondərχān]
nuage (m)	wolk	[volk]
nuageux (adj)	bewolk	[bevolk]
nuée (f)	reënwolk	[reɛn·wolk]
sombre (adj)	somber	[śombər]
pluie (f)	reën	[reɛn]
il pleut	dit reën	[dit reɛn]
pluvieux (adj)	reënerig	[reɛnerəχ]
bruiner (v imp)	motreën	[motreɛn]
pluie (f) torrentielle	stortbui	[stortbœi]
averse (f)	reënvlaag	[reɛn·flāχ]
forte (la pluie ~)	swaar	[swār]
flaque (f)	poeletjie	[puləki]
se faire mouiller	nat word	[nat vort]
brouillard (m)	mis	[mis]
brumeux (adj)	mistig	[mistəχ]
neige (f)	sneeu	[sniʊ]
il neige	dit sneeu	[dit sniʊ]

207. Les intempéries. Les catastrophes naturelles

orage (m)	donderstorm	[dondər·storm]
éclair (m)	weerlig	[veərləχ]
éclater (foudre)	flits	[flits]
tonnerre (m)	donder	[dondər]
gronder (tonnerre)	donder	[dondər]
le tonnerre gronde	dit donder	[dit dondər]
grêle (f)	hael	[haəl]
il grêle	dit hael	[dit haəl]
inonder (vt)	oorstroom	[oərstroəm]
inondation (f)	oorstroming	[oərstromiŋ]
tremblement (m) de terre	aardbewing	[ārd·beviŋ]
secousse (f)	aardskok	[ārd·skok]
épicentre (m)	episentrum	[ɛpisentrum]
éruption (f)	uitbarsting	[œitbarstiŋ]
lave (f)	lawa	[lava]
tourbillon (m)	tornado	[tornado]
tornade (f)	tornado	[tornado]
typhon (m)	tifoon	[tifoən]
ouragan (m)	orkaan	[orkān]
tempête (f)	storm	[storm]
tsunami (m)	tsunami	[tsunami]
cyclone (m)	sikloon	[sikloən]
intempéries (f pl)	slegte weer	[sleχtə veər]
incendie (m)	brand	[brant]
catastrophe (f)	ramp	[ramp]
météorite (m)	meteoriet	[meteorit]
avalanche (f)	lawine	[lavinə]
éboulement (m)	sneeulawine	[sniʊ·lavinə]
blizzard (m)	sneeustorm	[sniʊ·storm]
tempête (f) de neige	sneeustorm	[sniʊ·storm]

208. Les bruits. Les sons

silence (m)	stilte	[stiltə]
son (m)	geluid	[χelœit]
bruit (m)	geraas	[χerās]
faire du bruit	geraas maak	[χerās māk]
bruyant (adj)	lawaaierig	[lavajerəχ]
fort (adv)	hard	[hart]
fort (voix ~e)	hard	[hart]
constant (bruit, etc.)	aanhoudend	[ānhæʊdent]

cri (m)	skreeu	[skriʊ]
crier (vi)	skreeu	[skriʊ]
chuchotement (m)	gefluister	[χeflœistər]
chuchoter (vi, vt)	fluister	[flœistər]

| aboiement (m) | geblaf | [χeblaf] |
| aboyer (vi) | blaf | [blaf] |

gémissement (m)	gekreun	[χekrøən]
gémir (vi)	kreun	[krøən]
toux (f)	hoes	[hus]
tousser (vi)	hoes	[hus]

sifflement (m)	gefluit	[χeflœit]
siffler (vi)	fluit	[flœit]
coups (m pl) à la porte	klop	[klop]
frapper (~ à la porte)	klop	[klop]

| craquer (vi) | kraak | [krāk] |
| craquement (m) | gekraak | [χekrāk] |

sirène (f)	sirene	[sirenə]
sifflement (m) (de train)	fluit	[flœit]
siffler (train, etc.)	fluit	[flœit]
coup (m) de klaxon	toeter	[tutər]
klaxonner (vi)	toeter	[tutər]

209. L'hiver

hiver (m)	winter	[vintər]
d'hiver (adj)	winter-	[vintər-]
en hiver	in die winter	[in di vintər]

neige (f)	sneeu	[sniʊ]
il neige	dit sneeu	[dit sniʊ]
chute (f) de neige	sneeuval	[sniʊ·fal]
congère (f)	sneeuhoop	[sniʊ·hoəp]

flocon (m) de neige	sneeuvlokkie	[sniʊ·flokki]
boule (f) de neige	sneeubal	[sniʊ·bal]
bonhomme (m) de neige	sneeuman	[sniʊ·man]
glaçon (m)	yskeël	[ajskeɛl]

décembre (m)	Desember	[desembər]
janvier (m)	Januarie	[januari]
février (m)	Februarie	[februari]

| gel (m) | ryp | [rajp] |
| glacial (nuit ~) | vries- | [fris-] |

au-dessous de zéro	onder nul	[ondər nul]
premières gelées (f pl)	eerste ryp	[eerstə rajp]
givre (m)	ruigryp	[rœiχ·rajp]
froid (m)	koue	[kæʊə]

il fait froid	dis koud	[dis kæʊt]
manteau (m) de fourrure	pelsjas	[pelʃas]
moufles (f pl)	duimhandskoene	[dœim·handskunə]

| tomber malade | siek word | [sik vort] |
| refroidissement (m) | verkoue | [ferkæʊə] |

glace (f)	ys	[ajs]
verglas (m)	gevriesde reën	[xefrisdə reɛn]
être gelé	bevries	[befris]
bloc (m) de glace	ysskotse	[ajs·skotsə]

skieur (m)	skiër	[skiɛr]
faire du ski	ski	[ski]
patiner (vi)	ysskaats	[ajs·skāts]

La faune

210. Les mammifères. Les prédateurs

prédateur (m)	roofdier	[roəf·dir]
tigre (m)	tier	[tir]
lion (m)	leeu	[liʊ]
loup (m)	wolf	[volf]
renard (m)	vos	[fos]
jaguar (m)	jaguar	[jaχuar]
léopard (m)	luiperd	[lœipert]
guépard (m)	jagluiperd	[jaχ·lœipert]
panthère (f)	swart luiperd	[swart lœipert]
puma (m)	poema	[puma]
léopard (m) de neiges	sneeuluiperd	[sniʊ·lœipert]
lynx (m)	los	[los]
coyote (m)	prêriewolf	[præri·volf]
chacal (m)	jakkals	[jakkals]
hyène (f)	hiëna	[hiɛna]

211. Les animaux sauvages

animal (m)	dier	[dir]
bête (f)	beest	[beəst]
écureuil (m)	eekhoring	[eəkhorIŋ]
hérisson (m)	krimpvarkie	[krimpfarki]
lièvre (m)	hasie	[hasi]
lapin (m)	konyn	[konajn]
blaireau (m)	das	[das]
raton (m)	wasbeer	[vasbeər]
hamster (m)	hamster	[hamstər]
marmotte (f)	marmot	[marmot]
taupe (f)	mol	[mol]
souris (f)	muis	[mœis]
rat (m)	rot	[rot]
chauve-souris (f)	vlermuis	[fler·mœis]
hermine (f)	hermelyn	[hermələjn]
zibeline (f)	sabel, sabeldier	[sabəl], [sabəl·dir]
martre (f)	marter	[martər]
belette (f)	wesel	[vesəl]
vison (m)	nerts	[nerts]

| castor (m) | bewer | [bevər] |
| loutre (f) | otter | [ottər] |

cheval (m)	perd	[pert]
élan (m)	eland	[ɛlant]
cerf (m)	hert	[hert]
chameau (m)	kameel	[kameəl]

bison (m)	bison	[bison]
aurochs (m)	wisent	[visent]
buffle (m)	buffel	[buffəl]

zèbre (m)	sebra, kwagga	[sebra], [kwaχχa]
antilope (f)	wildsbok	[vilds·bok]
chevreuil (m)	reebok	[reəbok]
biche (f)	damhert	[damhert]
chamois (m)	gems	[χems]
sanglier (m)	wildevark	[vildə·fark]

baleine (f)	walvis	[valfis]
phoque (m)	seehond	[seə·hont]
morse (m)	walrus	[valrus]
ours (m) de mer	seebeer	[seə·beər]
dauphin (m)	dolfyn	[dolfajn]

ours (m)	beer	[beər]
ours (m) blanc	ysbeer	[ajs·beər]
panda (m)	panda	[panda]

singe (m)	aap	[āp]
chimpanzé (m)	sjimpansee	[ʃimpaŋseə]
orang-outang (m)	orangoetang	[oranχutaŋ]
gorille (m)	gorilla	[χorilla]
macaque (m)	makaak	[makāk]
gibbon (m)	gibbon	[χibbon]

éléphant (m)	olifant	[olifant]
rhinocéros (m)	renoster	[renostər]
girafe (f)	kameelperd	[kameəl·pert]
hippopotame (m)	seekoei	[seə·kui]

| kangourou (m) | kangaroe | [kanχaru] |
| koala (m) | koala | [koala] |

mangouste (f)	muishond	[mœis·hont]
chinchilla (m)	chinchilla, tjintjilla	[tʃin·tʃila]
mouffette (f)	stinkmuishond	[stinkmœis·hont]
porc-épic (m)	ystervark	[ajstər·fark]

212. Les animaux domestiques

chat (m) (femelle)	kat	[kat]
chat (m) (mâle)	kater	[katər]
chien (m)	hond	[hont]

cheval (m)	perd	[pert]
étalon (m)	hings	[hiŋs]
jument (f)	merrie	[merri]
vache (f)	koei	[kui]
taureau (m)	bul	[bul]
bœuf (m)	os	[os]
brebis (f)	skaap	[skāp]
mouton (m)	ram	[ram]
chèvre (f)	bok	[bok]
bouc (m)	bokram	[bok·ram]
âne (m)	donkie, esel	[donki], [eisəl]
mulet (m)	muil	[mœil]
cochon (m)	vark	[fark]
pourceau (m)	varkie	[farki]
lapin (m)	konyn	[konajn]
poule (f)	hoender, hen	[hundər], [hen]
coq (m)	haan	[hān]
canard (m)	eend	[eent]
canard (m) mâle	mannetjieseend	[mannəkis·eent]
oie (f)	gans	[χaŋs]
dindon (m)	kalkoenmannetjie	[kalkun·mannəki]
dinde (f)	kalkoen	[kalkun]
animaux (m pl) domestiques	huisdiere	[hœis·dirə]
apprivoisé (adj)	mak	[mak]
apprivoiser (vt)	mak maak	[mak māk]
élever (vt)	teel	[teəl]
ferme (f)	plaas	[plās]
volaille (f)	pluimvee	[plœimfeə]
bétail (m)	beeste	[beəstə]
troupeau (m)	kudde	[kuddə]
écurie (f)	stal	[stal]
porcherie (f)	varkstal	[fark·stal]
vacherie (f)	koeistal	[kui·stal]
cabane (f) à lapins	konynehok	[konajnə·hok]
poulailler (m)	hoenderhok	[hundər·hok]

213. Le chien. Les races

chien (m)	hond	[hont]
berger (m)	herdershond	[herdərs·hont]
berger (m) allemand	Duitse herdershond	[dœitsə herdərs·hont]
caniche (f)	poedel	[pudəl]
teckel (m)	worshond	[vors·hont]
bouledogue (m)	bulhond	[bul·hont]

boxer (m)	bokser	[boksər]
mastiff (m)	mastiff	[mastif]
rottweiler (m)	Rottweiler	[rottwæjlər]
doberman (m)	Dobermann	[dobermann]

basset (m)	basset	[basset]
bobtail (m)	bobtail	[bobtajl]
dalmatien (m)	Dalmatiese hond	[dalmatisə hont]
cocker (m)	sniphond	[snip·hont]

| terre-neuve (m) | Newfoundlander | [njufæʊntlandər] |
| saint-bernard (m) | Sint Bernard | [sint bernart] |

husky (m)	poolhond, husky	[pulhont], [huski]
chow-chow (m)	chowchow	[tʃau·tʃau]
spitz (m)	spitshond	[spits·hont]
carlin (m)	mopshond	[mops·hont]

214. Les cris des animaux

aboiement (m)	geblaf	[χeblaf]
aboyer (vi)	blaf	[blaf]
miauler (vi)	miaau	[miãu]
ronronner (vi)	spin	[spin]

meugler (vi)	loei	[lui]
beugler (taureau)	bulk	[bulk]
rugir (chien)	grom	[χrom]

hurlement (m)	gehuil	[χehœil]
hurler (loup)	huil	[hœil]
geindre (vi)	tjank	[tʃank]

bêler (vi)	blêr	[blær]
grogner (cochon)	snork	[snork]
glapir (cochon)	gil	[χil]

coasser (vi)	kwaak	[kwãk]
bourdonner (vi)	zoem	[zum]
striduler (vi)	kriek	[krik]

215. Les jeunes animaux

bébé (m) (≈ lapin)	kleintjie	[klæjnki]
chaton (m)	katjie	[kaki]
souriceau (m)	muisie	[mœisi]
chiot (m)	hondjie	[hondʒi]

levraut (m)	hasie	[hasi]
lapereau (m)	konyntjie	[konajnki]
louveteau (m)	wolfie	[volfi]
renardeau (m)	vossie	[fossi]

ourson (m)	beertjie	[beərki]
lionceau (m)	leeutjie	[liʊki]
bébé (m) tigre	tiertjie	[tirki]
éléphanteau (m)	olifantjie	[olifanki]
pourceau (m)	varkie	[farki]
veau (m)	kalfie	[kalfi]
chevreau (m)	bokkie	[bokki]
agneau (m)	lam	[lam]
faon (m)	bokkie	[bokki]
bébé (m) chameau	kameeltjie	[kameəlki]
serpenteau (m)	slangetjie	[slaŋəki]
bébé (m) grenouille	paddatjie	[pad·daki]
oisillon (m)	voëltjie	[foɛlki]
poussin (m)	kuiken	[kœiken]
canardeau (m)	eendjie	[eəndʒi]

216. Les oiseaux

oiseau (m)	voël	[foɛl]
pigeon (m)	duif	[dœif]
moineau (m)	mossie	[mossi]
mésange (f)	mees	[meəs]
pie (f)	ekster	[ɛkstər]
corbeau (m)	raaf	[rãf]
corneille (f)	kraai	[krãi]
choucas (m)	kerkkraai	[kerk·krãi]
freux (m)	roek	[ruk]
canard (m)	eend	[eent]
oie (f)	gans	[χaŋs]
faisan (m)	fisant	[fisant]
aigle (m)	arend	[arɛnt]
épervier (m)	sperwer	[sperwər]
faucon (m)	valk	[falk]
vautour (m)	aasvoël	[ãsfoɛl]
condor (m)	kondor	[kondor]
cygne (m)	swaan	[swãn]
grue (f)	kraanvoël	[krãn·foɛl]
cigogne (f)	ooievaar	[ojefãr]
perroquet (m)	papegaai	[papeχãi]
colibri (m)	kolibrie	[kolibri]
paon (m)	pou	[pæʊ]
autruche (f)	volstruis	[folstrœis]
héron (m)	reier	[ræjer]
flamant (m)	flamink	[flamink]
pélican (m)	pelikaan	[pelikãn]

| rossignol (m) | nagtegaal | [naχteχāl] |
| hirondelle (f) | swael | [swaəl] |

merle (m)	lyster	[lajstər]
grive (f)	sanglyster	[saŋlajstər]
merle (m) noir	merel	[merəl]

martinet (m)	windswael	[vindswaəl]
alouette (f) des champs	lewerik	[leverik]
caille (f)	kwartel	[kwartəl]

pivert (m)	speg	[speχ]
coucou (m)	koekoek	[kukuk]
chouette (f)	uil	[œil]
hibou (m)	ooruil	[oərœil]
tétras (m)	auerhoen	[ɔuer·hun]
tétras-lyre (m)	korhoen	[korhun]
perdrix (f)	patrys	[patrajs]

étourneau (m)	spreeu	[spriʊ]
canari (m)	kanarie	[kanari]
gélinotte (f) des bois	bonasa hoen	[bonasa hun]
pinson (m)	gryskoppie	[χrajskoppi]
bouvreuil (m)	bloedvink	[bludfink]

mouette (f)	seemeeu	[seəmiʊ]
albatros (m)	albatros	[albatros]
pingouin (m)	pikkewyn	[pikkəvajn]

217. Les oiseaux. Le chant, les cris

chanter (vi)	fluit	[flœit]
crier (vi)	roep	[rup]
chanter (le coq)	kraai	[krāi]
cocorico (m)	koekelekoe	[kukeleku]

glousser (vi)	kekkel	[kɛkkəl]
croasser (vi)	kras	[kras]
cancaner (vi)	kwaak	[kwāk]
piauler (vi)	piep	[pip]
pépier (vi)	tjilp	[ʧilp]

218. Les poissons. Les animaux marins

brème (f)	brasem	[brasem]
carpe (f)	karp	[karp]
perche (f)	baars	[bārs]
silure (m)	katvis, seebaber	[katfis], [seə·babər]
brochet (m)	snoek	[snuk]

| saumon (m) | salm | [salm] |
| esturgeon (m) | steur | [støər] |

hareng (m)	haring	[hariŋ]
saumon (m) atlantique	atlantiese salm	[atlantisə salm]
maquereau (m)	makriel	[makril]
flet (m)	platvis	[platfis]

sandre (f)	varswatersnoek	[farswatər·snuk]
morue (f)	kabeljou	[kabeljæʊ]
thon (m)	tuna	[tuna]
truite (f)	forel	[forəl]

anguille (f)	paling	[paliŋ]
torpille (f)	drilvis	[drilfis]
murène (f)	bontpaling	[bontpaliŋ]
piranha (m)	piranha	[piranha]

requin (m)	haai	[hāi]
dauphin (m)	dolfyn	[dolfajn]
baleine (f)	walvis	[valfis]

crabe (m)	krap	[krap]
méduse (f)	jellievis	[jelli·fis]
pieuvre (f), poulpe (m)	seekat	[see·kat]

étoile (f) de mer	seester	[seə·stər]
oursin (m)	see-egel, seekastaiing	[seə·eχel], [seə·kastajiŋ]
hippocampe (m)	seeperdjie	[seə·perdʒi]

huître (f)	oester	[ustər]
crevette (f)	garnaal	[χarnāl]
homard (m)	kreef	[kreəf]
langoustine (f)	seekreef	[seə·kreəf]

219. Les amphibiens. Les reptiles

| serpent (m) | slang | [slaŋ] |
| venimeux (adj) | giftig | [χiftəχ] |

vipère (f)	adder	[addər]
cobra (m)	kobra	[kobra]
python (m)	luislang	[lœislaŋ]
boa (m)	boa, konstriktorslang	[boa], [kɔŋstriktor·slaŋ]

couleuvre (f)	ringslang	[riŋ·slaŋ]
serpent (m) à sonnettes	ratelslang	[ratəl·slaŋ]
anaconda (m)	anakonda	[anakonda]

lézard (m)	akkedis	[akkedis]
iguane (m)	leguaan	[leχuān]
varan (m)	likkewaan	[likkevān]
salamandre (f)	salamander	[salamandər]
caméléon (m)	verkleurmannetjie	[ferkløər·manneki]
scorpion (m)	skerpioen	[skerpiun]
tortue (f)	skilpad	[skilpat]
grenouille (f)	padda	[padda]

| crapaud (m) | brulpadda | [brul·padda] |
| crocodile (m) | krokodil | [krokodil] |

220. Les insectes

insecte (m)	insek	[insek]
papillon (m)	skoenlapper	[skunlappər]
fourmi (f)	mier	[mir]
mouche (f)	vlieg	[fliχ]
moustique (m)	muskiet	[muskit]
scarabée (m)	kewer	[kevər]

guêpe (f)	perdeby	[perdə·baj]
abeille (f)	by	[baj]
bourdon (m)	hommelby	[hommǝl·baj]
œstre (m)	perdevlieg	[perdə·fliχ]

| araignée (f) | spinnekop | [spinnə·kop] |
| toile (f) d'araignée | spinnerak | [spinnə·rak] |

libellule (f)	naaldekoker	[nāldə·kokər]
sauterelle (f)	sprinkaan	[sprinkān]
papillon (m)	mot	[mot]

cafard (m)	kakkerlak	[kakkerlak]
tique (f)	bosluis	[boslœis]
puce (f)	vlooi	[floj]
moucheron (m)	muggie	[muχχi]

criquet (m)	treksprinkhaan	[trek·sprinkhān]
escargot (m)	slak	[slak]
grillon (m)	kriek	[krik]
luciole (f)	vuurvliegie	[fɪrfliχi]
coccinelle (f)	lieweheersbesie	[liveheers·besi]
hanneton (m)	lentekewer	[lentekevər]

sangsue (f)	bloedsuier	[blud·sœiər]
chenille (f)	ruspe	[ruspə]
ver (m)	erdwurm	[ɛrd·vurm]
larve (f)	larwe	[larvə]

221. Les parties du corps des animaux

bec (m)	snawel	[snavəl]
ailes (f pl)	vlerke	[flerkə]
patte (f)	poot	[poət]
plumage (m)	vere	[ferə]
plume (f)	veer	[feər]
houppe (f)	kuif	[kœif]

| ouïes (f pl) | kiewe | [kivə] |
| œufs (m pl) | viseiers | [fisæjers] |

larve (f)	larwe	[larvə]
nageoire (f)	vin	[fin]
écaille (f)	skubbe	[skubbə]

croc (m)	slagtand	[slaχtant]
patte (f)	poot	[poət]
museau (m)	muil	[mœil]

gueule (f)	bek	[bek]
queue (f)	stert	[stert]
moustaches (f pl)	snor	[snor]

| sabot (m) | hoef | [huf] |
| corne (f) | horing | [horiŋ] |

carapace (f)	rugdop	[ruχdop]
coquillage (m)	skulp	[skulp]
coquille (f) d'œuf	eierdop	[æjer·dop]

| poil (m) | pels | [pɛls] |
| peau (f) | vel | [fəl] |

222. Les mouvements des animaux

| voler (vi) | vlieg | [fliχ] |
| faire des cercles | sirkel | [sirkəl] |

| s'envoler (vp) | wegvlieg | [veχfliχ] |
| battre des ailes | klapwiek | [klapwik] |

picorer (vt)	pik	[pik]
couver (vt)	broei	[brui]
éclore (vt)	uitbroei	[œjtbræj]

ramper (vi)	seil	[sæjl]
piquer (insecte)	steek	[steek]
mordre (animal)	byt	[bajt]

flairer (vt)	snuffel	[snuffəl]
aboyer (vi)	blaf	[blaf]
siffler (serpent)	sis	[sis]

| effrayer (vt) | bang maak | [baŋ māk] |
| attaquer (vt) | aanval | [ānfal] |

ronger (vt)	knaag	[knāχ]
griffer (vt)	krap	[krap]
se cacher (vp)	wegkruip	[veχkrœip]

| jouer (chatons, etc.) | speel | [speəl] |
| chasser (vi, vt) | jag | [jaχ] |

| être en hibernation | oorwinter | [oərwintər] |
| disparaître (dinosaures) | uitsterf | [œitsterf] |

223. Les habitats des animaux

habitat (m) naturel	habitat	[habitat]
migration (f)	migrasie	[miχrasi]
montagne (f)	berg	[berχ]
récif (m)	rif	[rif]
rocher (m)	rots	[rots]
forêt (f)	woud	[væʊt]
jungle (f)	oerwoud	[urwæʊt]
savane (f)	veld	[fɛlt]
toundra (f)	toendra	[tundrɑ]
steppe (f)	steppe	[stɛppə]
désert (m)	woestyn	[vustajn]
oasis (f)	oase	[oasə]
mer (f)	see	[seə]
lac (m)	meer	[meər]
océan (m)	oseaan	[oseãn]
marais (m)	moeras	[muras]
d'eau douce (adj)	varswater	[fars·vatər]
étang (m)	dam	[dam]
rivière (f), fleuve (m)	rivier	[rifir]
tanière (f)	hol	[hol]
nid (m)	nes	[nes]
creux (m)	holte	[holtə]
terrier (m) (~ d'un renard)	gat	[χat]
fourmilière (f)	miershoop	[mirs·hoəp]

224. Les soins aux animaux

zoo (m)	dieretuin	[dirə·tœin]
réserve (f) naturelle	natuurreservaat	[natɪr·reserfãt]
pépinière (f)	teelplaas	[teəlplãs]
volière (f)	opelughok	[opeluχ·hok]
cage (f)	kooi	[koj]
niche (f)	hondehok	[hondə·hok]
pigeonnier (m)	duiwehok	[dœivə·hok]
aquarium (m)	vistenk	[fis·tɛnk]
delphinarium (m)	dolfynpark	[dolfajn·park]
élever (vt)	teel	[teəl]
nichée (f), portée (f)	werpsel	[verpsəl]
apprivoiser (vt)	mak maak	[mak mãk]
dresser (un chien)	afrig	[afrəχ]
aliments (pl) pour animaux	voer	[fur]
nourrir (vt)	voer	[fur]

magasin (m) d'animaux	troeteldierwinkel	[truteldir·vinkəl]
muselière (f)	muilkorf	[mœil·korf]
collier (m)	halsband	[hals·bant]
nom (m) (d'un animal)	naam	[nām]
pedigree (m)	stamboom	[stam·boəm]

225. Les animaux. Divers

meute (f) (~ de loups)	trop	[trop]
volée (f) d'oiseaux	swerm	[swerm]
banc (m) de poissons	skool	[skoəl]
troupeau (m)	trop	[trop]
mâle (m)	mannetjie	[mannəki]
femelle (f)	wyfie	[vajfi]
affamé (adj)	honger	[hoŋər]
sauvage (adj)	wild	[vilt]
dangereux (adj)	gevaarlik	[χefārlik]

226. Les chevaux

cheval (m)	perd	[pert]
race (f)	ras	[ras]
poulain (m)	vulling	[fulliŋ]
jument (f)	merrie	[merri]
mustang (m)	mustang	[mustaŋ]
poney (m)	ponie	[poni]
cheval (m) de trait	trekperd	[trek·pert]
crin (m)	maanhaar	[mānhār]
queue (f)	stert	[stert]
sabot (m)	hoef	[huf]
fer (m) à cheval	hoefyster	[huf·ajstər]
ferrer (vt)	beslaan	[beslān]
maréchal-ferrant (m)	grofsmid	[χrofsmit]
selle (f)	saal	[sāl]
étrier (m)	stiebeuel	[stibøəel]
bride (f)	toom	[toəm]
rênes (f pl)	leisels	[læjsɛls]
fouet (m)	peits	[pæjts]
cavalier (m)	ruiter	[rœitər]
seller (vt)	opsaal	[opsāl]
se mettre en selle	bestyg	[bestajχ]
galop (m)	galop	[χalop]
aller au galop	galoppeer	[χaloppeər]

trot (m)	**draf**	[draf]
aller au trot	**draf**	[draf]
cheval (m) de course	**resiesperd**	[resispert]
courses (f pl) à chevaux	**perdewedren**	[perdə·vedrən]
écurie (f)	**stal**	[stal]
nourrir (vt)	**voer**	[fur]
foin (m)	**hooi**	[hoj]
abreuver (vt)	**water gee**	[vatər χeə]
laver (le cheval)	**was**	[vas]
charrette (f)	**perdekar**	[perdə·kar]
paître (vi)	**wei**	[væj]
hennir (vi)	**runnik**	[runnik]
ruer (vi)	**skop**	[skop]

La flore

227. Les arbres

arbre (m)	boom	[boəm]
à feuilles caduques	bladwisselend	[bladwisselent]
conifère (adj)	kegeldraend	[keχɛldraent]
à feuilles persistantes	immergroen	[immərχrun]
pommier (m)	appelboom	[appɛl·boəm]
poirier (m)	peerboom	[peər·boəm]
merisier (m)	soetkersieboom	[sutkersi·boəm]
cerisier (m)	suurkersieboom	[sɪrkersi·boəm]
prunier (m)	pruimeboom	[prœimə·boəm]
bouleau (m)	berk	[berk]
chêne (m)	eik	[æjk]
tilleul (m)	lindeboom	[lində·boəm]
tremble (m)	trilpopulier	[trilpopulir]
érable (m)	esdoring	[ɛsdoriŋ]
épicéa (m)	spar	[spar]
pin (m)	denneboom	[dɛnnə·boəm]
mélèze (m)	lorkeboom	[lorke·boəm]
sapin (m)	den	[den]
cèdre (m)	seder	[sedər]
peuplier (m)	populier	[populir]
sorbier (m)	lysterbessie	[lajstərbɛssi]
saule (m)	wilger	[vilχər]
aune (m)	els	[ɛls]
hêtre (m)	beuk	[bøək]
orme (m)	olm	[olm]
frêne (m)	esboom	[ɛs·boəm]
marronnier (m)	kastaiing	[kastajiŋ]
magnolia (m)	magnolia	[maχnolia]
palmier (m)	palm	[palm]
cyprès (m)	sipres	[sipres]
palétuvier (m)	wortelboom	[vortəl·boəm]
baobab (m)	kremetart	[kremetart]
eucalyptus (m)	bloekom	[blukom]
séquoia (m)	mammoetboom	[mammut·boəm]

228. Les arbustes

buisson (m)	struik	[strœik]
arbrisseau (m)	bossie	[bossi]

| vigne (f) | wingerdstok | [viŋərd·stok] |
| vigne (f) (vignoble) | wingerd | [viŋərt] |

framboise (f)	framboosstruik	[frambo es·strœik]
cassis (m)	swartbessiestruik	[swartbɛssi·strœik]
groseille (f) rouge	rooi aalbessiestruik	[roj ālbɛssi·strœik]
groseille (f) verte	appelliefiestruik	[appɛllifi·strœik]

acacia (m)	akasia	[akasia]
berbéris (m)	suurbessie	[sɪr·bɛssi]
jasmin (m)	jasmyn	[jasmajn]

genévrier (m)	jenewer	[jenevər]
rosier (m)	roosstruik	[roəs·strœik]
églantier (m)	hondsroos	[honds·roəs]

229. Les champignons

champignon (m)	paddastoel	[paddastul]
champignon (m) comestible	eetbare paddastoel	[eetbarə paddastul]
champignon (m) vénéneux	giftige paddastoel	[χiftiχə paddastul]
chapeau (m)	hoed	[hut]
pied (m)	steel	[steəl]

cèpe (m)	Eetbare boleet	[eetbarə boleət]
bolet (m) orangé	rooihoed	[rojhut]
bolet (m) bai	berkboleet	[berk·boleət]
girolle (f)	dooierswam	[dojer·swam]
russule (f)	russula	[russula]

morille (f)	morielje	[morilje]
amanite (f) tue-mouches	vlieëswam	[fliɛ·swam]
oronge (f) verte	duiwelsbrood	[dœivɛls·broət]

230. Les fruits. Les baies

| fruit (m) | vrug | [fruχ] |
| fruits (m pl) | vrugte | [fruχtə] |

pomme (f)	appel	[appəl]
poire (f)	peer	[peər]
prune (f)	pruim	[prœim]

fraise (f)	aarbei	[ārbæj]
cerise (f)	suurkersie	[sɪr·kersi]
merise (f)	soetkersie	[sut·kersi]
raisin (m)	druif	[drœif]

framboise (f)	framboos	[frambo əs]
cassis (m)	swartbessie	[swartbɛssi]
groseille (f) rouge	rooi aalbessie	[roj ālbɛssi]
groseille (f) verte	appelliefie	[appɛllifi]

canneberge (f)	bosbessie	[bosbɛssi]
orange (f)	lemoen	[lemun]
mandarine (f)	nartjie	[narki]
ananas (m)	pynappel	[pajnappəl]
banane (f)	piesang	[pisaŋ]
datte (f)	dadel	[dadəl]

citron (m)	suurlemoen	[sɪr·lemun]
abricot (m)	appelkoos	[appɛlkoəs]
pêche (f)	perske	[perskə]
kiwi (m)	kiwi, kiwivrug	[kivi], [kivi·fruχ]
pamplemousse (m)	pomelo	[pomelo]

baie (f)	bessie	[bɛssi]
baies (f pl)	bessies	[bɛssis]
airelle (f) rouge	pryselbessie	[prajsɛlbɛssi]
fraise (f) des bois	wilde aarbei	[vildə ārbæj]
myrtille (f)	bloubessie	[blæʊbɛssi]

231. Les fleurs. Les plantes

| fleur (f) | blom | [blom] |
| bouquet (m) | boeket | [buket] |

rose (f)	roos	[roəs]
tulipe (f)	tulp	[tulp]
oeillet (m)	angelier	[anχəlir]
glaïeul (m)	swaardlelie	[swārd·leli]

bleuet (m)	koringblom	[koriŋblom]
campanule (f)	grasklokkie	[χras·klokki]
dent-de-lion (f)	perdeblom	[perdə·blom]
marguerite (f)	kamille	[kamillə]

aloès (m)	aalwyn	[ālwajn]
cactus (m)	kaktus	[kaktus]
ficus (m)	rubberplant	[rubbər·plant]

lis (m)	lelie	[leli]
géranium (m)	malva	[malfa]
jacinthe (f)	hiasint	[hiasint]

mimosa (m)	mimosa	[mimosa]
jonquille (f)	narsing	[narsiŋ]
capucine (f)	kappertjie	[kapperki]

orchidée (f)	orgidee	[orχideə]
pivoine (f)	pinksterroos	[pinkstər·roəs]
violette (f)	viooltjie	[fioəlki]

pensée (f)	gesiggie	[χesiχi]
myosotis (m)	vergeet-my-nietjie	[ferχeət-maj-niki]
pâquerette (f)	madeliefie	[madelifi]
coquelicot (m)	papawer	[papavər]

chanvre (m)	hennep	[hɛnnəp]
menthe (f)	kruisement	[krœisəment]
muguet (m)	dallelie	[dalleli]
perce-neige (f)	sneeuklokkie	[sniʊ·klokki]
ortie (f)	brandnetel	[brant·netəl]
oseille (f)	veldsuring	[fɛltsuriŋ]
nénuphar (m)	waterlelie	[vatər·leli]
fougère (f)	varing	[fariŋ]
lichen (m)	korsmos	[korsmos]
serre (f) tropicale	broeikas	[bruikas]
gazon (m)	grasperk	[χras·perk]
parterre (m) de fleurs	blombed	[blom·bet]
plante (f)	plant	[plant]
herbe (f)	gras	[χras]
brin (m) d'herbe	grasspriet	[χras·sprit]
feuille (f)	blaar	[blãr]
pétale (m)	kroonblaar	[kroən·blãr]
tige (f)	stingel	[stiŋəl]
tubercule (m)	knol	[knol]
pousse (f)	saailing	[sãjliŋ]
épine (f)	doring	[doriŋ]
fleurir (vi)	bloei	[blui]
se faner (vp)	verlep	[ferlep]
odeur (f)	reuk	[røək]
couper (vt)	sny	[snaj]
cueillir (fleurs)	pluk	[pluk]

232. Les cérêales

grains (m pl)	graan	[χrãn]
céréales (f pl) (plantes)	graangewasse	[χrãn·χəwassə]
épi (m)	aar	[ãr]
blé (m)	koring	[koriŋ]
seigle (m)	rog	[roχ]
avoine (f)	hawer	[havər]
millet (m)	gierst	[χirst]
orge (f)	gars	[χars]
maïs (m)	mielie	[mili]
riz (m)	rys	[rajs]
sarrasin (m)	bokwiet	[bokwit]
pois (m)	ertjie	[ɛrki]
haricot (m)	nierboon	[nir·boən]
soja (m)	soja	[soja]
lentille (f)	lensie	[lɛŋsi]
fèves (f pl)	boontjies	[boənkis]

233. Les légumes

| légumes (m pl) | groente | [χruntə] |
| verdure (f) | groente | [χruntə] |

tomate (f)	tamatie	[tamati]
concombre (m)	komkommer	[komkommər]
carotte (f)	wortel	[vortəl]
pomme (f) de terre	aartappel	[ārtappəl]
oignon (m)	ui	[œi]
ail (m)	knoffel	[knoffəl]

chou (m)	kool	[koəl]
chou-fleur (m)	blomkool	[blom·koəl]
chou (m) de Bruxelles	Brusselspruite	[brussɛl·sprœitə]
brocoli (m)	broccoli	[brokoli]

betterave (f)	beet	[beət]
aubergine (f)	eiervrug	[æjerfruχ]
courgette (f)	vingerskorsie	[fiŋər·skorsi]
potiron (m)	pampoen	[pampun]
navet (m)	raap	[rāp]

persil (m)	pietersielie	[pitərsili]
fenouil (m)	dille	[dillə]
laitue (f) (salade)	blaarslaai	[blārslāi]
céleri (m)	seldery	[selderaj]
asperge (f)	aspersie	[aspersi]
épinard (m)	spinasie	[spinasi]

pois (m)	ertjie	[ɛrki]
fèves (f pl)	boontjies	[boənkis]
maïs (m)	mielie	[mili]
haricot (m)	nierboon	[nir·boən]

poivron (m)	peper	[pepər]
radis (m)	radys	[radajs]
artichaut (m)	artisjok	[artiʃok]

LA GÉOGRAPHIE RÉGIONALE

Les pays du monde. Les nationalités

234. L'Europe de l'Ouest

Europe (f)	Europa	[øəropa]
Union (f) européenne	Europese Unie	[øəropesə uni]
européen (m)	Europeaan	[øəropeãn]
européen (adj)	Europees	[øəropees]
Autriche (f)	Oostenryk	[oəstenrajk]
Autrichien (m)	Oostenryker	[oəstenrajkər]
Autrichienne (f)	Oostenryker	[oəstenrajkər]
autrichien (adj)	Oostenryks	[oəstenrajks]
Grande-Bretagne (f)	Groot-Brittanje	[χroət-brittanje]
Angleterre (f)	Engeland	[ɛŋəlant]
Anglais (m)	Engelsman	[ɛŋəlsman]
Anglaise (f)	Engelse dame	[ɛŋəlsə damə]
anglais (adj)	Engels	[ɛŋəls]
Belgique (f)	België	[belχiɛ]
Belge (m)	Belg	[belχ]
Belge (f)	Belg	[belχ]
belge (adj)	Belgies	[belχis]
Allemagne (f)	Duitsland	[dœitslant]
Allemand (m)	Duitser	[dœitsər]
Allemande (f)	Duitser	[dœitsər]
allemand (adj)	Duits	[dœits]
Pays-Bas (m)	Nederland	[nedərlant]
Hollande (f)	Holland	[hollant]
Hollandais (m)	Nederlander	[nedərlandər]
Hollandaise (f)	Nederlander	[nedərlandər]
hollandais (adj)	Nederlands	[nedərlands]
Grèce (f)	Griekeland	[χrikəlant]
Grec (m)	Griek	[χrik]
Grecque (f)	Griek	[χrik]
grec (adj)	Grieks	[χriks]
Danemark (m)	Denemarke	[denemarkə]
Danois (m)	Deen	[deən]
Danoise (f)	Deen	[deən]
danois (adj)	Deens	[deɛŋs]
Irlande (f)	Ierland	[irlant]
Irlandais (m)	Ier	[ir]

Irlandaise (f)	**Ier**	[ir]
irlandais (adj)	**Iers**	[irs]
Islande (f)	**Ysland**	[ajslant]
Islandais (m)	**Yslander**	[ajslandər]
Islandaise (f)	**Yslander**	[ajslandər]
islandais (adj)	**Yslandse**	[ajslandsə]
Espagne (f)	**Spanje**	[spanje]
Espagnol (m)	**Spanjaard**	[spanjãrt]
Espagnole (f)	**Spaanjaard**	[spãnjãrt]
espagnol (adj)	**Spaans**	[spãŋs]
Italie (f)	**Italië**	[italiɛ]
Italien (m)	**Italianer**	[italianər]
Italienne (f)	**Italianer**	[italianər]
italien (adj)	**Italiaans**	[italiãŋs]
Chypre (m)	**Ciprus**	[siprus]
Chypriote (m)	**Ciprioot**	[siprioət]
Chypriote (f)	**Ciprioot**	[siprioət]
chypriote (adj)	**Cipries**	[sipris]
Malte (f)	**Malta**	[malta]
Maltais (m)	**Maltees**	[malteəs]
Maltaise (f)	**Maltees**	[malteəs]
maltais (adj)	**Maltees**	[malteəs]
Norvège (f)	**Noorweë**	[noərweɛ]
Norvégien (m)	**Noor**	[noər]
Norvégienne (f)	**Noor**	[noər]
norvégien (adj)	**Noors**	[noərs]
Portugal (m)	**Portugal**	[portuχal]
Portugais (m)	**Portugees**	[portuχeəs]
Portugaise (f)	**Portugees**	[portuχeəs]
portugais (adj)	**Portugees**	[portuχeəs]
Finlande (f)	**Finland**	[finlant]
Finlandais (m)	**Fin**	[fin]
Finlandaise (f)	**Fin**	[fin]
finlandais (adj)	**Fins**	[fins]
France (f)	**Frankryk**	[frankrajk]
Français (m)	**Fransman**	[fraŋsman]
Française (f)	**Franse dame**	[fraŋsə damə]
français (adj)	**Frans**	[fraŋs]
Suède (f)	**Swede**	[swedə]
Suédois (m)	**Sweed**	[sweət]
Suédoise (f)	**Sweed**	[sweət]
suédois (adj)	**Sweeds**	[sweəds]
Suisse (f)	**Switserland**	[switsərlant]
Suisse (m)	**Switser**	[switsər]
Suissesse (f)	**Switser**	[switsər]

suisse (adj)	Switser	[switsər]
Écosse (f)	Skotland	[skotlant]
Écossais (m)	Skot	[skot]
Écossaise (f)	Skot	[skot]
écossais (adj)	Skots	[skots]

Vatican (m)	Vatikaan	[fatikãn]
Liechtenstein (m)	Lichtenstein	[liχtɛŋstejn]
Luxembourg (m)	Luksemburg	[luksemburχ]
Monaco (m)	Monako	[monako]

235. L'Europe Centrale et l'Europe de l'Est

Albanie (f)	Albanië	[albaniɛ]
Albanais (m)	Albaniër	[albaniɛr]
Albanaise (f)	Albaniër	[albaniɛr]
albanais (adj)	Albanies	[albanis]

Bulgarie (f)	Bulgarye	[bulχaraje]
Bulgare (m)	Bulgaar	[bulχãr]
Bulgare (f)	Bulgaar	[bulχãr]
bulgare (adj)	Bulgaars	[bulχãrs]

Hongrie (f)	Hongarye	[honχaraje]
Hongrois (m)	Hongaar	[honχãr]
Hongroise (f)	Hongaar	[honχãr]
hongrois (adj)	Hongaars	[honχãrs]

Lettonie (f)	Letland	[letlant]
Letton (m)	Let	[let]
Lettonne (f)	Let	[let]
letton (adj)	Lets	[lets]

Lituanie (f)	Litoue	[litæʊə]
Lituanien (m)	Litouer	[litæʊər]
Lituanienne (f)	Litouer	[litæʊər]
lituanien (adj)	Litous	[litæʊs]

Pologne (f)	Pole	[polə]
Polonais (m)	Pool	[poəl]
Polonaise (f)	Pool	[poəl]
polonais (adj)	Pools	[poəls]

Roumanie (f)	Roemenië	[rumeniɛ]
Roumain (m)	Roemeen	[rumeən]
Roumaine (f)	Roemeen	[rumeən]
roumain (adj)	Roemeens	[rumeəŋs]

Serbie (f)	Serwië	[serwiɛ]
Serbe (m)	Serwiër	[serwiɛr]
Serbe (f)	Serwiër	[serwiɛr]
serbe (adj)	Servies	[serfis]
Slovaquie (f)	Slowakye	[slovakaje]
Slovaque (m)	Slowaak	[slovãk]

| Slovaque (f) | Slowaak | [slovăk] |
| slovaque (adj) | Slowaaks | [slovăks] |

Croatie (f)	Kroasië	[kroasiɛ]
Croate (m)	Kroaat	[kroăt]
Croate (f)	Kroaat	[kroăt]
croate (adj)	Kroaties	[kroatis]

République (f) Tchèque	Tjeggië	[ʧexiɛ]
Tchèque (m)	Tjeg	[ʧex]
Tchèque (f)	Tjeg	[ʧex]
tchèque (adj)	Tjegies	[ʧexis]

Estonie (f)	Estland	[ɛstlant]
Estonien (m)	Estlander	[ɛstlandər]
Estonienne (f)	Estlander	[ɛstlandər]
estonien (adj)	Estlands	[ɛstlands]

Bosnie (f)	Bosnië & Herzegowina	[bosniɛ en hersegovina]
Macédoine (f)	Masedonië	[masedoniɛ]
Slovénie (f)	Slovenië	[slofeniɛ]
Monténégro (m)	Montenegro	[montənegro]

236. Les pays de l'ex-U.R.S.S.

Azerbaïdjan (m)	Azerbeidjan	[azerbæjdjan]
Azerbaïdjanais (m)	Azerbeidjanner	[azerbæjdjannər]
Azerbaïdjanaise (f)	Azerbeidjanner	[azerbæjdjannər]
azerbaïdjanais (adj)	Azerbeidjans	[azerbæjdjaŋs]

Arménie (f)	Armenië	[armeniɛ]
Arménien (m)	Armeniër	[armeniɛr]
Arménienne (f)	Armeniër	[armeniɛr]
arménien (adj)	Armeens	[armeɛŋs]

Biélorussie (f)	Belarus	[belarus]
Biélorusse (m)	Belarus	[belarus]
Biélorusse (f)	Belarus	[belarus]
biélorusse (adj)	Belarussies	[belarussis]

Géorgie (f)	Georgië	[xeorxiɛ]
Géorgien (m)	Georgiër	[xeorxiɛr]
Géorgienne (f)	Georgiër	[xeorxiɛr]
géorgien (adj)	Georgies	[xeorxis]

Kazakhstan (m)	Kazakstan	[kasakstan]
Kazakh (m)	Kasak	[kasak]
Kazakhe (f)	Kasak	[kasak]
kazakh (adj)	Kasaks	[kasaks]

Kirghizistan (m)	Kirgisië	[kirxisiɛ]
Kirghiz (m)	Kirgisiër	[kirxisiɛr]
Kirghize (f)	Kirgisiër	[kirxisiɛr]
kirghiz (adj)	Kirgisies	[kirxisis]

Moldavie (f)	Moldawië	[moldaviɛ]
Moldave (m)	Moldawiër	[moldaviɛr]
Moldave (f)	Moldawiër	[moldaviɛr]
moldave (adj)	Moldawies	[moldavis]

Russie (f)	Rusland	[ruslant]
Russe (m)	Rus	[rus]
Russe (f)	Rus	[rus]
russe (adj)	Russies	[russis]

Tadjikistan (m)	Tadjikistan	[tadʒikistan]
Tadjik (m)	Tadjik	[tadʒik]
Tadjik (f)	Tadjik	[tadʒik]
tadjik (adj)	Tadjiks	[tadʒiks]

Turkménistan (m)	Turkmenistan	[turkmenistan]
Turkmène (m)	Turkmeen	[turkmeən]
Turkmène (f)	Turkmeen	[turkmeən]
turkmène (adj)	Turkmeens	[turkmeəŋs]

Ouzbékistan (m)	Oezbekistan	[uzbekistan]
Ouzbek (m)	Oezbeek	[uzbeək]
Ouzbek (f)	Oezbeek	[uzbeək]
ouzbek (adj)	Oezbekies	[uzbekis]

Ukraine (f)	Oekraïne	[ukraïnə]
Ukrainien (m)	Oekraïner	[ukraïnər]
Ukrainienne (f)	Oekraïner	[ukraïnər]
ukrainien (adj)	Oekraïns	[ukraïns]

237. L'Asie

| Asie (f) | Asië | [asiɛ] |
| asiatique (adj) | Asiaties | [asiatis] |

Vietnam (m)	Viëtnam	[viɛtnam]
Vietnamien (m)	Viëtnamees	[viɛtnameəs]
Vietnamienne (f)	Viëtnamees	[viɛtnameəs]
vietnamien (adj)	Viëtnamees	[viɛtnameəs]

Inde (f)	Indië	[indiɛ]
Indien (m)	Indiër	[indiɛr]
Indienne (f)	Indiër	[indiɛr]
indien (adj)	Indies	[indis]

Israël (m)	Israel	[israəl]
Israélien (m)	Israeli	[israeli]
Israélienne (f)	Israeli	[israeli]
israélien (adj)	Israelies	[israelis]

Juif (m)	Jood	[joət]
Juive (f)	Jodin	[jodin]
juif (adj)	Joods	[joəds]
Chine (f)	Sjina	[ʃina]

ation. 9000 mots

Chinois (m)	Sjinees	[ʃinees]
Chinoise (f)	Sjinees	[ʃinees]
chinois (adj)	Sjinees	[ʃinees]

Coréen (m)	Koreaan	[koreãn]
Coréenne (f)	Koreaan	[koreãn]
coréen (adj)	Koreaans	[koreãŋs]

Liban (m)	Libanon	[libanon]
Libanais (m)	Libanees	[libanees]
Libanaise (f)	Libanees	[libanees]
libanais (adj)	Libanees	[libanees]

Mongolie (f)	Mongolië	[monχoliɛ]
Mongole (m)	Mongool	[monχoel]
Mongole (f)	Mongool	[monχoel]
mongole (adj)	Mongools	[monχoels]

Malaisie (f)	Maleisië	[malæjsiɛ]
Malaisien (m)	Maleisiër	[malæjsiɛr]
Malaisienne (f)	Maleisiër	[malæjsiɛr]
malais (adj)	Maleisies	[malæjsis]

Pakistan (m)	Pakistan	[pakistan]
Pakistanais (m)	Pakistani	[pakistani]
Pakistanaise (f)	Pakistani	[pakistani]
pakistanais (adj)	Pakistans	[pakistaŋs]

Arabie (f) Saoudite	Saoedi-Arabië	[saudi-arabiɛ]
Arabe (m)	Arabier	[arabir]
Arabe (f)	Arabier	[arabir]
arabe (adj)	Arabiese	[arabisə]

Thaïlande (f)	Thailand	[tajlant]
Thaïlandais (m)	Thailander	[tajlandər]
Thaïlandaise (f)	Thailander	[tajlandər]
thaïlandais (adj)	Thais	[tajs]

Taïwan (m)	Taiwan	[tajvan]
Taïwanais (m)	Taiwannees	[tajvannees]
Taïwanaise (f)	Taiwannees	[tajvannees]
taïwanais (adj)	Taiwannees	[tajvannees]

Turquie (f)	Turkye	[turkaje]
Turc (m)	Turk	[turk]
Turque (f)	Turk	[turk]
turc (adj)	Turks	[turks]

Japon (m)	Japan	[japan]
Japonais (m)	Japannees, Japanner	[japannees], [japanner]
Japonaise (f)	Japannees, Japanner	[japannees], [japanner]
japonais (adj)	Japannees, Japans	[japannees], [japaŋs]

Afghanistan (m)	Afghanistan	[afχanistan]
Bangladesh (m)	Bangladesj	[bangladeʃ]
Indonésie (f)	Indonesië	[indonesiɛ]

212

Jordanie (f)	Jordanië	[jordaniɛ]
Iraq (m)	Irak	[irak]
Iran (m)	Iran	[iran]
Cambodge (m)	Kambodja	[kambodja]
Koweït (m)	Kuwait	[kuvajt]
Laos (m)	Laos	[laos]
Myanmar (m)	Myanmar	[mjanmar]
Népal (m)	Nepal	[nepal]
Fédération (f) des Émirats Arabes Unis	Verenigde Arabiese Emirate	[ferenixdə arabisə emiratə]
Syrie (f)	Sirië	[siriɛ]
Palestine (f)	Palestina	[palestina]
Corée (f) du Sud	Suid-Korea	[sœid-korea]
Corée (f) du Nord	Noord-Korea	[noərd-korea]

238. L'Amérique du Nord

Les États Unis	Verenigde State van Amerika	[ferenixdə statə fan amerika]
Américain (m)	Amerikaan	[amerikãn]
Américaine (f)	Amerikaan	[amerikãn]
américain (adj)	Amerikaans	[amerikãŋs]
Canada (m)	Kanada	[kanada]
Canadien (m)	Kanadees	[kanadeəs]
Canadienne (f)	Kanadees	[kanadeəs]
canadien (adj)	Kanadees	[kanadeəs]
Mexique (m)	Meksiko	[meksiko]
Mexicain (m)	Meksikaan	[meksikãn]
Mexicaine (f)	Meksikaan	[meksikãn]
mexicain (adj)	Meksikaans	[meksikãŋs]

239. L'Amérique Centrale et l'Amérique du Sud

Argentine (f)	Argentinië	[arxentiniɛ]
Argentin (m)	Argentyn	[arxentajn]
Argentine (f)	Argentyn	[arxentajn]
argentin (adj)	Argentyns	[arxentajns]
Brésil (m)	Brasilië	[brasiliɛ]
Brésilien (m)	Brasiliaan	[brasiliãn]
Brésilienne (f)	Brasiliaan	[brasiliãn]
brésilien (adj)	Brasiliaans	[brasiliãŋs]
Colombie (f)	Colombia, Kolombië	[kolombia], [kolombiɛ]
Colombien (m)	Colombiaan	[kolombiãn]
Colombienne (f)	Colombiaan	[kolombiãn]
colombien (adj)	Colombiaans	[kolombiãŋs]
Cuba (f)	Kuba	[kuba]

Cubain (m)	Kubaan	[kubãn]
Cubaine (f)	Kubaan	[kubãn]
cubain (adj)	Kubaans	[kubãŋs]

Chili (m)	Chili	[tʃili]
Chilien (m)	Chileen	[tʃileǝn]
Chilienne (f)	Chileen	[tʃileǝn]
chilien (adj)	Chileens	[tʃileɛŋs]

Bolivie (f)	Bolivië	[boliviɛ]
Venezuela (f)	Venezuela	[fenesuela]
Paraguay (m)	Paraguay	[paragwaj]
Pérou (m)	Peru	[peru]
Surinam (m)	Suriname	[surinamǝ]
Uruguay (m)	Uruguay	[urugwaj]
Équateur (m)	Ecuador	[ɛkuador]

Bahamas (f pl)	die Bahamas	[di bahamas]
Haïti (m)	Haïti	[haïti]
République (f) Dominicaine	Dominikaanse Republiek	[dominikãŋsǝ republik]
Panamá (m)	Panama	[panama]
Jamaïque (f)	Jamaika	[jamajka]

240. L'Afrique

Égypte (f)	Egipte	[ɛχiptǝ]
Égyptien (m)	Egiptenaar	[ɛχiptenãr]
Égyptienne (f)	Egiptenaar	[ɛχiptenãr]
égyptien (adj)	Egipties	[ɛχiptis]

Maroc (m)	Marokko	[marokko]
Marocain (m)	Marokkaan	[marokkãn]
Marocaine (f)	Marokkaan	[marokkãn]
marocain (adj)	Marokkaans	[marokkãŋs]

Tunisie (f)	Tunisië	[tunisiɛ]
Tunisien (m)	Tunisiër	[tunisiɛr]
Tunisienne (f)	Tunisiër	[tunisiɛr]
tunisien (adj)	Tunisies	[tunisis]

Ghana (m)	Ghana	[χana]
Zanzibar (m)	Zanzibar	[zanzibar]
Kenya (m)	Kenia	[kenia]
Libye (f)	Libië	[libiɛ]
Madagascar (f)	Madagaskar	[madaχaskar]

Namibie (f)	Namibië	[namibiɛ]
Sénégal (m)	Senegal	[seneχal]
Tanzanie (f)	Tanzanië	[tansaniɛ]
République (f) Sud-africaine	Suid-Afrika	[sœid-afrika]

Africain (m)	Afrikaan	[afrikãn]
Africaine (f)	Afrikaan	[afrikãn]
africain (adj)	Afrika-	[afrika-]

241. L'Australie et Océanie

Australie (f)	Australië	[ɔustraliɛ]
Australien (m)	Australiër	[ɔustraliɛr]
Australienne (f)	Australiër	[ɔustraliɛr]
australien (adj)	Australies	[ɔustralis]
Nouvelle Zélande (f)	Nieu-Seeland	[niu-seəlant]
Néo-Zélandais (m)	Nieu-Seelander	[niu-seəlandər]
Néo-Zélandaise (f)	Nieu-Seelander	[niu-seəlandər]
néo-zélandais (adj)	Nieu-Seelands	[niu-seəlants]
Tasmanie (f)	Tasmanië	[tasmaniɛ]
Polynésie (f) Française	Frans-Polinesië	[fraŋs-polinesiɛ]

242. Les grandes villes

Amsterdam (f)	Amsterdam	[amsterdam]
Ankara (m)	Ankara	[ankara]
Athènes (m)	Athene	[atenə]
Bagdad (m)	Bagdad	[baχdat]
Bangkok (m)	Bangkok	[baŋkok]
Barcelone (f)	Barcelona	[barselona]
Berlin (m)	Berlyn	[berlæjn]
Beyrouth (m)	Beiroet	[bæjrut]
Bombay (m)	Moembai	[mumbaj]
Bonn (f)	Bonn	[bonn]
Bordeaux (f)	Bordeaux	[bordo:]
Bratislava (m)	Bratislava	[bratislava]
Bruxelles (m)	Brussel	[brussəl]
Bucarest (m)	Boekarest	[bukarest]
Budapest (m)	Boedapest	[budapest]
Caire (m)	Cairo	[kajro]
Calcutta (f)	Kalkutta	[kalkutta]
Chicago (f)	Chicago	[ʃikago]
Copenhague (f)	Kopenhagen	[kopənχagen]
Dar es-Salaam (f)	Dar-es-Salaam	[dar-es-salām]
Delhi (f)	Delhi	[deli]
Dubaï (f)	Dubai	[dubaj]
Dublin (f)	Dublin	[dablin]
Düsseldorf (f)	Dusseldorf	[dussɛldorf]
Florence (f)	Florence	[florɛŋs]
Francfort (f)	Frankfurt	[frankfurt]
Genève (f)	Genève	[dʒənɛ:v]
Hague (f)	Den Haag	[den hāχ]
Hambourg (f)	Hamburg	[hamburχ]
Hanoi (f)	Hanoi	[hanoj]

Havane (f)	**Havana**	[havana]
Helsinki (f)	**Helsinki**	[hɛlsinki]
Hiroshima (f)	**Hiroshima**	[hiroʃima]
Hong Kong (m)	**Hongkong**	[hoŋkoŋ]
Istanbul (f)	**Istanbul**	[istanbul]
Jérusalem (f)	**Jerusalem**	[jerusalem]
Kiev (f)	**Kiëf**	[kiɛf]
Kuala Lumpur (f)	**Kuala Lumpur**	[kuala lumpur]
Lisbonne (f)	**Lissabon**	[lissabon]
Londres (m)	**Londen**	[londen]
Los Angeles (f)	**Los Angeles**	[los andʒeles]
Lyon (f)	**Lyon**	[lioŋ]
Madrid (f)	**Madrid**	[madrit]
Marseille (f)	**Marseille**	[marsæj]
Mexico (f)	**Meksiko Stad**	[meksiko stat]
Miami (f)	**Miami**	[majami]
Montréal (f)	**Montreal**	[montreal]
Moscou (f)	**Moskou**	[moskæʊ]
Munich (f)	**München**	[mønchen]
Nairobi (f)	**Nairobi**	[najrobi]
Naples (f)	**Napels**	[napɛls]
New York (f)	**New York**	[nju jork]
Nice (f)	**Nice**	[nis]
Oslo (m)	**Oslo**	[oslo]
Ottawa (m)	**Ottawa**	[ottava]
Paris (m)	**Parys**	[parajs]
Pékin (m)	**Beijing**	[bæjdʒiŋ]
Prague (m)	**Praag**	[prãχ]
Rio de Janeiro (m)	**Rio de Janeiro**	[rio də janæjro]
Rome (f)	**Rome**	[romə]
Saint-Pétersbourg (m)	**Sint-Petersburg**	[sint-petersburg]
Séoul (m)	**Seoel**	[seul]
Shanghai (m)	**Shanghai**	[ʃangaj]
Sidney (m)	**Sydney**	[sidni]
Singapour (f)	**Singapore**	[singaporə]
Stockholm (m)	**Stockholm**	[stokχolm]
Taipei (m)	**Taipei**	[tæjpæj]
Tokyo (m)	**Tokio**	[tokio]
Toronto (m)	**Toronto**	[toronto]
Varsovie (f)	**Warskou**	[varskæʊ]
Venise (f)	**Venesië**	[fenesiɛ]
Vienne (f)	**Wene**	[venə]
Washington (f)	**Washington**	[vaʃington]

243. La politique. Le gouvernement. Partie 1

politique (f)	**politiek**	[politik]
politique (adj)	**politieke**	[politikə]

homme (m) politique	politikus	[politikus]
état (m)	staat	[stãt]
citoyen (m)	burger	[burgər]
citoyenneté (f)	burgerskap	[burgərskap]

| armoiries (f pl) nationales | nasionale wapen | [naʃionalə vapen] |
| hymne (m) national | volkslied | [folkslit] |

gouvernement (m)	regering	[reχeriŋ]
chef (m) d'état	staatshoof	[stãts·hoəf]
parlement (m)	parlement	[parlement]
parti (m)	partij	[partij]

| capitalisme (m) | kapitalisme | [kapitalismə] |
| capitaliste (adj) | kapitalis | [kapitalis] |

| socialisme (m) | sosialisme | [soʃialisme] |
| socialiste (adj) | sosialis | [soʃialis] |

communisme (m)	kommunisme	[kommunismə]
communiste (adj)	kommunis	[kommunis]
communiste (m)	kommunis	[kommunis]

démocratie (f)	demokrasie	[demokrasi]
démocrate (m)	demokraat	[demokrãt]
démocratique (adj)	demokraties	[demokratis]
parti (m) démocratique	Demokratiese party	[demokratisə partaj]

| libéral (m) | liberaal | [liberãl] |
| libéral (adj) | liberaal | [liberãl] |

| conservateur (m) | konservatief | [koŋserfatif] |
| conservateur (adj) | konservatief | [koŋserfatif] |

république (f)	republiek	[republik]
républicain (m)	republikein	[republikæjn]
parti (m) républicain	Republikeinse Party	[republikæjnsə partaj]

élections (f pl)	verkiesings	[ferkisiŋs]
élire (vt)	verkies	[ferkis]
électeur (m)	kieser	[kisər]
campagne (f) électorale	verkiesingskampanje	[ferkisiŋs·kampanje]

vote (m)	stemming	[stɛmmiŋ]
voter (vi)	stem	[stem]
droit (m) de vote	stemreg	[stem·reχ]

| candidat (m) | kandidaat | [kandidãt] |
| campagne (f) | kampanje | [kampanje] |

| d'opposition (adj) | opposisie | [opposisi] |
| opposition (f) | opposisie | [opposisi] |

visite (f)	besoek	[besuk]
visite (f) officielle	amptelike besoek	[amptelikə besuk]
international (adj)	internasionaal	[internaʃionãl]

| négociations (f pl) | onderhandelinge | [ondərhandeliŋə] |
| négocier (vi) | onderhandel | [ondərhandəl] |

244. La politique. Le gouvernement. Partie 2

société (f)	samelewing	[samelewiŋ]
constitution (f)	grondwet	[χront·wet]
pouvoir (m)	mag	[maχ]
corruption (f)	korrupsie	[korrupsi]

| loi (f) | wet | [vet] |
| légal (adj) | wetlik | [vetlik] |

| justice (f) | geregtigheid | [χereχtiχæjt] |
| juste (adj) | regverdig | [reχferdəχ] |

comité (m)	komitee	[komiteə]
projet (m) de loi	wetsontwerp	[vetsontwerp]
budget (m)	begroting	[beχrotiŋ]
politique (f)	beleid	[belæjt]
réforme (f)	hervorming	[herformiŋ]
radical (adj)	radikaal	[radikāl]

puissance (f)	mag	[maχ]
puissant (adj)	magtig	[maχtəχ]
partisan (m)	ondersteuner	[ondərstøənər]
influence (f)	invloed	[influt]

régime (m)	bewind	[bevint]
conflit (m)	konflik	[konflik]
complot (m)	sameswering	[samesweriŋ]
provocation (f)	uitdaging	[œitdaχiŋ]

renverser (le régime)	omvergooi	[omferχoj]
renversement (m)	omvergooi	[omferχoj]
révolution (f)	revolusie	[refolusi]

| coup (m) d'État | staatsgreep | [stāts·χreəp] |
| coup (m) d'État militaire | militêre staatsgreep | [militære stātsχreəp] |

crise (f)	krisis	[krisis]
baisse (f) économique	ekonomiese agteruitgang	[ɛkonomisə aχter·œitχaŋ]
manifestant (m)	betoër	[betoɛr]
manifestation (f)	demonstrasie	[demoŋstrasi]
loi (f) martiale	krygswet	[krajχs·wet]
base (f) militaire	militêre basis	[militærə basis]

| stabilité (f) | stabiliteit | [stabilitæjt] |
| stable (adj) | stabiel | [stabil] |

exploitation (f)	uitbuiting	[œitbœitiŋ]
exploiter (vt)	uitbuit	[œitbœit]
racisme (m)	rassisme	[rassismə]
raciste (m)	rassis	[rassis]

| fascisme (m) | fascisme | [faʃismə] |
| fasciste (m) | fascis | [faʃis] |

245. Les différents pays du monde. Divers

étranger (m)	vreemdeling	[freəmdeliŋ]
étranger (adj)	vreemd	[freəmt]
à l'étranger (adv)	in die buiteland	[in di bœitəlant]

émigré (m)	emigrant	[ɛmiχrant]
émigration (f)	emigrasie	[ɛmiχrasi]
émigrer (vi)	emigreer	[ɛmiχreər]

Ouest (m)	die Weste	[di vestə]
Est (m)	die Ooste	[di oəstə]
Extrême Orient (m)	die Verre Ooste	[di ferrə oəstə]

civilisation (f)	beskawing	[beskaviŋ]
humanité (f)	mensdom	[mɛŋsdom]
monde (m)	die wêreld	[di værəlt]
paix (f)	vrede	[fredə]
mondial (adj)	wêreldwyd	[værəlt·wajt]

patrie (f)	vaderland	[fadər·lant]
peuple (m)	volk	[folk]
population (f)	bevolking	[befolkiŋ]
gens (m pl)	mense	[mɛŋsə]
nation (f)	nasie	[nasi]
génération (f)	generasie	[χenerasi]
territoire (m)	gebied	[χebit]
région (f)	streek	[streək]
état (m) (partie du pays)	staat	[stāt]

tradition (f)	tradisie	[tradisi]
coutume (f)	gebruik	[χebrœik]
écologie (f)	ekologie	[ɛkoloχi]

indien (m)	Indiaan	[indiān]
bohémien (m)	Sigeuner	[siχøənər]
bohémienne (f)	Sigeunerin	[siχøənərin]
bohémien (adj)	sigeuner-	[siχøənər-]

empire (m)	rijk	[rijk]
colonie (f)	kolonie	[koloni]
esclavage (m)	slawerny	[slavərnaj]
invasion (f)	invasie	[infasi]
famine (f)	hongersnood	[hoŋərsnoət]

246. Les groupes religieux. Les confessions

| religion (f) | godsdiens | [χodsdiŋs] |
| religieux (adj) | godsdienstig | [χodsdiŋstəχ] |

foi (f)	geloof	[χeloəf]
croire (en Dieu)	glo	[χlo]
croyant (m)	gelowige	[χeloviχə]

| athéisme (m) | ateïsme | [ateïsmə] |
| athée (m) | ateïs | [ateïs] |

christianisme (m)	Christendom	[χristəndom]
chrétien (m)	Christen	[χristən]
chrétien (adj)	Christelik	[χristəlik]

catholicisme (m)	Katolisisme	[katolisismə]
catholique (m)	Katoliek	[katolik]
catholique (adj)	katoliek	[katolik]

protestantisme (m)	Protestantisme	[protestantismə]
Église (f) protestante	Protestantse Kerk	[protestantsə kerk]
protestant (m)	Protestant	[protestant]

Orthodoxie (f)	Ortodoksie	[ortodoksi]
Église (f) orthodoxe	Ortodokse Kerk	[ortodoksə kerk]
orthodoxe (m)	Ortodoks	[ortodoks]

Presbytérianisme (m)	Presbiterianisme	[presbiterianismə]
Église (f) presbytérienne	Presbiteriaanse Kerk	[presbiteriãnsə kerk]
presbytérien (m)	Presbiteriaan	[presbiteriãn]

| Église (f) luthérienne | Lutheranisme | [luteranismə] |
| luthérien (m) | Lutheraan | [lutərãn] |

| Baptisme (m) | Baptistiese Kerk | [baptistisə kerk] |
| baptiste (m) | Baptis | [baptis] |

| Église (f) anglicane | Anglikaanse Kerk | [anχlikãŋsə kerk] |
| anglican (m) | Anglikaan | [anχlikãn] |

| Mormonisme (m) | Mormonisme | [mormonismə] |
| mormon (m) | Mormoon | [mormoən] |

| judaïsme (m) | Jodendom | [jodɛndom] |
| juif (m) | Jood | [joət] |

| Bouddhisme (m) | Boeddhisme | [buddismə] |
| bouddhiste (m) | Boeddhis | [buddis] |

| hindouisme (m) | Hindoeïsme | [hinduïsmə] |
| hindouiste (m) | Hindoe | [hindu] |

islam (m)	Islam	[islam]
musulman (m)	Islamiet	[islamit]
musulman (adj)	Islamities	[islamitis]

Chiisme (m)	Sjia Islam	[ʃia islam]
chiite (m)	Sjiït	[ʃiït]
Sunnisme (m)	Sunni Islam	[sunni islam]
sunnite (m)	Sunniet	[sunnit]

247. Les principales religions. Le clergé

prêtre (m)	priester	[pristər]
Pape (m)	die Pous	[di pæʊs]
moine (m)	monnik	[monnik]
bonne sœur (f)	non	[non]
pasteur (m)	pastoor	[pastoər]
abbé (m)	ab	[ap]
vicaire (m)	priester	[pristər]
évêque (m)	biskop	[biskop]
cardinal (m)	kardinaal	[kardināl]
prédicateur (m)	predikant	[predikant]
sermon (m)	preek	[preək]
paroissiens (m pl)	kerkgangers	[kerk·χaŋərs]
croyant (m)	gelowige	[χeloviχə]
athée (m)	ateïs	[ateïs]

248. La foi. Le Christianisme. L'Islam

Adam	Adam	[adam]
Ève	Eva	[efa]
Dieu (m)	God	[χot]
le Seigneur	die Here	[di herə]
le Tout-Puissant	die Almagtige	[di almaχtiχə]
péché (m)	sonde	[sondə]
pécher (vi)	sondig	[sondəχ]
pécheur (m)	sondaar	[sondār]
pécheresse (f)	sondares	[sondares]
enfer (m)	hel	[həl]
paradis (m)	paradys	[paradajs]
Jésus	Jesus	[jesus]
Jésus Christ	Jesus Christus	[jesus χristus]
le Saint-Esprit	die Heilige Gees	[di hæjliχə χeəs]
le Sauveur	die Verlosser	[di ferlossər]
la Sainte Vierge	die Maagd Maria	[di māχt maria]
le Diable	die duiwel	[di dœivəl]
diabolique (adj)	duiwels	[dœivɛls]
Satan	Satan	[satan]
satanique (adj)	satanies	[satanis]
ange (m)	engel	[ɛŋəl]
ange (m) gardien	beskermengel	[beskerm·eŋəl]
angélique (adj)	engelagtig	[ɛŋəlaχtəχ]

apôtre (m)	apostel	[apostəl]
archange (m)	aartsengel	[ārtseŋəl]
antéchrist (m)	die antichris	[di antiχris]

Église (f)	Kerk	[kerk]
Bible (f)	Bybel	[bajbəl]
biblique (adj)	bybels	[bajbəls]

Ancien Testament (m)	Ou Testament	[æʊ testament]
Nouveau Testament (m)	Nuwe Testament	[nuvə testament]
Évangile (m)	evangelie	[ɛfanχəli]
Sainte Écriture (f)	Heilige Skrif	[hæjliχə skrif]
Cieux (m pl)	hemel	[heməl]

commandement (m)	gebod	[χebot]
prophète (m)	profeet	[profeət]
prophétie (f)	profesie	[profesi]

Allah	Allah	[allah]
Mahomet	Mohammed	[mohammet]
le Coran	die Koran	[di koran]

mosquée (f)	moskee	[moskeə]
mulla (m)	moella	[mulla]
prière (f)	gebed	[χebet]
prier (~ Dieu)	bid	[bit]

pèlerinage (m)	pelgrimstog	[pɛlχrimstoχ]
pèlerin (m)	pelgrim	[pɛlχrim]
La Mecque	Mecca	[mɛkka]

église (f)	kerk	[kerk]
temple (m)	tempel	[tempəl]
cathédrale (f)	katedraal	[katedrāl]
gothique (adj)	Goties	[χotis]
synagogue (f)	sinagoge	[sinaχoχə]
mosquée (f)	moskee	[moskeə]

chapelle (f)	kapel	[kapəl]
abbaye (f)	abdy	[abdaj]
couvent (m)	klooster	[kloəstər]
monastère (m)	klooster	[kloəstər]

cloche (f)	klok	[klok]
clocher (m)	kloktoring	[klok·toriŋ]
sonner (vi)	lui	[lœi]

croix (f)	kruis	[krœis]
coupole (f)	koepel	[kupəl]
icône (f)	ikoon	[ikoən]

âme (f)	siel	[sil]
sort (m) (destin)	noodlot	[noədlot]
mal (m)	die bose	[di bosə]
bien (m)	goed	[χut]
vampire (m)	vampier	[fampir]

sorcière (f)	heks	[heks]
démon (m)	demoon	[demoən]
esprit (m)	gees	[χeəs]
rachat (m)	versoening	[fersuniŋ]
racheter (pécheur)	verlos	[ferlos]
office (m), messe (f)	kerkdies	[kerkdis]
dire la messe	die mis opdra	[di mis opdra]
confession (f)	bieg	[biχ]
se confesser (vp)	bieg	[biχ]
saint (m)	heilige	[hæjliχə]
sacré (adj)	heilig	[hæjləχ]
l'eau bénite	wywater	[vaj·vatər]
rite (m)	ritueel	[ritueəl]
rituel (adj)	ritueel	[ritueəl]
sacrifice (m)	offerande	[offerandə]
superstition (f)	bygeloof	[bajχəloəf]
superstitieux (adj)	bygelowig	[bajχəlovəχ]
vie (f) après la mort	hiernamaals	[hirna·māls]
vie (f) éternelle	ewige lewe	[εviχə levə]

DIVERS

aide (f)	hulp	[hulp]
arrêt (m) (pause)	pouse	[pæʊsə]
balance (f)	balans	[balaŋs]
barrière (f)	hindernis	[hindərnis]
base (f)	basis	[basis]
catégorie (f)	kategorie	[kateχori]
cause (f)	rede	[redə]
choix (m)	keuse	[køəsə]
chose (f) (objet)	ding	[diŋ]
coïncidence (f)	toeval	[tufal]
comparaison (f)	vergelyking	[ferχelajkiŋ]
compensation (f)	kompensasie	[kompɛnsasi]
confortable (adj)	gemaklik	[χemaklik]
croissance (f)	groei	[χrui]
début (m)	begin	[beχin]
degré (m) (~ de liberté)	graad	[χrāt]
développement (m)	ontwikkeling	[ontwikkeliŋ]
différence (f)	verskil	[ferskil]
d'urgence (adv)	dringend	[driŋən]
effet (m)	effek	[ɛffek]
effort (m)	inspanning	[inspanniŋ]
élément (m)	element	[ɛlement]
exemple (m)	voorbeeld	[foərbeəlt]
fait (m)	feit	[fæjt]
faute, erreur (f)	fout	[fæʊt]
fin (f)	einde	[æjndə]
fond (m) (arrière-plan)	agtergrond	[aχtərχront]
forme (f)	vorm	[form]
fréquent (adj)	gereeld	[χereəlt]
genre (m) (type, sorte)	tipe	[tipə]
idéal (m)	ideaal	[ideāl]
labyrinthe (m)	labirint	[labirint]
mode (m) (méthode)	manier	[manir]
moment (m)	moment	[moment]
objet (m)	objek	[objek]
obstacle (m)	hinderpaal	[hindərpāl]
original (m)	origineel	[oriχineəl]
part (f)	deel	[deəl]
particule (f)	deeltjie	[deəlki]

224

pause (f)	pouse	[pæʊsə]
position (f)	posisie	[posisi]
principe (m)	beginsel	[beχinsəl]
problème (m)	probleem	[probleem]
processus (m)	proses	[proses]

progrès (m)	vooruitgang	[foərœitχaŋ]
propriété (f) (qualité)	eienskap	[æjeŋskap]
réaction (f)	reaksie	[reaksi]
risque (m)	risiko	[risiko]
secret (m)	geheim	[χəhæjm]

série (f)	reeks	[reəks]
situation (f)	toestand	[tustant]
solution (f)	oplossing	[oplossiŋ]
standard (adj)	standaard	[standārt]
standard (m)	standaard	[standārt]

style (m)	styl	[stajl]
système (m)	sisteem	[sisteəm]
tableau (m) (grille)	tabel	[tabəl]
tempo (m)	tempo	[tempo]

terme (m)	term	[term]
tour (m) (attends ton ~)	beurt	[bøərt]
type (m) (~ de sport)	soort	[soərt]
urgent (adj)	dringend	[driŋəŋ]

utilité (f)	nut	[nut]
vérité (f)	waarheid	[vārhæjt]
version (f)	variant	[fariant]
zone (f)	sone	[sonə]

250. Les adjectifs. Partie 1

affamé (adj)	honger	[honər]
agréable (la voix)	mooi	[moj]
aigre (fruits ~s)	suur	[sɪr]
amer (adj)	bitter	[bittər]
ancien (adj)	antiek	[antik]

arrière (roue, feu)	agter-	[aχtər-]
artificiel (adj)	kunsmatig	[kunsmatəχ]
attentionné (adj)	sorgsaam	[sorχsām]
aveugle (adj)	blind	[blint]

bas (voix ~se)	sag	[saχ]
basané (adj)	blas	[blas]
beau (homme)	pragtig	[praχtəχ]
beau, magnifique (adj)	pragtig	[praχtəχ]

bien affilé (adj)	skerp	[skerp]
bon (~ voyage!)	goed	[χut]
bon (au bon cœur)	vriendelik	[frindəlik]

bon (savoureux)	smaaklik	[smāklik]
bon marché (adj)	goedkoop	[χudkoəp]
bronzé (adj)	bruingebrand	[brœiŋəbrant]
calme (tranquille)	kalm	[kalm]
central (adj)	sentraal	[sentrāl]
chaud (modérément)	louwarm	[læʊvarm]

cher (adj)	duur	[dɪr]
civil (droit ~)	burgerlik	[burgerlik]
clair (couleur)	lig-	[liχ-]
clair (explication ~e)	duidelik	[dœidelik]
clandestin (adj)	agterbaks	[aχtərbaks]

commun (projet ~)	gesamentlik	[χesamentlik]
compatible (adj)	verenigbaar	[fereniχbār]
considérable (adj)	beduidend	[bedœident]
content (adj)	tevrede	[tefredə]

continu (incessant)	onophoudelik	[onophæʊdelik]
continu (usage ~)	langdurig	[laŋdurəχ]
convenu (approprié)	geskik	[χeskik]
court (de taille)	kort	[kort]
court (en durée)	kort	[kort]

cru (non cuit)	rou	[ræʊ]
d'à côté, voisin	naby	[nabaj]
dangereux (adj)	gevaarlik	[χefārlik]
d'enfant (adj)	kinder-	[kindər-]
dense (brouillard ~)	dig	[diχ]

dernier (final)	laaste	[lāstə]
différent (adj)	verskillend	[ferskillent]
difficile (complexe)	moeilik	[muilik]
difficile (décision)	moeilik	[muilik]

divers (adj)	verskillend	[ferskillent]
d'occasion (adj)	gebruik	[χebrœik]
douce (l'eau ~)	vars	[fars]
droit (pas courbe)	reg	[reχ]

droit (situé à droite)	regter	[reχtər]
dur (pas mou)	hard	[hart]
éloigné (adj)	ver	[fer]
ensoleillé (jour ~)	sonnig	[sonnəχ]

entier (adj)	heel	[heəl]
épais (brouillard ~)	dig	[diχ]
épais (mur, etc.)	dik	[dik]
étranger (adj)	buitelands	[bœitəlands]
étroit (passage, etc.)	smal	[smal]

excellent (adj)	uitstekend	[œitstekent]
excessif (adj)	oormatig	[oərmatəχ]
extérieur (adj)	buite-	[bœite-]
facile (adj)	maklik	[maklik]
faible (lumière)	dof	[dof]

fatiguant (adj)	vermoeiend	[fermujent]
fatigué (adj)	moeg	[muχ]
fermé (adj)	gesluit	[χeslœit]
fertile (le sol ~)	vrugbaar	[fruχbār]

fort (homme ~)	sterk	[sterk]
fort (voix ~e)	hard	[hart]
fragile (vaisselle, etc.)	breekbaar	[breekbār]
frais (adj) (légèrement froid)	koel	[kul]
frais (du pain ~)	vars	[fars]

froid (boisson ~e)	koud	[kæʊt]
gauche (adj)	linker-	[linkər-]
géant (adj)	kolossaal	[kolossāl]
gentil (adj)	vriendelik	[frindəlik]
grand (dimension)	groot	[χroət]

gras (repas ~)	vettig	[fɛttəχ]
gratuit (adj)	gratis	[χratis]
heureux (adj)	gelukkig	[χelukkəχ]
hostile (adj)	vyandig	[fajandəχ]
humide (adj)	bedompig	[bedompəχ]

immobile (adj)	doodstil	[doədstil]
important (adj)	belangrik	[belaŋrik]
impossible (adj)	onmoontlik	[onmoentlik]
indéchiffrable (adj)	onverstaanbaar	[onferstānbār]
indispensable (adj)	onontbeerlik	[onontbeerlik]

intelligent (adj)	slim	[slim]
intérieur (adj)	binne-	[binne-]
jeune (adj)	jong	[joŋ]
joyeux (adj)	opgewek	[opχevek]
juste, correct (adj)	reg	[reχ]

251. Les adjectifs. Partie 2

large (~ route)	breed	[breet]
le même, pareil (adj)	dieselfde	[disɛlfdə]
le plus important	belangrikste	[belaŋrikstə]
le plus proche	naaste	[nāstə]
légal (adj)	wetlik	[vetlik]

léger (pas lourd)	lig	[liχ]
libre (accès, etc.)	gratis	[χratis]
limité (adj)	beperk	[beperk]
liquide (adj)	vloeibaar	[fluibār]
lisse (adj)	glad	[χlat]

lointain (adj)	ver	[fer]
long (~ chemin)	lang	[laŋ]
lourd (adj)	swaar	[swār]
maigre (adj)	maer	[maər]
malade (adj)	siek	[sik]

mat (couleur)	**mat**	[mat]
mauvais (adj)	**sleg**	[sleχ]
méticuleux (~ travail)	**akkuraat**	[akkurāt]
miséreux (adj)	**brandarm**	[brandarm]
mort (adj)	**dood**	[doət]
mou (souple)	**sag**	[saχ]
mûr (fruit ~)	**ryp**	[rajp]
myope (adj)	**bysiende**	[bajsində]
mystérieux (adj)	**raaiselagtig**	[rājselaχtəχ]
natal (ville, pays)	**geboorte-**	[χeboərtə-]
nécessaire (adj)	**nodig**	[nodəχ]
négatif (adj)	**negatief**	[neχatif]
négligent (adj)	**nalatig**	[nalatəχ]
nerveux (adj)	**senuweeagtig**	[senuveə·aχtəχ]
neuf (adj)	**nuut**	[nɪt]
normal (adj)	**normaal**	[normāl]
obligatoire (adj)	**verplig**	[ferpləχ]
opposé (adj)	**teenoorgestel**	[teənoərχestəl]
ordinaire (adj)	**gewoon**	[χevoən]
original (peu commun)	**oorspronklik**	[oərspronklik]
ouvert (adj)	**oop**	[oəp]
parfait (adj)	**uitstekend**	[œitstekent]
pas clair (adj)	**onduidelik**	[ondœidelik]
pas difficile (adj)	**nie moeilik nie**	[ni muilik ni]
pas grand (adj)	**nie groot nie**	[ni χroət ni]
passé (le mois ~)	**laas-**	[lās-]
passé (participe ~)	**laas-**	[lās-]
pauvre (adj)	**arm**	[arm]
permanent (adj)	**permanent**	[permanent]
personnel (adj)	**persoonlik**	[persoənlik]
petit (adj)	**klein**	[klæjn]
peu expérimenté (adj)	**onervare**	[onerfarə]
peu important (adj)	**onbelangrik**	[onbelaŋrik]
peu profond (adj)	**vlak**	[flak]
plat (l'écran ~)	**plat**	[plat]
plat (surface ~e)	**gelyk**	[χelajk]
plein (rempli)	**vol**	[fol]
poli (adj)	**beleefd**	[beleəft]
ponctuel (adj)	**stip**	[stip]
possible (adj)	**moontlik**	[moentlik]
précédent (adj)	**vorig**	[forəχ]
précis, exact (adj)	**juis**	[jœis]
présent (moment ~)	**huidig**	[hœidəχ]
principal (adj)	**hoof-**	[hoəf-]
principal (idée ~e)	**vernaamste**	[fernāmstə]
privé (réservé)	**privaat**	[prifāt]
probable (adj)	**waarskynlik**	[vārskajnlik]

proche (pas lointain)	digby	[diχbaj]
propre (chemise ~)	skoon	[skoən]
public (adj)	openbaar	[openbãr]
rapide (adj)	vinnig	[finnəχ]

rare (adj)	seldsaam	[sɛldsãm]
reconnaissant (adj)	dankbaar	[dankbãr]
risqué (adj)	riskant	[riskant]
salé (adj)	sout	[sæʊt]
sale (pas propre)	vuil	[fœil]

sans nuages (adj)	wolkloos	[volkloəs]
satisfait (client, etc.)	tevrede	[tefredə]
sec (adj)	droog	[droəχ]
serré, étroit (vêtement)	strak	[strak]
similaire (adj)	eenders	[eənders]

simple (adj)	eenvoudig	[eənfæʊdəχ]
solide (bâtiment, etc.)	stewig	[stevəχ]
sombre (paysage ~)	somber	[sombər]
sombre (pièce ~)	donker	[donkər]
spacieux (adj)	ruim	[rœim]

spécial (adj)	spesiaal	[spesiãl]
stupide (adj)	dom	[dom]
sucré (adj)	soet	[sut]
suivant (vol ~)	volgend	[folχent]
supplémentaire (adj)	addisioneel	[addiʃioneəl]

suprême (adj)	hoogste	[hoəχstə]
sûr (pas dangereux)	veilig	[fæjləχ]
surgelé (produits ~s)	gevries	[χefris]
tendre (affectueux)	teer	[teər]
tranquille (adj)	rustig	[rustəχ]

transparent (adj)	deursigtig	[døərsiχtəχ]
trempé (adj)	nat	[nat]
très chaud (adj)	warm	[varm]
triste (adj)	droewig	[druvəχ]
triste (regard ~)	droewig	[druvəχ]

trop maigre (émacié)	brandmaer	[brandmaər]
unique (exceptionnel)	uniek	[unik]
vide (bouteille, etc.)	leeg	[leəχ]
vieux (bâtiment, etc.)	ou	[æʊ]
voisin (maison ~e)	naburig	[naburəχ]

LES 500 VERBES LES PLUS UTILISÉS

252. Les verbes les plus courants (de A à C)

abaisser (vt)	laat sak	[lãt sak]
accompagner (vt)	begelei	[beχelæj]
accoster (vi)	vasmeer	[fasmeǝr]
accrocher (suspendre)	ophang	[ophaŋ]
accuser (vt)	beskuldig	[beskuldǝχ]
acheter (vt)	koop	[koǝp]
admirer (vt)	bewonder	[bevondǝr]
affirmer (vt)	beweer	[beveǝr]
agir (vi)	optree	[optreǝ]
agiter (les bras)	wuif	[vœif]
aider (vt)	help	[hɛlp]
aimer (apprécier)	hou van	[hæʊ fan]
aimer (qn)	liefhê	[lifhɛ:]
ajouter (vt)	byvoeg	[bajfuχ]
aller (à pied)	gaan	[χãn]
aller (en voiture, etc.)	gaan	[χãn]
aller bien (robe, etc.)	pas	[pas]
aller se coucher	gaan slaap	[χãn slãp]
allumer (~ la cheminée)	aansteek	[ãŋsteǝk]
allumer (la radio, etc.)	aanskakel	[ãŋskakǝl]
amener, apporter (vt)	bring	[briŋ]
amputer (vt)	amputeer	[amputeǝr]
amuser (vt)	amuseer	[amuseǝr]
annoncer (qch a qn)	in kennis stel	[in kɛnnis stǝl]
annuler (vt)	kanselleer	[kaŋsɛlleǝr]
apercevoir (vt)	raaksien	[rãksin]
apparaître (vi)	verskyn	[ferskajn]
appartenir à ...	behoort aan ...	[behoǝrt ãn ...]
appeler (au secours)	roep	[rup]
appeler (dénommer)	noem	[num]
appeler (vt)	roep	[rup]
applaudir (vi)	apploudisseer	[applæʊdisseǝr]
apprendre (qch à qn)	leer	[leǝr]
arracher (vt)	afskeur	[afskøǝr]
arriver (le train)	aankom	[ãnkom]
arroser (plantes)	nat gooi	[nat χoj]
aspirer à ...	streef	[streǝf]
assister (vt)	assisteer	[assisteǝr]

attacher à ...	vasbind aan ...	[fasbint ān ...]
attaquer (mil.)	aanval	[ānfal]
atteindre (lieu)	bereik	[beræjk]
atteindre (objectif)	bereik	[beræjk]
attendre (vt)	wag	[vaχ]
attraper (vt)	vang	[faŋ]
attraper ... (maladie)	besmet word met ...	[besmet vort met ...]
augmenter (vi)	toeneem	[tuneem]
augmenter (vt)	verhoog	[ferhoəχ]
autoriser (vt)	toelaat	[tulāt]
avertir (du danger)	waarsku	[vārsku]
aveugler (par les phares)	verblind	[ferblint]
avoir (vt)	hê	[hɛ:]
avoir confiance	vertrou	[fertræʊ]
avoir peur	bang wees	[baŋ vees]
avouer (vi, vt)	beken	[beken]
baigner (~ les enfants)	bad	[bat]
battre (frapper)	slaan	[slān]
boire (vt)	drink	[drink]
briller (vi)	blink	[blink]
briser, casser (vt)	breek	[breək]
brûler (des papiers)	verbrand	[ferbrant]
cacher (vt)	wegsteek	[veχsteək]
calmer (enfant, etc.)	kalmeer	[kalmeər]
caresser (vt)	streel	[streəl]
céder (vt)	toegee	[tuχee]
cesser (vt)	ophou	[ophæʊ]
changer (~ d'avis)	verander	[ferandər]
changer (échanger)	wissel	[vissəl]
charger (arme)	laai	[lāi]
charger (véhicule, etc.)	laai	[lāi]
charmer (vt)	sjarmeer	[ʃarmeər]
chasser (animaux)	jag	[jaχ]
chasser (faire partir)	wegry	[veχraj]
chauffer (vt)	verwarm	[ferwarm]
chercher (vt)	soek ...	[suk ...]
choisir (vt)	kies	[kis]
citer (vt)	aanhaal	[ānhāl]
combattre (vi)	stry	[straj]
commander (~ le menu)	bestel	[bestəl]
commencer (vt)	begin	[beχin]
comparer (vt)	vergelyk	[ferχəlajk]
compenser (vt)	vergoed	[ferχut]
compliquer (vt)	bemoeilik	[bemuilik]
composer (musique)	komponeer	[komponeər]
comprendre (vt)	verstaan	[ferstān]

compromettre (vt)	kompromitteer	[kompromitteer]
compter (l'argent, etc.)	tel	[təl]
compter sur ...	reken op ...	[reken op ...]
concevoir (créer)	ontwerp	[ontwerp]
concurrencer (vt)	kompeteer	[kompeteer]
condamner (vt)	veroordeel	[feroərdeəl]
confondre (vt)	verwar	[ferwar]
connaître (qn)	ken	[ken]
conseiller (vt)	aanraai	[ãnrãi]
consulter (docteur, etc.)	konsulteer	[kɔŋsulteer]
contaminer (vt)	besmet	[besmet]
continuer (vt)	vervolg	[ferfolχ]
contrôler (vt)	kontroleer	[kontroleer]
convaincre (vt)	oortuig	[oərtœəχ]
coopérer (vi)	saamwerk	[sãmwerk]
coordonner (vt)	koördineer	[koordineer]
corriger (une erreur)	korrigeer	[korriχeer]
couper (avec une hache)	afkap	[afkap]
couper (un doigt, etc.)	afsny	[afsnaj]
courir (vi)	hardloop	[hardloəp]
coûter (vt)	kos	[kos]
cracher (vi)	spoeg	[spuχ]
créer (vt)	skep	[skep]
creuser (vt)	grawe	[χravə]
crier (vi)	skreeu	[skriʋ]
croire (vi, vt)	glo	[χlo]
cueillir (fleurs, etc.)	pluk	[pluk]
cultiver (plantes)	kweek	[kweək]

253. Les verbes les plus courants (de D à E)

dater de ...	dateer van ...	[dateer fan ...]
décider (vt)	beslis	[beslis]
décoller (avion)	opstyg	[opstajχ]
décorer (~ la maison)	versier	[fersir]
décorer (de la médaille)	toeken	[tuken]
découvrir (vt)	ontdek	[ontdek]
dédier (vt)	opdra	[opdra]
défendre (vt)	verdedig	[ferdedəχ]
déjeuner (vi)	gaan eet	[χãn eət]
demander (de faire qch)	vra	[fra]
dénoncer (vt)	aankla	[ãnkla]
dépasser (village, etc.)	ry deur	[raj døər]
dépendre de ...	afhang van ...	[afhaŋ fan ...]
déplacer (des meubles)	skuif	[skœif]
déranger (vt)	steur	[støər]

232

descendre (vi)	afkom	[afkom]
désirer (vt)	wens	[vɛŋs]
détacher (vt)	losmaak	[losmāk]
détruire (~ des preuves)	vernietig	[fernitəχ]
devenir (vi)	word	[vort]
devenir pensif	peins	[pæjns]
deviner (vt)	raai	[rāi]
devoir (v aux)	moet	[mut]
diffuser (distribuer)	versprei	[ferspræj]
diminuer (vt)	verminder	[fermindər]
dîner (vi)	aandete gebruik	[āndetə χebrœik]
dire (vt)	sê	[sɛ:]
diriger (~ une usine)	beheer	[beheər]
diriger (vers …)	die pad wys	[di pat vajs]
discuter (vt)	bespreek	[bespreek]
disparaître (vi)	verdwyn	[ferdwajn]
distribuer (bonbons, etc.)	uitdeel	[œitdeəl]
diviser (~ par 2)	deel	[deəl]
dominer (château, etc.)	uitstyg bo	[œitstajχ boə]
donner (qch à qn)	gee	[χeə]
doubler (la mise, etc.)	verdubbel	[ferdubbəl]
douter (vt)	twyfel	[twajfəl]
dresser (~ une liste)	saamstel	[sāmstəl]
dresser (un chien)	afrig	[afrəχ]
éclairer (soleil)	verlig	[ferləχ]
écouter (vt)	luister	[lœistər]
écouter aux portes	afluister	[aflœistər]
écraser (cafard, etc.)	verpletter	[ferplɛttər]
écrire (vt)	skryf	[skrajf]
effacer (vt)	uitvee	[œitfeə]
éliminer (supprimer)	verwyder	[ferwajdər]
embaucher (vt)	huur	[hɪr]
employer (utiliser)	gebruik	[χebrœik]
emporter (vt)	wegvat	[veχfat]
emprunter (vt)	leen	[leən]
enlever (~ des taches)	verwyder	[ferwajdər]
enlever (un objet)	afneem	[afneəm]
enlever la boue	skoonmaak	[skoənmāk]
entendre (bruit, etc.)	hoor	[hoər]
entraîner (vt)	afrig	[afrəχ]
entreprendre (vt)	onderneem	[ondərneəm]
entrer (vi)	binnegaan	[binnəχān]
envelopper (vt)	inpak	[inpak]
envier (vt)	jaloers wees	[jalurs veəs]
envoyer (vt)	stuur	[stɪr]
épier (vt)	loer	[lur]

équiper (vt)	toerus	[turus]
espérer (vi)	hoop	[hoəp]
essayer (de faire qch)	probeer	[probeər]
éteindre (~ la lumière)	afskakel	[afskakəl]
éteindre (incendie)	blus	[blus]
étonner (vt)	verras	[ferras]
être (vi)	wees	[veəs]
être allongé (personne)	lê	[lɛ:]
être assez (suffire)	genoeg wees	[χenuχ veəs]
être assis	sit	[sit]
être basé (sur ...)	gebaseer wees op	[χebaseər veəs op]
être convaincu de ...	oortuig wees	[oərtœiχ veəs]
être d'accord	saamstem	[sāmstem]
être différent	verskil	[ferskil]
être en tête (de ...)	lei	[læj]
être fatigué	moeg word	[muχ vort]
être indispensable	nodig wees	[nodəχ veəs]
être la cause de ...	veroorsaak ...	[feroərsāk ...]
être nécessaire	nodig wees	[nodəχ veəs]
être perplexe	verbouereerd wees	[ferbæʋereərt veəs]
être pressé	opskud	[opskut]
étudier (vt)	studeer	[studeər]
éviter (~ la foule)	vermy	[fermaj]
examiner (une question)	ondersoek	[ondərsuk]
exclure, expulser (vt)	uitsit	[œitsit]
excuser (vt)	verskoon	[ferskoən]
exiger (vt)	eis	[æjs]
exister (vi)	bestaan	[bestān]
expliquer (vt)	verklaar	[ferklār]
exprimer (vt)	uitdruk	[œitdruk]

254. Les verbes les plus courants (de F à N)

fâcher (vt)	kwaad maak	[kwāt māk]
faciliter (vt)	makliker maak	[maklikər māk]
faire (vt)	doen	[dun]
faire allusion	sinspeel	[sinspeəl]
faire connaissance	kennismaak	[kɛnnismāk]
faire de la publicité	adverteer	[adferteər]
faire des copies	aantal kopieë maak	[āntal kopiɛ māk]
faire la guerre	oorlog voer	[oərloχ fur]
faire la lessive	die wasgoed was	[di vasχut vas]
faire le ménage	skoonmaak	[skoənmāk]
faire surface (sous-marin)	opduik	[opdœik]
faire tomber	laat val	[lāt fal]

faire un rapport	rapporteer	[rapporteər]
fatiguer (vt)	vermoei	[fermui]
féliciter (vt)	gelukwens	[xelukwɛns]
fermer (vt)	sluit	[slœit]
finir (vt)	klaarmaak	[klārmāk]
flatter (vt)	vlei	[flæj]
forcer (obliger)	verplig	[ferpləx]
former (composer)	vorm	[form]
frapper (~ à la porte)	klop	[klop]
garantir (vt)	waarborg	[vārborx]
garder (lettres, etc.)	bewaar	[bevār]
garder le silence	stilbly	[stilblaj]
griffer (vt)	krap	[krap]
gronder (qn)	uitvaar teen	[œitfār teən]
habiter (vt)	woon	[voən]
hériter (vt)	erf	[ɛrf]
imaginer (vt)	verbeel	[ferbeəl]
imiter (vt)	naboots	[naboəts]
importer (vt)	invoer	[infur]
indiquer (le chemin)	wys	[vajs]
influer (vt)	beïnvloed	[beïnflut]
informer (vt)	in kennis stel	[in kɛnnis stəl]
inquiéter (vt)	bekommerd maak	[bekommərt māk]
inscrire (sur la liste)	byvoeg	[bajfux]
insérer (~ la clé)	insteek	[insteək]
insister (vi)	aandring	[āndriŋ]
inspirer (vt)	inspireer	[inspireər]
instruire (vt)	leer	[leər]
insulter (vt)	beledig	[beledəx]
interdire (vt)	verbied	[ferbit]
intéresser (vt)	interesseer	[interesseər]
intervenir (vi)	tussenbeide tree	[tussənbæjdə treə]
inventer (machine, etc.)	uitvind	[œitfint]
inviter (vt)	uitnooi	[œitnoj]
irriter (vt)	irriteer	[irriteər]
isoler (vt)	isoleer	[isoleər]
jeter (une pierre)	gooi	[xoj]
jouer (acteur)	speel	[speəl]
jouer (s'amuser)	speel	[speəl]
laisser (oublier)	vergeet	[ferxeət]
lancer (un projet)	van stapel stuur	[fan stapəl stɪr]
larguer les amarres	vertrek	[fertrek]
laver (vt)	was	[vas]
libérer (ville, etc.)	bevry	[befraj]
ligoter (vt)	vasbind	[fasbint]
limiter (vt)	beperk	[beperk]

lire (vi, vt)	lees	[leəs]
louer (barque, etc.)	huur	[hɪr]
louer (prendre en location)	huur	[hɪr]
lutter (~ contre ...)	veg	[feχ]
lutter (sport)	worstel	[vorstəl]
manger (vi, vt)	eet	[eət]
manquer (l'école)	bank	[bank]
marquer (sur la carte)	merk	[merk]
mélanger (vt)	meng	[meŋ]
mémoriser (vt)	van buite leer	[fan bœitə leər]
menacer (vt)	dreig	[dræjχ]
mentionner (vt)	verwys na	[ferwajs na]
mentir (vi)	lieg	[liχ]
mépriser (vt)	minag	[minaχ]
mériter (vt)	verdien	[ferdin]
mettre (placer)	plaas	[plãs]
montrer (vt)	wys	[vajs]
multiplier (math)	vermenigvuldig	[fermeniχ·fuldəχ]
nager (vi)	swem	[swem]
négocier (vi)	onderhandel	[ondərhandəl]
nettoyer (vt)	skoonmaak	[skoənmãk]
nier (vt)	ontken	[ontken]
nommer (à une fonction)	aanstel	[ãŋstəl]
noter (prendre en note)	noteer	[noteer]
nourrir (vt)	voer	[fur]

255. Les verbes les plus courants (de O à R)

obéir (vt)	gehoorsaam	[χehoərsãm]
objecter (vt)	beswaar maak	[beswãr mãk]
observer (vt)	waarneem	[vãrneəm]
offenser (vt)	beledig	[beledəχ]
omettre (vt)	weglaat	[veχlãt]
ordonner (mil.)	beveel	[befeəl]
organiser (concert, etc.)	organiseer	[orχaniseer]
oser (vt)	durf	[durf]
oublier (vt)	vergeet	[ferχeət]
ouvrir (vt)	oopmaak	[oəpmãk]
paraître (livre)	verskyn	[ferskajn]
pardonner (vt)	vergewe	[ferχevə]
parler avec ...	praat met ...	[prãt met ...]
participer à ...	deelneem	[deəlneəm]
partir (~ en voiture)	vertrek	[fertrek]
payer (régler)	betaal	[betãl]
pécher (vi)	sondig	[sondəχ]
pêcher (vi)	visvang	[fisfaŋ]

pénétrer (vt)	deurdring	[døørdriŋ]
penser (croire)	glo	[χlo]
penser (vi, vt)	dink	[dink]
perdre (les clefs, etc.)	verloor	[ferloər]
permettre (vt)	toelaat	[tulāt]
peser (~ 100 kilos)	weeg	[veəχ]
photographier (vt)	fotografeer	[fotoχrafeər]
placer (mettre)	sit	[sit]
plaire (être apprécié)	hou van	[hæʊ fan]
plaisanter (vi)	grappies maak	[χrappis māk]
planifier (vt)	beplan	[beplan]
pleurer (vi)	huil	[hœil]
plonger (vi)	duik	[dœik]
posséder (vt)	besit	[besit]
pousser (les gens)	stoot	[stoət]
pouvoir (v aux)	kan	[kan]
prédominer (vi)	oorheers	[oərheers]
préférer (vt)	verkies	[ferkis]
prendre (vt)	vat	[fat]
prendre en note	opskryf	[opskrajf]
prendre le petit déjeuner	ontbyt	[ontbajt]
prendre un risque	waag	[vāχ]
préparer (le dîner)	maak	[māk]
préparer (vt)	voorberei	[foərberæj]
présenter (faire connaître)	voorstel	[foərstəl]
présenter (qn)	voorstel	[foərstəl]
préserver (~ la paix)	bewaar	[bevār]
pressentir (le danger)	aanvoel	[ānful]
presser (qn)	aanjaag	[ānjāχ]
prévoir (vt)	voorsien	[foərsin]
prier (~ Dieu)	bid	[bit]
priver (vt)	ontneem	[ontneəm]
progresser (vi)	vorder	[fordər]
promettre (vt)	beloof	[beloəf]
prononcer (vt)	uitspreek	[œitspreək]
proposer (vt)	voorstel	[foərstəl]
protéger (la nature)	beskerm	[beskerm]
protester (vi, vt)	protesteer	[protesteər]
prouver (une théorie, etc.)	bewys	[bevajs]
provoquer (vt)	uittart	[œittart]
punir (vt)	straf	[straf]
quitter (famille, etc.)	verlaat	[ferlāt]
raconter (une histoire)	vertel	[fertəl]
ranger (jouets, etc.)	bêre	[bærə]
rappeler (évoquer un souvenir)	laat onthou ...	[lāt onthæʊ ...]

réaliser (vt)	verwesenlik	[ferwesenlik]
recommander (vt)	aanbeveel	[ānbefeəl]
reconnaître (erreurs)	erken	[ɛrken]
reconnaître (qn)	herken	[herkən]
refaire (vt)	oordoen	[oərdun]
refuser (vt)	weier	[væejer]
regarder (vi, vt)	kyk	[kajk]
régler (~ un conflit)	besleg	[besleχ]
regretter (vt)	jammer wees	[jammər veəs]
remarquer (qn)	skrams raaksien	[skrams rāksin]
remercier (vt)	dank	[dank]
remettre en ordre	aan kant maak	[ān kant māk]
remplir (une bouteille)	vul	[ful]
renforcer (vt)	versterk	[fersterk]
renverser (liquide)	mors	[mors]
renvoyer (colis, etc.)	terugstuur	[teruχstɪr]
répandre (odeur)	versprei	[ferspræj]
réparer (vt)	herstel	[herstəl]
repasser (vêtement)	stryk	[strajk]
répéter (dire encore)	herhaal	[herhāl]
répondre (vi, vt)	antwoord	[antwoərt]
reprocher (qch à qn)	verwyt	[ferwajt]
réserver (une chambre)	bespreek	[bespreək]
résoudre (le problème)	oplos	[oplos]
respirer (vi)	asemhaal	[asemhāl]
ressembler à ...	lyk	[lajk]
retenir (empêcher)	in bedwang hou	[in bedwaŋ hæʊ]
retourner (pierre, etc.)	omkeer	[omkeər]
réunir (regrouper)	verenig	[ferenəχ]
réveiller (vt)	wakker maak	[vakkər māk]
revenir (vi)	terugkeer	[teruχkeər]
rêver (en dormant)	droom	[droəm]
rêver (faut pas ~!)	droom	[droəm]
rire (vi)	lag	[laχ]
rougir (vi)	bloos	[bloəs]

256. Les verbes les plus courants (de S à V)

s'adresser (vp)	toespreek	[tuspreək]
saluer (vt)	groet	[χrut]
s'amuser (vp)	jouself geniet	[jæʊsɛlf χenit]
s'approcher (vp)	nader	[nadər]
s'arrêter (vp)	stilhou	[stilhæʊ]
s'asseoir (vp)	gaan sit	[χān sit]
satisfaire (vt)	bevredig	[befredəχ]
s'attendre (vp)	verwag	[ferwaχ]

sauver (la vie à qn)	red	[ret]
savoir (qch)	weet	[veət]
se baigner (vp)	gaan swem	[χān swem]
se battre (vp)	veg	[feχ]
se concentrer (vp)	konsentreer	[kɔŋsentreər]
se conduire (vp)	jou gedra	[jæʊ χedra]
se conserver (vp)	bewaar wees	[bevār veəs]
se débarrasser de ...	ontslae raak van ...	[ontslae rāk fan ...]
se défendre (vp)	jouself verdedig	[jæʊsɛlf ferdedəχ]
se détourner (vp)	wegdraai	[veχdrāi]
se fâcher (contre ...)	kwaad wees ...	[kwāt veəs ...]
se fendre (mur, sol)	kraak	[krāk]
se joindre (vp)	aansluit	[āŋslœit]
se laver (vp)	bad	[bat]
se lever (tôt, tard)	opstaan	[opstān]
se marier (prendre pour épouse)	trou	[træʊ]
se moquer (vp)	terg	[terχ]
se noyer (vp)	verdrink	[ferdrink]
se peigner (vp)	hare kam	[harə kam]
se plaindre (vp)	kla	[kla]
se préoccuper (vp)	bekommerd wees	[bekommərt veəs]
se rappeler (vp)	herinner	[herinnər]
se raser (vp)	skeer	[skeər]
se renseigner (sur ...)	navraag doen	[nafrāχ dun]
se renverser (du sucre)	laat val	[lāt fal]
se reposer (vp)	rus	[rus]
se rétablir (vp)	herstel	[herstəl]
se rompre (la corde)	breek	[breək]
se salir (vp)	vuil word	[fœil vort]
se servir de ...	gebruik ...	[χebrœik ...]
se souvenir (vp)	onthou	[onthæʊ]
se taire (vp)	ophou praat	[ophæʊ prāt]
se trouver (sur ...)	lê	[lɛ:]
se vanter (vp)	spog	[spoχ]
se venger (vp)	wreek	[vreək]
s'échanger (des ...)	uitruil	[œitrajl]
sécher (vt)	droog	[droəχ]
secouer (vt)	skommel	[skommər]
sélectionner (vt)	selekteer	[selekteər]
semer (des graines)	saai	[sāi]
s'ennuyer (vp)	verveeld wees	[ferveəlt veəs]
sentir (~ les fleurs)	ruik	[rœik]
sentir (avoir une odeur)	ruik	[rœik]
s'entraîner (vp)	oefen	[ufen]
serrer dans ses bras	omhels	[omhɛls]

servir (au restaurant)	bedien	[bedin]
s'étonner (vp)	verbaas wees	[ferbãs veəs]
s'excuser (vp)	verskoning vra	[ferskoniŋ fra]
signer (vt)	teken	[tekən]
signifier (avoir tel sens)	beteken	[betekən]
signifier (vt)	beteken	[betekən]
simplifier (vt)	vereenvoudig	[fereənfæʊdəχ]
s'indigner (vp)	verontwaardig wees	[ferontwãrdəχ veəs]
s'inquiéter (vp)	bekommer	[bekommər]
s'intéresser (vp)	belangstel in ...	[belaŋstəl in ...]
s'irriter (vp)	geïrriteerd raak	[χeïrriteərt rãk]
soigner (traiter)	behandel	[behandəl]
sortir (aller dehors)	uitgaan	[œitχãn]
souffler (vent)	waai	[vãi]
souffrir (vi)	ly	[laj]
souligner (vt)	onderstreep	[ondərstreəp]
soupirer (vi)	sug	[suχ]
sourire (vi)	glimlag	[χlimlaχ]
sous-estimer (vt)	onderskat	[ondərskat]
soutenir (vt)	steun	[støən]
suivre ... (suivez-moi)	volg ...	[folχ ...]
supplier (vt)	smeek	[smeək]
supporter (la douleur)	verdra	[ferdra]
supposer (vt)	veronderstel	[feronderstəl]
surestimer (vt)	oorskat	[oərskat]
suspecter (vt)	verdink	[ferdink]
tenter (vt)	probeer	[probeər]
tirer (~ un coup de feu)	skiet	[skit]
tirer (corde)	trek	[trek]
tomber amoureux	verlief raak	[ferlif rãk]
toucher (de la main)	aanraak	[ãnrãk]
tourner (~ à gauche)	draai	[drãi]
traduire (vt)	vertaal	[fertãl]
transformer (vt)	transformeer	[traŋsformeər]
travailler (vi)	werk	[verk]
trembler (de froid)	ril	[ril]
tressaillir (vi)	huiwer	[hœivər]
tromper (vt)	bedrieg	[bedrəχ]
trouver (vt)	vind	[fint]
tuer (vt)	doodmaak	[doədmãk]
vacciner (vt)	inent	[inɛnt]
vendre (vt)	verkoop	[ferkoəp]
verser (à boire)	skink	[skink]
viser ... (cible)	mik op	[mik op]
vivre (vi)	leef	[leəf]
voler (avion, oiseau)	vlieg	[fliχ]

voler (qch à qn)	**steel**	[steəl]
voter (vi)	**stem**	[stem]
vouloir (vt)	**wil**	[vil]